北京大学海上丝路与区域历史研究丛书

# 拉丁美洲的民粹主义

## 理论与实证的探讨

董经胜 / 著

社会科学文献出版社
SOCIAL SCIENCES ACADEMIC PRESS (CHINA)

# 北京大学海上丝路与区域历史研究丛书总序

中国是一个幅员辽阔的大国，也是一个拥有漫长海岸线的国家。溯至远古时期，我国先民就已开始了对海洋的探索。秦汉以降，经由海路与外部世界的交往，更成为一种国家行为，秦始皇派徐福东渡，汉武帝遣使西到黄支，孙吴时有朱应、康泰前往南洋，唐朝时则有杨良瑶远赴大食，直到明初郑和七下西洋，官方主导的外交与外贸持续不断。而民间的交往虽然被史家忽略，但仍然有唐之张保皋、明之郑芝龙家族等，民间的向海而生，时时跃然纸上。特别是唐宋以降，海上"丝绸之路"的迅猛发展，使得中国官民通过海路与沿线国家进行着频繁的政治、文化交往，海上贸易也呈现出一片繁荣的景象。

这条海上"丝绸之路"，联通东北亚、日本、南洋、波斯、阿拉伯世界，远到欧洲、东非，并以此为跳板，连接到世界更广阔的地域与国家，它不仅仅是东西方商业贸易的桥梁，也是沿线各国政治经济往来、文化交流的重要纽带。海上"丝绸之路"沿线的国家，也同样是面向海洋的国度，它们各自的发展与壮大，也曾受益于海上"丝绸之路"；这些国家的民众，也曾积极参与海上贸易，特别是在大航海时代到来之后，逐步营建出"全球化"的新时代。

古为今用，我国"一带一路"倡议的提出，旨在借用古代"丝绸之路"的历史符号，积极发展与沿线国家的经济合作伙伴关系，彰显我国在国际社会中的担当精神。

2019 年初，北大历史学系受学校委托，承担大型专项课题"海上丝绸之路及其沿线国家和地区历史文化研究"，我们深感这一研究的时代意义以及史学工作者承载的历史使命。重任在肩，我们积极组织系内有生力量，打通中外，共同攻关；与此同时，我们也寻求合作伙伴，拓展渠道，与校内外同行共襄盛举。以此项目启动为契机，我们筹划了"北京大学海上丝路与区域历史研究丛书"，希望在课题研究深入的同时，有助于推动历史学系的学科建设，利用这个丛书，发表本系及其他参与人员的研究成果，共同推进海上"丝绸之路"与沿线区域的历史研究。

让我们共同翻开史学研究的新篇章！

丛书编委会（荣新江 执笔）

2020 年 6 月 6 日

# 目录

# 导　言

随着"一带一路"倡议的提出，对"一带一路"沿线国家的研究引起了学界和社会各界的重视。作为 21 世纪海上"丝绸之路"自然延伸的拉丁美洲，自然也成为研究热点地区之一。近些年来，国内区域国别研究的蓬勃发展，与这一大背景也存在密切的关系。一般说来，区域国别研究一开始主要集中于现实的经济和政治问题，服务于外交、外贸的需要。但是，随着研究的深入，学者们认识到，要了解一个国家或地区的现实，不能不深入研究其历史和文化。这是学术发展的自然趋势。因此，"北京大学海上丝路与区域历史研究丛书"中，除了直接探讨中外交通历史的成果，还有对相关国家和地区的某些历史问题研究的成果。本书对拉丁美洲民粹主义的研究，就是上述研究的一部分。

民粹主义是遍及全球的政治现象，并非拉美所独有。但是值得注意的是，与其他地区相比，拉美的民粹主义运动声势更大，更加频发，拉美地区培育了更加适合民粹主义生长的土壤。其根源何在？与世界其他地区相比，拉美的民粹主义有何独特性？民粹主义对拉美国家的经济发展有何影响？民粹主义推动还是削弱了拉美的民主制度？搞清这些问题，无论对于理解 20 世纪以来拉美国家的现代化进程，还是对于丰富学术界对民粹主义的研究，都具有重要的学术价值。

然而，这一问题的研究难度很大。一方面，这是一个理论性很强的、跨学科的研究问题。该研究领域在中国学术界刚刚起步，基础薄弱。在国外学术界虽有多年的积累，但由于学科背景的差异和现实发展的变化，存在大量不同研究角度和观点，因此，需要对目前的研究状况进行细致的梳理和总结。只有这样，才能使本书的研究建立在已有的基础之上，并有所突破。因此，虽然这是一项历史学的研究课题，但是涉及政治学、经济学、社会学、哲学等相关学科的知识，需要有较好的理论基础和较强的思辨能力。另一方面，与一般的历史学课题不同，本课题的研究对象不是某一个国家、某个时期的某个具体问题，而是以拉丁美洲地区为研究对象，同时参照世界其他地区尤其是欧洲，进行比较分析。因此，既需要对案例进行精心的选择，也需要对研究对象国的历史背景、经济水平、政治文化等有充分的理解。

鉴于以上实际情况，本书按照以下思路进行设计。首先，对国外学术界关于民粹主义的学术史进行较为系统、全面的考察。结合民粹主义在世界范围内尤其是欧洲、美国和拉丁美洲地区的发展历程，探讨自 20 世纪 50 年代以来西方学术界有关民粹主义的研究范式的演进，介绍相关的研究文献和主要观点。这是本书第一章的内容。

其次，根据拉丁美洲民粹主义发展的三次高潮，分别选取若干案例，进行深入探讨。第二章全面分析了 20 世纪初到 60 年代经典民粹主义产生的背景、特点以及历史作用等，第三、四章分别选取巴西、厄瓜多尔两个国家进行深入分析。这样，通过点面结合，对拉美民粹主义的第一次高潮就有了既宏观又微观的认识。值得注意的是，在案例的选择上，本书有意识地避开了阿根廷的庇隆主义、秘鲁的阿普拉主义等国内学界研究较多的案例，而选择国内学界研究相对薄弱的案例，目的在于填补空白，推动学界在这一问题上的深入研究，也为拉美历史学科建设做出贡献。基于同样的思路，第五章全面探讨 20 世纪 90 年代新自由主义改革时期的右翼民粹主义，然后在第六、七章，分别对秘鲁的藤森主义和阿根廷的梅内姆主义进行较深入的研究。第八章至第十章的研究对象是 21 世纪初的左翼激进民粹主义。第八章对 21 世纪初拉美左派的崛起与激进民粹主义的产生进行了较为宏观的探讨，第九、十章则着重深入研究委内瑞拉的查韦斯主义和玻利维亚莫拉莱斯的民粹主义。值得注意的是，虽然第六、七章和第九、十章的研究对象集中在 20 世纪 90 年代右翼和 21 世纪初的左翼激进民粹主义，但有意识地追溯了秘鲁、阿根廷和委内瑞拉、玻利维亚 20 世纪以来民粹主义的发展历程，从而与第一次民粹主义发展高潮的经典民粹主义相补充和呼应。

由于时间和篇幅的限制，本书无论在理论探讨还是实证分析上都还有很大的提高余地。在理论探讨方面，主要集中在历史学、政治学领域的研究，欠缺对文化民粹主义的分析。在实证研究方面，案例的选择还可进一步增加，对已选取的案例的研究也需要进一步深入。这些，只能留待以后进一步完善了。

最后需要说明的是，长期以来，在拉美研究领域，"populism"一词一直被译为"民众主义"。很多学者认为，"populism"译为"民众主义"，能够体现拉美的特色，突出这一现象在拉美与世界其他地区的差异。本书之所以将拉丁美洲的"populism"译为"民粹主义"，主要是考虑到这样便于与世界其他地区的民粹主义进行比较分析，同时便于与研究其他国家和地区民粹主义的学者进行交流。

# 第一章　民粹主义：理论与学术史的探讨

近些年来，随着全球民粹主义的勃兴，学术界对于民粹主义的研究成果出现了爆炸性增长，有学者做过统计，仅1990—2010年，大约就有1200本关于民粹主义的英文著作出版，2010年后的著作虽无具体数字，但肯定数量可观。[1] 特别是对西欧的极右民粹主义和拉美的左翼民粹主义的研究成为学术热点。此外，对于其他地区如亚太、非洲和中东地区民粹主义的研究成果也相继出现。值得注意的是，尽管当前的研究主要集中于特定国家或区域

---

1 Cirstóbal Rovira Kaltwasser, Paul Taggart, Paulina Ochoa Espejo and Pierre Ostiguy, "Populism: An Overview of the Concept and the State of the Art," Cirstóbal Rovira Kaltwasser, Paul Taggart, Paulina Ochoa Espejo and Pierre Ostiguy, eds., *The Oxford Handbook of Populism*, Oxford University Press, Oxford, 2017, p.10.

的民粹主义，但跨区域的乃至全球的民粹主义的比较性研究也开始出现。[1]

目前，尽管对于民粹主义的个案研究数量激增，并有若干构建民粹主义理论的成果，但是，由于研究者的学科视角、关注对象等因素的差异，对于民粹主义的理解和评价，仍存在巨大的争议。正如厄内斯托·拉克劳（Ernesto Laclau）指出的，"当我们称一场运动或一种意识形态为民粹主义的时候，我们从直觉上明白我们所提及的是什么，但是我们在将这种直觉转化为概念的过程中遇到巨大的困难"。[2]仅就拉美的民粹主义而言，厄瓜多尔学者卡洛斯·德拉托雷（Carlos de la Torre）的著作中，列举了1998年以前有关拉美的学术文献中民粹主义这一概念的八种不同含义。[3]由于对这一概念的使用过于宽泛，任何探讨民粹主义的学术文献都不得不拿出一定篇幅来阐明自身对于这一概念的界定。鉴于对民粹主义含义的多种理解以及使用这一概念所描述的历史现象的多样化，早在20世纪80年代，伊安·罗克斯博格（Ian Roxborough）和拉斐尔·金特罗（Rafael Quintero）就建议，将这一概念从社会科学的词汇中清除出去。[4]稍后，阿帕罗·梅内德斯－卡里翁（Amparo Menéndez-Carrión）也认为，民粹主义这一术语的"概念含义已经耗尽了"

---

1　相关的研究，可参阅 Cas Mudde, Cristóbal Rovira Kaltwasser, "Inclusionary versus Exclusionary Populism: Comparing Contemporary Europe and Latin America," *Government and Opposition*, Vol.48, No.2, 2013; Cas Mudde, Cristóbal Rovira Kaltwasser, eds., *Populism in Europe and the Americas: Threat or Corrective for Democracy?* Cambridge University Press, Cambridge, U. K., 2012; Benjamin Moffitt, *The Global Rise of Populism: Performance, Political Style and Representation*, Stanford University Press, Stanford, California, 2016。

2　E. Laclau, *Politics and Ideology in Marxist Theory, Capitalism, Fascism and Populism*, New Left Books, London, 1977, p.143.

3　Carlos de la Torre, *Populist Seduction in Latin America*, Ohio University Press, Athens, 2010, pp.2-3.

4　Ian Roxborough, "Unity and Diversity in Latin American History," *Journal of Latin American Studies*, Vol.16, No.1, 1984, p.14; Rafael Quintero, *El mito de populismo en el Ecuador*, Quito: FLASCO, 1980. 转引自 Carlos de la Torre, *Populist Seduction in Latin America*, Ohio University Press, Athens, 2010, p.3。

（conceptually exhausted）。[1] 近年来，也有学者提出，由于对民粹主义的理解缺少共识，使用随意，这一概念已经丧失意义，在学术研究中没有什么价值了。[2]

但是，与此相反，多数学者依然认为，尽管民粹主义这一术语被滥用和误用，但依然有保留的必要。因为被描述为民粹主义的政治现象毕竟存在一些共同的特征，使用这一概念有助于对这些政治现象进行鉴别和比较研究。有学者指出，对这一术语的理解依然存在争论，恰恰说明存在某些重要的、能引起共鸣的东西与这一概念密切相关。[3] 在学术研究中，有关民粹主义的文献迅速增加，就是这一概念存在价值的有力证明。本章的目的在于，首先结合世界民粹主义的发展历史，对民粹主义的研究轨迹进行粗略的学术史考察；然后结合学术界既有的研究成果，就民粹主义与民主政治的关系进行初步探讨。

## 一　民粹主义研究的发展历程（20 世纪 50—80 年代）

约翰·B.奥尔考克（John B. Allcock）指出，直到 20 世纪 50 年代中期，"民粹主义仅仅是指称两个独立不相关的历史现象的标签"，"并没有更为广泛的意义被附加在这个词上面"。[4] 他所说的两个历史现象是 19 世纪 90 年代美国的人民党运动和 19 世纪六七十年代俄国的民粹派运动。

---

1　Amparo Menéndez-Carrión, "El populismo en el Ecuador," Juan Paz y Miño, ed., *Populismo*, Quito: ILDIS, 1992. 转引自 Carlos de la Toree, *Populist Seduction in Latin America*, Ohio University Press, Athens, 2010, p.3。

2　Cas Mudde, "Conclusion: Some Further Thoughts on Populism," Carlos de la Torre, ed., *The Promise and Perils of Populism: Global Perspectives*, University Press of Kentucky, Lexington,Kentucky, 2015, p. 431.

3　Benjamin Moffitt, *The Global Rise of Populism: Performance, Political Style and Representation*, Stanford University Press, Stanford, California, 2016, p.11.

4　John B. Allcock, "Populism: A Brief Biography," *Sociology*, Vol.5, No.3, 1971, pp.371-387.

　　人民党运动是美国南部和中西部反对铁路公司、银行家以及华盛顿政客的农民运动。作为第三党力量，人民党痛斥共和党和民主党彼此太过相近、与特殊利益关系太过密切，它试图打破美国传统的两党政治。人民党运动体现出民粹主义的特色：它代表"人民"的利益。在这里，"人民"实际上是农民，特别是自由、独立的自耕农（yeoman）。从生产主义（producerism）的立场出发，农民被看作在土地上劳作、创造社会财富（特别是衣服和食品）的纯净的人民；而精英是指东北部的银行家和政客，这些人不生产任何东西，却通过高额信贷从农民手中抢夺财富。在美国的联邦制度中，人民党在地方选举中取得了较大的成功，但在全国层面的影响较小。19世纪90年代，人民党在几个州的议会中拥有席位，但缺少一个全国层面的领导人。因此，在1896年总统选举中，人民党支持民主党候选人威廉·詹宁斯·布赖恩（William Jennings Bryan）。在布赖恩竞选失败后，人民党运动逐渐衰微。[1]

　　在俄国，19世纪六七十年代，一批理想主义的、革命的知识分子认为，农民是将给俄国社会和政治带来新生的革命阶级，这些知识分子从城市来到农村，"到人民中去"，教育农民，进行一场推翻沙皇政权的革命。然而，这场运动失败了。农民并不信任这些"民粹派"知识分子，经常将他们送交官府。"民粹派"赞扬俄国农民未被污染的本质，坚信沙皇政府必须被推翻，从这点上看，"民粹派"与美国的人民党运动具有相似之处。[2]

　　此外，19世纪末法国的布朗热主义也被一些学者看作早期的民粹主义。1886—1888年，乔治·布朗热（Georges Boulanger）是法

[1] Cas Mudde and Cristóbal Rovira Kaltwasser, *Populism: A Very Short Introduction*, Oxford University Press, Oxford, 2017, p.23.

[2] Cirstóbal Rovira Kaltwasser, Paul Taggart, Paulina Ochoa Espejo and Pierre Ostiguy, "Populism: An Overview of the Concept and the State of the Art," Cirstóbal Rovira Kaltwasser, Paul Taggart, Paulina Ochoa Espejo and Pierre Ostiguy, eds., *The Oxford Handbook of Populism*, Oxford University Press, Oxford, 2017, p.3.

兰西第三共和国政坛的重要人物。1886 年，布朗热被任命为陆军部
长。他捍卫工人利益，宣扬复兴民族主义，反对议会制，试图以激
进的公民投票式的共和主义取而代之。1889 年大选前夕，他因被指
控谋反和叛国而逃亡国外，1891 年，在布鲁塞尔自杀。布朗热之所
以声名鹊起，很大程度上是由于他反对现行的议会制政治，控诉政
客腐败、脱离人民；他诉诸农民、工人、保皇主义者、激进社会主
义者等不同社会集团组成的联盟。他还攻击多半依然被看作保皇主
义者的精英人士，倡导一种"非正统的民主方案"，即强国家、全
民公决式的整体化的民主。[1]

　　19 世纪末美国、俄国和法国的民粹主义者之间的共性在于，
他们在不同程度上赞扬"真正的"普通农村人口，这反映了在当
时的历史条件下农业在经济中的重要性以及当时城乡之间的分歧。
更重要的是，根据后来的学术界对民粹主义的理解，这三个历史
案例都体现出民粹主义的根本特征：直接诉诸本质上品德高尚的、
尽职恭顺的、处于弱势地位的"人民"，反对根深蒂固的现行体
制，坚信民主政治需要以不同的方式运作，需要更加接近人民。
此外，这三个案例中，民粹主义者都体现出强烈的民族主义和本
土的自豪感。

　　20 世纪初，民粹主义开始出现在拉丁美洲，以 1916—1922 年
在阿根廷执政的伊波利托·伊里戈延（Hipólito Yrigoyen）和 1920—
1925 年在智利执政的阿图罗·亚历山德里（Arturo Alessandri）的崛
起为标志。伊里戈延和亚历山德里可以被看作拉丁美洲民粹主义的
先驱。20 世纪 30 年代的经济大萧条爆发后，拉美国家陷入了严重
的经济衰退，并由此引发了统治制度合法性的危机和民众政治参与

---

1　Cirstóbal Rovira Kaltwasser, Paul Taggart, Paulina Ochoa Espejo and Pierre Ostiguy, "Populism:
An Overview of the Concept and the State of the Art," Cirstóbal Rovira Kaltwasser, Paul Taggart,
Paulina Ochoa Espejo and Pierre Ostiguy, eds., *The Oxford Handbook of Populism*, Oxford University
Press, Oxford, 2017, p.4.

的要求。经济困难、农村向城市的大量人口流动以及民众扩大政治权利和社会权利的日益增长的要求，为民粹主义政治领导人的出现创造了条件。他们通过发表激进的言辞，动员以往被排斥在政治之外的社会集团参政，构建了由不同阶级组成的联盟。由此，在 20 世纪四五十年代的拉丁美洲出现了经典民粹主义的高潮。其中最典型的例子是阿根廷的胡安·多明戈·庇隆（Juan Domingo Perón）、巴西的热图利奥·瓦加斯（Getúlio Vargas）、秘鲁的维克托·劳尔·阿亚·德拉托雷（Víctor Raúl Haya de la Torre）和厄瓜多尔的何塞·马里亚·贝拉斯科·伊瓦拉（José María Velasco Ibarra）。

　　20 世纪 50 年代在法国产生的布热德主义（Poujadism）不仅标志着欧洲现代形式的民粹主义出现，而且为当今法国的民粹主义奠定了基础。皮埃尔·布热德（Pierre Poujade）在一场抗税运动的基础上，组建了"保卫商人和手工业者联盟"（the Union de Défense des Commerçant et Artisans，UDCA），以一种反建制的情感捍卫小店主和业主的利益。1956 年，"保卫商人和手工业者联盟"成功地将自己的代表选进国会，但是在 1958 年的大选之后，该运动失去了活力。其中一名议员让 - 玛丽·勒庞（Jean-Marie Le Pen）成为在 1970 年组建的"国民阵线"的创始人。"国民阵线"成为当代欧洲右翼民粹主义的旗手。

　　第二次世界大战后，美国外交政策遭遇了一系列的挫折，如核垄断的终结、"中国的丧失"、朝鲜战争的失利等，这导致美国政治活动和政府中充斥着担忧"共产主义颠覆"的恐惧情绪。在此背景下产生了麦卡锡主义。1950 年，参议员约瑟夫·R. 麦卡锡发表演说，声称掌握了一份在美国国务院工作的 250 名"共产主义分子"的名单。随后一系列关于共产主义分子在政府中遍布影响的更为戏剧的断言（事后没有一项得到证实）接踵而来。麦卡锡也因此提升了知名度并得到广泛的公众支持。1946—1955 年，美国政府采取了一系列的反共产主义措施，包括杜鲁门和艾森豪威尔对联邦官僚机构的清洗和对共产党的取缔。[1]

50 年代中期，一些学者开始使用民粹主义这一概念来描述上述一系列政治现象。民粹主义不再仅仅指称 19 世纪美国的人民党运动、俄国的民粹派运动和法国的布朗热主义，出现了所谓的"概念拉伸"（conceptual stretching）。爱德华·希尔斯（Edward Shils）和西摩·马丁·李普塞特（Seymour Martin Lipset）都将麦卡锡主义看作一种民粹主义的形式。

爱德华·希尔斯认为，民粹主义应该被理解为一个"广泛的现象……在任何存在民众对根深蒂固的、不同的统治阶级强加于社会的秩序抱有怨恨情绪的地方皆可出现，这些统治阶级被认为垄断了权力、财产、教养和文化"。他认为，民粹主义有两个核心原则，一是"人民"是拥有主权的，是高居于他们的统治者之上的，这是一种信念；二是"人民"和政府直接联系，这是一种观念。他还归纳了民粹主义的若干特征：不信任政治家和精英、对官僚机构感到懊丧、反智主义和蛊惑民情。爱德华·希尔斯认为，民粹主义是一种在不同的政治和历史情境下皆可被识别的意识形态现象。[2]

西摩·马丁·李普塞特将民粹主义看作一种排外和反犹太主义的极端现象，可以通过对民粹主义共同"社会基础"的实证研究来识别不同形式的民粹主义之间的关系。根据李普塞特的看法，这些追随者属于生活在没落地区的没落的"自由主义"阶级。"这些地区的小资产阶级不仅由于其阶级的相对没落而受到剥夺，他们作为公民所生活的社区在更大的社会中的地位与影响也正在迅速走向没落。由于各种特定的历史因素，他们的不满有时会让他们接受反动

---

1  〔英〕戴维·米勒、韦农·波格丹诺编《布莱克维尔政治学百科全书》，邓正来译，中国政法大学出版社，1992，第 464 页。

2  Edward A. Shils, *The Torment of Secrecy: The Background and Consequences of American Security Policies*, Free Press, Glencoe, IL, 1956. 转引自 Benjamin Moffitt, *The Global Rise of Populism: Performance, Political Style and Representation*, Stanford University Press, Stanford, California, 2016, p.13。

的、非理性的、反抗性的意识形态——地方主义、种族主义、超国家主义、反世界主义、麦卡锡主义和法西斯主义。"[1] 李普塞特将麦卡锡主义的出现追溯到对人民党运动的反动解释，并以这种方式再次阐释了民粹主义的消极含义。

60 年代，民粹主义被用于分析越来越多的政治现象，其关注点从美国转到拉丁美洲。一些学者将民粹主义看作 20 世纪之后在拉美出现的一种城市多阶级联盟，由一位克里斯马式（charismatic）的政治领袖领导。托尔夸托·迪·特利亚（Torcuato Di Tella）认为，民粹主义是一种城市劳工的政治运动，得到了其他反对现状的政治集团的支持，但其领导者并非来自劳工。阿根廷的胡安·多明戈·庇隆、巴西的热图利奥·瓦加斯、秘鲁的维克托·劳尔·阿亚·德拉托雷和厄瓜多尔的何塞·马里亚·贝拉斯科·伊瓦拉被看作民粹主义领袖的代表。他指出，民粹主义出现的时机是中产阶级中的精英人物产生反抗现状的动机，当在一定的社会条件下在精英和大众中产生了共同的激情时，不断上升的期望造就了大批可以动员的市民群体。[2] 托尔夸托·迪·特利亚试图通过分析拉丁美洲的民粹主义，解释拉美的发展与欧洲的不同之处。后来，随着 1989 年东欧剧变的发生，他开始把拉丁美洲与东欧进行比较。他将民粹主义定义为"基于动员起来但还未成为独立组织的平民群体的政治运动，这些民众由扎根于社会中层和上层的精英领导，在领导者和被领导者之间由具有超凡魅力和个人化的领导联结在一起"。在他看来，民粹主义随着社会向现代化推进而发生变化。[3]

---

1　〔美〕西摩·马丁·李普塞特：《政治人：政治的社会基础》，郭为桂、林娜译，江苏人民出版社，2013，第 139 页。

2　Torcuato Di Tella, "Populism and Reform in Latin America," Claudio Veliz, ed., *Obstacles to Change in Latin America*, London, 1965. 转引自〔英〕保罗·塔格特《民粹主义》，袁明旭译，吉林人民出版社，2005，第 17 页。

3　Torcuato Di Tella, "Populism in the Twenty-First Century," *Government and Opposition*, Vol.32, 1997. 转引自〔英〕保罗·塔格特《民粹主义》，第 17—18 页。

　　基诺·赫尔马尼是一位意大利学者，为逃避法西斯主义迫害，移民阿根廷。在20世纪40年代，他目睹了庇隆崛起的过程。他认为，20世纪初很多拉丁美洲国家经历的急剧的现代化进程为民粹主义的产生铺平了道路。他使用民粹主义这一概念来强调大众社会的兴起如何摧毁了社会联系的传统纽带，以及大量新兴的、可以被与精英阶层对立的运动动员的民众如何出现。在他看来，民粹主义是一种多阶级的运动，"通常包括截然不同的方面，如要求平等的政治权利和普通民众广泛的政治参与，但同时又融合了以克里斯马式的领袖为首的某种形式的威权主义"。[1]

　　20世纪六七十年代出现的依附论学者将拉丁美洲的民粹主义与进口替代工业化联系在一起，认为在进口替代工业化过程中，工业精英的兴起和劳工运动的高涨使一个新的、支持工业化的、将企业主和工人的利益融合为一体的联盟成为可能，在一些情况下，这一联盟直接向农业和土地所有者提出了挑战。[2]吉列尔莫·奥唐奈指出，进口替代工业化早期阶段为民粹主义的兴起提供了基础。一方面，工业资产阶级为了扩大国内消费品市场，适当增加了工人的工资收入；另一方面，工业资产阶级由于自身力量弱小，为了对抗传统的寡头势力（坚持初级产品出口模式的大地主和出口商），被迫与工人结成联盟。于是，在拉美形成了一个工业资本家和劳工联合的民粹主义联盟。巴西的瓦加斯、阿根廷的庇隆、墨西哥的卡德纳斯政府就是这种民粹主义的代表。他们通过提高工人工资、改善社会福利、扩大社会下层的政治参与，赢得了广泛的社会支持。[3]在詹姆斯·默勒（James Malloy）等学者看来，民粹主义是拉美国家在进

---

1　Gino Germani, *Authoritarianism, Fascism and National Populism*, Transaction Publisher, New Brunswick, 1978, p.88.

2　Peter H. Smith, "The Rise and Fall of the Developmental State in Latin America," Menno Vellinga, ed., *The Changing Role of the State in Latin America*, Westview Press, Boulder, 1998, pp.61-62.

3　Karan L. Remmer and Gilbert W. Merkx, "Bureaucratic-Authoritarianism Revisited," *Latin American Research Review*, Vol. 17, No.3, 1982, p.4.

口替代工业化早期阶段推行的一种经济和社会政策。经济的增长使政治领导人有条件实施大众包容性的、适度的再分配政策以获取政治支持。这种政策与有利于外国资本、集中经济资源、压制民众需求的排斥性经济政策针锋相对。[1]保罗·德雷克（Paul W. Drake）用拉丁美洲的民粹主义来指称三种相互关联的政治模式。第一，民粹主义是一种易于识别的政治动员模式，运用反复出现的口号和象征，激发"人民"反对他们的压迫者。这种方式依赖一个充满魅力的、家长式作风的领袖，强调激进的、充满激情的呼吁。他一边挥舞着民族主义的旗帜，一边许诺即刻满足社会弱势群体的心理和物质需求。第二，民粹主义被描述为一种多阶级的社会同盟，主要是工人阶级，但也包括中层和上层阶级的相当一部分，并由后者领导。社会因素的比例构成在不同的运动之间差别甚大，但是所有的运动都倾向于由"民众"而非"阶级"构成。第三，民粹主义还意味着一系列旨在促进经济发展而又不导致阶级冲突爆发的改革政策，避免极端的资本主义或社会主义，这些政策寻求国家的整合。它们通常扩大国家干预，通过改善收入分配的措施将工人纳入加速发展的工业化进程，以应对欠发达问题。上述三个特点是相互关联的。从理想的角度看，一个充满魅力的"最高首领"能够激发一种具有凝聚力的力量，把一个多阶级的联盟聚合在一起，以调和各种不同的政策，分配发展带来的好处，共同承担发展的代价。[2]

有学者注意到，这个时期，民粹主义成了一个被广泛使用的"便利标签"（convenient label），用以标识不熟悉和不常见的政治

---

1 James Malloy, ed., *Authoritarianism and Corporatism in Latin America*, University of Pittsburgh Press, Pittsburgh, 1987. 转引自 Carlos de la Torre, *Populist Seduction in Latin America*, Ohio University Press, Athens, 2010, p.2。

2 Paul W. Drake, "Conclusion: Requiem for Populism?" Michael L. Conniff, ed., *Latin American Populism in Comparative Perspective*, University of New Mexico Press, Albuquerque, 1982, p.218.

动员形式。[1] 在此背景下，1967 年 5 月，在伦敦政治经济学院举行
了一次重要的学术会议，有来自不同领域的 43 名学者参加，学科
背景涵盖政治学、人类学、经济学、历史学、哲学、社会学等领
域，会议促进了研究世界不同地区和具有不同理论背景的学者之
间的对话。这次重要会议显示了来自社会科学不同领域的学者对
于民粹主义的研究兴趣。1969 年，这次会议的论文集出版。[2] 在该
书的导言中，两位主编指出，"目前，民粹主义的重要性是毫无疑
问的。但是，没人能清楚地回答它是什么"。也就是说，参会者对
民粹主义的含义无法达成一个共识，各位学者都"根据自己磨制
的学术斧头"（academic axe he grinds）来界定民粹主义，民粹主义
被理解为意识形态、政治运动或政治"综合征"（syndrome），以
至于该论文集的导言借用了《共产党宣言》的开篇语，使用了一
个饶有趣味的标题"一个幽灵，民粹主义的幽灵，在世界徘徊"。[3]
但彼得·沃斯利（Peter Worsley）是一个例外。他向会议提交的
论文越出了民粹主义概念的困境，指出了研究的方向。在比较了
不同地区的民粹主义现象之后，沃斯利得出结论："由于在所有这
些'社会定位'（social locations）中间存在无数的显著差异，实
际上任何共同的特征都只能是非常普遍化的。"对民粹主义进行
结构性的构建，比如归纳其社会构成、领导权、特定的政策趋向
等，都是不可能的。因此，只有回归到上述爱德华·希尔斯关于
民粹主义的两个核心原则，即强调人民主权以及政府与人民直接
联系的重要性，这一概念才有价值。由此出发，沃斯利认为，民
粹主义并不必然是一种意识形态或政治运动，而是"一个着重点

---

1　Yves Mény and Yves Surel, "The Constitutive Ambiguity of Populism," Yves Mény and Yves
　　Surel, eds., *Democracies and the Populist Challenge*, Palgrave Macmillan, Basingstoke, 2002, p.2.

2　Ghita Ionescu and Ernst Gellner, eds., *Populism: Its Meanings and National Characteristics*,
　　Weidenfeld and Nicolson, London, 1969.

3　Ghita Ionescu and Ernst Gellner, eds., *Populism: Its Meanings and National Characteristics*,
　　Weidenfeld and Nicolson, London, 1969, p.1.

（emphasis）、一种普遍意义上的政治文化的维度（dimension），而非一种特定的总体性意识形态体系或者组织形态"。沃斯利的贡献在于，他与试图"发现"民粹主义的传统思路决裂，明确指出民粹主义没有任何"自身概念的纯洁性"（conceptual purity of its own）。民粹主义并非某一特定时期或特定地区的现象，也不是任何政治的意识形态方面的特定堡垒，而是"一系列各种各样的政治文化和结构的一个方面"。[1]

　　正是在沃斯利的影响下，1977 年，厄内斯托·拉克劳出版了《马克思主义理论中的政治和意识形态：资本主义、法西斯主义和民粹主义》，书中批评了马克思主义的经济决定论，并为民粹主义的研究奠定了新的理论基础。[2]拉克劳指出，他对民粹主义研究的出发点不是探讨历史上被界定为民粹主义的不同政治现象的"社会基础"，而是追究体现"人民"的"关键性的指示物"（key referent）与"核心的能指"（central signifier）如何在不同的话语体系中被援引和构建。对拉克劳而言，民粹主义是一种"人民"反对占统治地位的精英和制度的话语体系（discourse）。[3]他认为，民粹主义表现为一种全面反对占统治地位的意识形态的大众民主要求。根据他的观点，民粹主义不是在特定的发展阶段的危机时刻出现的，而是产生于占统治地位的意识形态的危机，这种危机又是整个社会危机的一个组成部分；同时，大众民主因素是反对统治集团意识形态的一种选择，而统治集团内部的某派别可能会利

---

1　Peter Worsley, "The Concept of Populism," Ghita Ionescu and Ernst Gellner, eds., *Populism: Its Meanings and National Characteristics*, Weidenfeld and Nicolson, London, 1969, pp.243-247. 另参阅 Benjamin Moffitt, *The Global Rise of Populism: Performance, Political Style and Representation*, Stanford University Press, Stanford, California, 2016, p.15;〔英〕保罗·塔格特：《民粹主义》，第 21 页。

2　Ernesto Laclau, *Politics and Ideology in Marxist Theory: Capitalism, Fascism and Populism*, New Left Books, London, 1977.

3　Benjamin Moffitt, *The Global Rise of Populism: Performance, Political Style and Representation*, Stanford University Press, Stanford, California, 2016, p.15.

用这一选择。[1] 也就是说，民粹主义是属于精英阶层的一种思想意识。当统治阶级中的一部分人企图建立霸权地位但又做不到时，就会直接求助于广大民众。[2]

1981 年，英国政治理论家玛格丽特·卡农范（Margaret Canovan）出版了一部重要的著作《民粹主义》。该书试图完成上述 1967 年会议的论文集未能完成的工作，即对所有民粹主义的案例进行全面的总结，归纳出共同点。其将世界民粹主义分为七种类型：农场主民粹主义（farmer's populism）、农民民粹主义（peasant's populism）、知识分子的民粹主义（intellectual's populism）、民粹主义独裁（populist dictatorship）、民粹主义民主（populist democracy）、反动的民粹主义（reactionary populism）、政治家的民粹主义（politician's populism）。然而，玛格丽特·卡农范未能对民粹主义的共同特征做出总结，而是指出，所有不同类型的民粹主义"难以被归结为一个单一的核心"，因为"我们加以区分的各种各样的民粹主义不是同一事物的不同类型，在很多情形下，它们是不同种类的事物，根本无法直接比较"。[3]

2000 年，保罗·塔格特出版了《民粹主义》一书，试图在玛格丽特·卡农范的综合比较分析基础上，总结出民粹主义的核心特征："民粹主义者敌视代议制政治；民粹主义者把他们所偏爱的群体作为理想化的中心地区并以此作为辨识自身的依据；民粹主义作为一种思想意识缺乏核心价值；民粹主义是对严重危机的强烈反应；民粹主义因自身的矛盾性而具有自我局限性；民粹主义作为像变色龙一样的东西，能够随环境的变化而变化。"[4]

---

1　E. Laclau, *Politics and Ideology in Marxist Theory*, *Capitalism*, *Fascism and Populism*, New Left Books, London, 1977, pp.172-174.

2　Ernesto Laclau, *Politics and Ideology in Marxist Theory*: *Capitalism*, *Fascism and Populism*, New Left Books, London, 1977. 转引自〔英〕保罗·塔格特《民粹主义》, 第 23 页。

3　Margaret Canovan, *Populism*, Harcourt Brace, New York, 1981, p.298.

4　〔英〕保罗·塔格特：《民粹主义》, 第 3 页。

从以上概述可以粗略地看出，20世纪50年代以来，学术界对民粹主义的研究出现了两波高潮，第一波产生于50年代美国的麦卡锡主义之后，第二波产生于60年代拉丁美洲民粹主义的"黄金时代"结束之后。80年代末90年代初，欧洲和拉美新民粹主义的出现引发了学术界对民粹主义的研究的又一次高潮。

## 二　20世纪90年代以来民粹主义研究中的几种范式

20世纪90年代以来，欧洲的右派政党在选举中取得了突破性进展。法国的国民阵线走在前列，不仅成为一个制度化的政党，而且在法国政治中发挥了重要的影响。随后，右翼民粹主义在欧洲迅速崛起，几乎每个欧洲国家都出现了此类政党。意大利的西尔维奥·贝卢斯科尼（Silvio Berlusconi）、荷兰的吉尔特·威尔德斯（Geert Wilders）、奥地利的约尔格·海德尔（Jörg Haider）、法国的让－玛丽·勒庞等右翼政治家掀起了一股强劲的右翼民粹主义浪潮。2000年，奥地利基督教民主党与右翼民粹主义的自由党结盟，引起了整个欧洲的强烈反响。除了右翼政党，欧洲还出现了左翼民粹主义运动，特别是反对欧盟要求推行的经济紧缩政策的社会运动和政党，如希腊的"激进左翼联盟"（SYRIZA）和西班牙的"我们能"党（Podemos）。

20世纪80年代拉美完成军政权还政于民的民主化进程之后，研究拉美政治的学者注意到，拉美出现了又一波民粹主义高潮，巴西总统科洛尔（1990—1992）、秘鲁总统藤森（1990—2000）、阿根廷总统梅内姆（1989—1999）以民粹主义的政治风格竞选和执政，但是与传统的经典民粹主义不同，他们在上台后，不仅没有推行中左的社会改革政策，反而大力推进新自由主义的改革。这一轮民粹主义的产生引发了关于民粹主义概念含义以及民粹主义与民主的复杂关系的争论。21世纪以来，以委内瑞拉的查韦斯、厄瓜多尔的科雷亚、玻利维亚的莫拉莱斯为代表的左翼激进民粹主义崛起，这些民粹主义者通过推行结构性的改革，削弱精英阶层的势力，将被排斥的社会集团融入政治领域。这一现象进一步推动了关于民粹主义与民主关系的讨论。同时，由于这些民粹主义者在选举和政治上的成功在很大程度上依赖于全球大宗商品市场的繁荣，随着这一繁荣期的结束，本轮左翼激进民粹主义的前景和历史遗产，也成为学界讨论的话题。

除了欧洲和拉美，世界其他国家和地区的民粹主义现象也引起了学界的关注。在美国，茶党显然是导致 2013 年政府关闭的重要因素，而萨拉·佩林（Sarah Palin）、泰德·克鲁兹（Ted Cruz）等民粹主义者刷新了美国保守主义的面孔。唐纳德·特朗普（Donald Trump）更是作为保守的民粹主义候选人登上了总统宝座。在亚太地区，泰国的他信·西那瓦（Thaksin Shinawatra）、菲律宾的约瑟夫·埃杰西多·埃斯特拉达（Joseph Ejercito Estrada）、澳大利亚的波林·汉森（Pauline Hanson）、新西兰的温斯顿·彼得斯（Winston Peters）等民粹主义者在各自国家的历史上留下了难以磨灭的印迹。在非洲，也出现了强有力的民粹主义领导人，如乌干达的约韦里·穆塞韦尼（Yoweri Museveni）、赞比亚的迈克尔·萨塔（Michael Sata）、南非的雅各布·祖马（Jacob Zuma）。民粹主义由属于另一时代的、局限于世界局部地区的现象跻身当今席卷全球的主流政治。用一位西方学者的话说："我们似乎正生活在一个民粹主义的时代。"[1]

在这种形势下，学术界对民粹主义的研究兴趣大大提高。一些经济学家也加入了研究的行列，特别是对拉丁美洲的研究。鲁迪格·多恩布什（Rudiger Dornbusch）和塞巴斯蒂安·爱德华兹（Sebastian Edwards）将再分配的目标看作民粹主义范式的核心。他

---

1 Benjamin Moffitt, *The Global Rise of Populism: Performance, Political Style and Representation*, Stanford University Press, Stanford, California, 2016, p.1.

们将民粹主义定义为一系列的经济政策："它们旨在通过不可持续的高额财政赤字和扩张性货币政策，以及在生产率没有显著提升的情况下提高公共部门工人的工资水平，进行收入再分配。……实行民粹主义宏观经济政策的各个时期，总是以欢欣鼓舞开始，以快速的通胀（有时是恶性通胀）、更高的失业率和更低的工资水平结束。这些政策屡次终食恶果，伤害了那些本应偏向的群体，即穷人和中产阶层。"[1]

罗伯特·考夫曼（Robert R. Kaufman）和芭芭拉·斯塔林斯（Barbara Stallings）从相对不太严格的经济学视角来解释，认为民粹主义是为了实现特定的政治目标而采取的一系列经济政策。这些政治目标是：第一，在有组织的劳工和中下层集团中赢得支持；第二，从面向国内市场的企业界得到辅助性的支持；第三，在政治上孤立农业寡头、外国企业和大规模的国内工业的精英。实现这些目标的经济政策包括（但不局限于）以下几点：其一，刺激国内需求的财政赤字政策；其二，通过增加名义工资和控制物价推行收入的再分配；其三，在非出口商品部门实行汇率控制或升值以降低通货膨胀率、提高工资和利润。[2]

根据上述学者的观点，20 世纪 80 年代拉美国家之所以发生债务和经济危机，恰恰是由于在进口替代工业化时期推行这种民粹主义的经济政策。但是，也有学者不认同这种看法。例如，英国历史社会学家伊安·罗克斯博格不同意将民粹主义与进口替代工业化联系起来。他指出，在巴西，进口替代工业化早在 20 世纪 30 年代就已经开始，而民粹主义政治却出现在 40 年代后期以及瓦加斯的第二任期（1951—1954）。也有学者注意到，民粹主义还出现在农业社

---

1 〔智〕塞巴斯蒂安·爱德华兹：《掉队的拉美：民粹主义的致命诱惑》，郭金兴等译，中信出版集团，2019，第 178 页。

2 Rudiger Dornbusch and Sebastian Edwards, eds., *The Macroeconomics of Populism in Latin America*, University of Chicago Press, Chicago and London, 1991, p.16.

会中，而且并非与特定的经济政策直接相关。在玻利维亚、厄瓜多尔、秘鲁，民粹主义的出现大大早于这些国家进口替代工业化的开始。[1] 此外，有的学者还注意到，即便是在巴西、阿根廷、墨西哥这些国家，在进口替代工业化的过程中，民粹主义政府也并不拘泥于某种特定的经济和社会政策。例如庇隆政府在 20 世纪 40 年代末推行的是扩张性的再分配政策，而在 50 年代初则推行了相当正统的经济紧缩政策。

更多的研究来自政治学者。根据一些学者对 1990 年以来政治学领域发表的有关民粹主义研究文献的粗略梳理，大致可以将其分为结构的（structural）、话语的（discursive）、政治策略的（political-strategic）、观念的（ideational）、社会文化的（sociocultural）几类研究范式。[2]

以卡斯·马德（Cas Mudde）为代表的一些学者在 20 世纪 50 年代希尔斯对民粹主义研究的基础上，从观念的角度（ideational approach）出发，将民粹主义看作一种意识形态或世界观。卡斯·马德指出，虽然学界对民粹主义的确定性特征缺乏共识，但是基本都认可各种形式的民粹主义均在某种程度上诉诸"人民"，公开谴责"精英"。也就是说，民粹主义总是涉及对现行体制的批评和对普通民众的赞美。更具体地说，民粹主义是一种"中心稀薄型"的意识形态（thin-centered ideology），将社会从根本上划分为两大同质和对立的阵营，即"纯朴的人民"与"腐化的精英"处于对抗状态，并主张政治应是"人民"普遍愿望的表达。

卡斯·马德等认为，意识形态是指关于人和社会的本质以及社会的组织和目标的规范观念。简单地说，是指关于世界是什么以及

---

1　Carlos de la Torre and Cynthia J. Arnson, "Introduction: The Evolution of Latin American Populism and the Debate over Its Meaning," Carlos de la Torre and Cynthia J. Arnson, eds., *Latin American Populism in the Twenty-First Century*, The Johns Hopkins University Press, Baltimore, 2013, p.16.

2　Germán Campos-Herrera, Sebastián Umpierrez de Reguero, "Critical Debates Populism in Latin America: Past, Present, and Future," *Latin American Politics and Society*, Vol. 61, 2018, p.149.

应该是什么的观点。与"中心浓厚型"的意识形态（thick-centered ideology）如法西斯主义、自由主义、社会主义等不同，"中心稀薄型"的意识形态，如民粹主义，在形态学上是受限的，它必然依附于甚至在某些情形下融合于其他意识形态。因而，民粹主义本身对现代社会产生的政治问题不能提供复杂的或全面的回答，而只能借助其他意识形态因素来完善其政治方案并赢得民众的支持。这意味着民粹主义可以呈现不同的形式，取决于民粹主义所借助的来自其他意识形态的核心概念，以及由此提出的解释性框架。[1]

保罗·塔格特所说的民粹主义的"空心化"与卡斯·马德所说的"中心稀薄型"的意识形态颇有类似之处。保罗·塔格特认为，不同于社会主义、自由主义、马克思主义等意识形态，民粹主义缺少一种核心的价值，能适应于各种不同的政治立场，或左或右，或进步或保守，或民主或独裁。[2]实际上，民粹主义总是依附于其他意识形态因素，在 21 世纪，欧洲右翼的民粹主义往往依附于民族主义，拉美左派的民粹主义往往依附于社会主义。

将民粹主义理解为一种意识形态，甩开了这一概念通常背负的规范性包袱，也有助于跨越国家和区域的界限，对其进行比较性实证研究。因此，近年来，从这一角度来理解民粹主义的做法颇为流行。因为这一概念简明扼要，可以被用以判断哪个政治家或政党是属于还是不属于民粹主义。对于进行比较政治研究的专家而言，这种概念争论中达成的"半共识"（semi-consensus）使他们得以避开理论上的论争，将视线转向广泛的案例探讨。正是在这种框架下，产生了一些重要的跨地区研究的成果。

以库尔特·韦兰德（Kurt Weyland）为代表的一些学者认为民粹主义是一种政治策略。库尔特·韦兰德认为，民粹主义是一种政

---

1　Cas Mudde and Cristóbal Rovira Kaltwasser, *Populism: A Very Short Introduction*, Oxford University Press, Oxford, 2017, pp.6-7.

2　〔英〕保罗·塔格特：《民粹主义》，第 5 页。

治策略，一个个人化的领导人以这种策略争取和行使政府权力，该权力的基础来自大量的、无组织的追随者直接的、没有任何中介的、非制度化的支持；这种直接的、准私人的关系绕过了现存的中介组织，或者将这些组织非制度化，使其从属于领导者的个人意愿；绝大多数追随者与领导人之间缺乏制度化的联系纽带，他们在政治舞台上成为一种无组织的民众，作为领导人争取支持的对象（尽管他们可能参加一些地方组织）；一个克里斯马式的领袖通过"代表"感知到被排除在国家政治生活之外或者在国家政治生活中被边缘化的人民，许诺将后者从危机、威胁和敌对中拯救出来，因而从这一无组织的民众中赢得了广泛的、分散的，然而有时又是强有力的支持；该领袖在他振兴国家、与特权集团及其特殊利益进行斗争、改造现存体制的勇敢努力中求助于民众。[1]

库尔特·韦兰德将民粹主义界定为一种政治策略，主要是为了使用这一概念来描述 20 世纪 90 年代以科洛尔、梅内姆、藤森等为代表的拥有大量民众支持，同时又推行新自由主义经济政策的领导人。他认为，这些领导人尽管在群众基础、社会经济政策上不同于 20 世纪上半叶的庇隆、卡德纳斯、瓦加斯等经典民粹主义者，但是，他们获取和维持政治权力的方式，或者说他们的政治策略是相同的。

有学者指出，将民粹主义界定为一种政治策略虽然突出了领导人的作用，但是也存在问题。一方面，很多社会运动如宗教和千禧年运动，或政治共同体形式也采取了类似的政治策略，但它们从未被看作是民粹主义的。另一方面，这种界定方式忽略了民粹主义的核心，即"人民"，即使从词源学上看，也是考虑不周的。[2]

---

1　Kurt Weyland, "Clarifying a Contested Concept: Populism in the Study of Latin American Politics," *Comparative Politics*, Vol. 34, No.1, 2001, p.14.

2　从词源上说，民粹主义起源于拉丁文 populus。Benjamin Moffitt, *The Global Rise of Populism: Performance, Political Style and Representation*, Stanford University Press, Stanford, California, 2016, p.21.

以卡洛斯·德拉托雷为代表的一些学者认为民粹主义是一种政治话语（discourse）。卡洛斯·德拉托雷将民粹主义看作一种政治动员的方式，领导人以强烈的言辞诉诸人民，人民采取群体行动支持领导人。民粹主义言辞使所有政治话语中常见的情感因素激进化了。这种言辞将政治构建为人民（el pueblo）与寡头（oligarchy）之间的道德和伦理之争。民粹主义话语将政治解读为实现道德价值的斗争，不接受妥协，不与对手进行对话。民粹主义政治依赖于群体行动。为了要求政治参与和融入，群众直接占据公共区域。与此同时，民粹主义领导人利用这些群众来恐吓其对手。群众集会变成了戏剧性表演，民众在其中感到自己成为政治场景的真正参与者。民粹主义政治具有以下特征：是一种以克里斯马式的政治领导为基础的多阶级联盟；是一种将社会划分为人民和寡头对立的摩尼教式的、道德的话语体系；是一种以国家资源换取政治支持的庇护主义网络；也是一种政治参与的方式，群众的示威游行、对领袖的欢呼、以领导人的名义对公共区域的占据被认为比公民权利、对自由民主程序的尊重更为重要。[1]

通过对拉丁美洲特别是厄瓜多尔民粹主义的研究，卡洛斯·德拉托雷进一步将民粹主义的特点概括为以下五个方面：第一，民粹主义是人民和寡头之间的道德、伦理之争，是善与恶、救赎与灭亡之争；第二，民粹主义领袖是救赎的象征，而他的对手则是国家一切弊端的化身；第三，民粹主义运动是新兴的精英与民众之间的联盟；第四，民粹主义运动是自上而下的政治动员；第五，民粹主义政治与民主制之间存在复杂的关系。[2]

可以看出，与卡斯·马德、库尔特·韦兰德不同，卡洛斯·德拉托雷将民粹主义看作一种政治表达模式，特别明显地体现在

---

1　Carlos de la Torre, *Populist Seduction in Latin America*, Ohio University Press, Athens, 2010, p.4.

2　Carlos de la Torre, *Populist Seduction in Latin America*, Ohio University Press, Athens, 2010, pp.199-200.

民粹主义领袖的演讲和著作中。在研究方法上，他一方面分析民粹领袖和民众之间的利益交换，另一方面研究民粹主义动员中使用的话语、象征、神话和仪式。通过这种研究方法可以获得一些新的发现，但同时也可能因为样本的选择等得出不可靠的结论。

　　从对庇隆主义的研究中得到启发，有学者建议从以社会文化维度为中心的关系观念（relational notion）出发来研究民粹主义。在这种框架中，"民粹主义被界定为一种在文化上通俗的、本土的，以及在以个人至上主义（personalism）为决策模式的政治中出现的对立性、动员性的炫耀（flaunting）"。[1] 在社会文化范式中，民粹主义被看作一种政治风格，强调作为行动的称谓（appellative as action）。通过采纳与底层文化相关的习俗、举止、讲话和穿着的方式，民粹主义者得到民众的高度认同。与此同时，在政治领域，民粹主义更为认同个人至上主义的领导风格和决策方式。例如，本杰明·墨菲特（Benjamin Moffitt）将民粹主义界定为一种政治风格（political style），这种政治风格有三个特点。第一，"人民"与"精英"的对立。"人民"被看作主权的真正所有者，社会被划分为"人民"和"精英"两大对立的阵营。诉诸"人民"意味着反建制和反精英的所谓"政治正确"，以此来显示民粹主义者真正了解人民所想，表明民粹主义者来自体制之外。第二，不良的举止（bad manners）。民粹主义者诉诸"人民"的途径是政治表达方式的粗俗化，不在乎政治领域所谓的"适宜"规范。例如，在政治活动中使用俚语、发誓，发表违反政治正确的言论，在穿着上随意花哨等，以此区别于精英阶层的刻板、理性、体面以及使用专业术语等。第三，对危机、崩溃或威胁的驾驭。民粹主义者从社会对危机、崩溃或威胁的

1　Pierre Ostiguy, "Populism: A Socio-Cultural Approach," Cirstóbal Rovira Kaltwasser, Paul Taggart, Paulina Ochoa Espejo and Pierre Ostiguy, eds., *The Oxford Handbook of Populism*, Oxford University Press, Oxford, 2017, p.84.

感受中获取动力，与此同时，通过他们的戏剧化表演引导危机，以此营造采取决定性坚定行动的氛围。这种对危机、崩溃或威胁的操纵旨在造成对现代管理和政治解决程序的不信任，因为这些程序复杂，需要协商、调查、规划、实施。与此相反，民粹主义者支持迅速的、直接的行动，而在面对危机、崩溃或威胁的情况下，这种行动方式易于得到支持。[1]

除本杰明·墨菲特外，阿兰·奈特（Alan Knight）也认为，民粹主义是一种"政治风格，其特点包括明确宣布与'人民'和谐相处、一种他者和我们对立的心态以及（虽然经常但并非必需的）一个危机和动员的时期"。他指出，简单地说，民粹主义就是"从事政治的一种方式"（the way of doing politics）。[2]

以上对于民粹主义不同研究范式的概括和分类绝非全面和准确的，实际上不同范式之间既有区别，也有联系。在实证研究中，有的学者遵循一种理论范式，也有的学者同时运用不同的理论范式。根据英国拉美史专家莱斯利·贝瑟尔（Leslie Bethell）的解释，"可能最好也是最简单的理解，民粹主义是包含那些运动和政党的政治现象，通常但并不总是由具有'克里斯马式'的领导人，宣称通过某种直接的或者半直接的、不经任何中介的方式联系并认同'人民'，特别是那些原来被排除在政治之外的，通常是第一次被动员起来的人口类别，来反对由'精英'控制的既定权力结构（政治的、经济的、社会的、知识的和文化的），以此来追求权力、获得权力（通常，虽然并不总是通过选举）、行使权力和维持权力"。他认为，民粹主义是一种政治实践、政治策略、政治话语，而非一种类似于自由主义或社会主义甚至民族主义的意识形态。作为

---

1　Benjamin Moffitt, *The Global Rise of Populism: Performance, Political Style and Representation*, Stanford University Press, Stanford, California, 2016, pp.43-45.

2　Alan Knight, "Populism and Neo-populism in Latin America, Especially Mexico," *Journal of Latin American Studies*, Vol. 30, No.2, 1998, pp.223, 234.

意识形态，民粹主义总是兼收并蓄的、含糊的、混乱的，不值得严肃对待。[1]

## 三　民粹主义与民主政治

如上所述，在对民粹主义含义的不同理解中，最为核心的问题是民粹主义与民主政治的关系。对此，学术界向来存在截然不同的观点。一种观点认为，民粹主义是民主制的敌人，或者说是民主制的一种异常状态，是由特殊的社会衰败或病症而导致的反常现象，因此，民粹主义是民主制度的"危险的外部力量"，或者是向古老的、过时的政治形式的回归。这种观点不仅在对欧洲右翼民粹主义的研究中颇为流行，在拉美民粹主义研究中也屡见不鲜。[2]

基诺·赫尔马尼（Gino Germani）早就将庇隆主义看作工人阶级威权主义的一种形式。现在也有很多学者认为藤森和查韦斯是竞争性威权主义的代表。[3] 在对委内瑞拉民粹主义的研究中，杰维尔·科拉莱斯（Javier Corrales）也指出，"权力集中在行政部门，侵蚀了监督和制衡部门的自主性，压制了言论自由，增加了反对派的成本，对保护多元性表现出极少的兴趣"。[4] 意大利前总理恩里克·莱塔（Enrico Letta）称民粹主义是"对欧洲稳定的一种威胁"，墨西哥外交部前部长豪尔赫·卡斯塔涅达（Jorge Castañeda）称民粹主义为

---

1　Leslie Bethell, "Populism in Brazil," Leslie Bethell, *Brazil: Essays on History and Politics*, Institute of Latin American Studies, London, 2018, p.175.

2　Benjamin Moffitt, *The Global Rise of Populism: Performance, Political Style and Representation*, Stanford University Press, Stanford, California, 2016, p.135.

3　Steven Levitsky and Lucan A. Way, "The Rise of Competitive Authoritarianism," *Journal of Democracy*, Vol.13, No.2, 2002, pp.51−65.

4　Carlos de la Torre and Cynthia J. Arnson, "Introduction: The Evolution of Latin American Populism and the Debate over Its Meaning," Carlos de la Torre and Cynthia J. Arnson, eds., *Latin American Populism in the Twenty-First Century*, The Johns Hopkins University Press, Baltimore, 2013, pp.33−34.

"拉丁美洲的灾难"。[1]

另一种观点认为，民粹主义是有利于民主制度的一种力量，是民主制度的核心因素。拉克劳认为，"极端民主总是民粹主义的"，这是因为"'人民'的构建是民主制运转的必要条件——而没有民粹主义，就没有'人民'；没有'人民'，就没有民主"。由于对民粹主义的支持，拉克劳还分别应莫拉莱斯、科雷亚和查韦斯的邀请，访问玻利维亚、厄瓜多尔和委内瑞拉。有的学者比较谨慎，例如卡农（Cannon）赞扬查韦斯民粹主义计划的一些因素，认为这是对委内瑞拉崩溃的政党体制的一种有效的、可以理解的修正，但同时也担心查韦斯的民粹主义倾向有可能导向庇护主义和腐化。保罗·皮科内（Paul Piccone）也认为，民粹主义是批判自由主义的方式和赋予公民地方自治权的有效手段，但他也对民粹主义可能侵害少数人权利的倾向表示警惕。[2]

其实，民粹主义与民主的关系是复杂的，民粹主义是"民主的"还是"反民主的"，很难得出简单的结论。例如，对于查韦斯主义来说，"如果从部门的独立性和保护少数人权利的角度衡量，查韦斯主义是反民主的，而如果从经济平等、赋予原来被排除在政治之外的民众以参政权、加强市民社会的角度来看，查韦斯主义对委内瑞拉的民主是有利的"。[3]要回答这一问题，我们应该考察民粹主义中有哪些有利于民主的因素，有哪些不利于民主的因素，同时还应该反思我们对于"民主"的理解。

无疑，民粹主义中包含了有利于民主的倾向。其一，民粹主义者将以前被排除在政治参与之外的社会群体纳入"人民"阵营，使

---

1　Benjamin Moffitt, *The Global Rise of Populism: Performance, Political Style and Representation*, Stanford University Press, Stanford, California, 2016, p.2.

2　Benjamin Moffitt, *The Global Rise of Populism: Performance, Political Style and Representation*, Stanford University Press, Stanford, California, 2016, pp.137-138.

3　Benjamin Moffitt, *The Global Rise of Populism: Performance, Political Style and Representation*, Stanford University Press, Stanford, California, 2016, p.141.

他们成为合法的参政者，从而大大改变了政治竞争的环境。20世纪初在拉丁美洲，乌拉圭的巴特列、阿根廷的伊里戈延、智利的亚历山德里、墨西哥的马德罗等民粹主义者为了实现民众的意愿，把自由选举作为自己的奋斗目标，因为自由选举在此之前从未真正存在过。从早期民粹主义者提出的口号就可以看出他们争取自由选举的坚定决心。伊里戈延的口号是在"干净"的选举举行之前"绝不妥协"（Intransigencia），马德罗提出的口号是"有效选举，不得连任"，巴特列的口号是"不再存在交易"。如果没有自由公正的选举，这些民粹主义领导人以及其他很多候选人不可能取得政权。一旦实现自由公正的选举，民粹主义者便大力推动选举权的扩大。他们逐渐将投票权扩大到年轻人和妇女。到20世纪五六十年代，民粹主义者又大力推动选举方式的改革，如使用简单的、秘密的、统一的选票等，同时，推动建立独立的司法委员会监督选举，确认选举结果。到七八十年代，拉美各国基本上实现了普选，在绝大多数国家，18岁以上的公民获得了选举权。在巴西、秘鲁和智利，投票年龄降低到16岁，并赋予文盲投票权。[1] 21世纪以来，新一代民粹主义者继续扩大政治参与的范围。莫拉莱斯提出了一个包容性的"人民"概念，"人民"不仅包含了对现实不满的城市混血种人，而且纳入了此前被排斥的原住民。在委内瑞拉，查韦斯成功地建立了"人民民主"，"人民"这一概念，在查韦斯看来，包含了生活在市民社会边缘的群体。新一代民粹主义者不仅为这些此前被排斥的社会群体代言，而且采纳这些群体的装束、语言，以证明自己的真诚，证明自己与"人民"的密切联系。莫拉莱斯从不穿着正规的西装，而是身披传统的玻利维亚羊驼毛绒衫（chompa）。查韦斯身穿运动装，在电视节目中唱跳委内瑞拉的传统

---

1　Michael L. Conniff, "Introduction," Michael L. Conniff, ed., *Populism in Latin America*, University of Alabama Press, Albuquerque, 1999, p.17.

歌舞，接听和回复来自"人民"的电话。[1]通过这些象征性举止，民粹主义者力图将此前被排斥的社会集团合法化地纳入政治和文化的领域。

其二，通过揭露精英阶层的腐败和相互勾结，以民主的名义增加"人民"的主权，民粹主义有效地暴露了西方现代民主体制的机能性障碍或失调。因而，在拉丁美洲，民粹主义在一定程度上也可被理解为对被掏空的、腐败的、排斥性的"民主"制度的反应与否定。在这种体制环境下，民粹主义者要求增强政治代表对选民负有的责任感，显然是合理的。从更普遍的意义上说，民粹主义者直面"代议制政治危机"，因为"选民感到他们的代表不能根据他们的选票、抗议或其他形式的动员所传递的信息行事"。[2]

虽然具有强烈的民主倾向，但民粹主义同时也存在反民主的因素。首先，如果没有一个被界定为敌人的"他者"，对民粹主义来说，诉诸"人民"将毫无意义。这是因为，在民粹主义内部，"人民"并非代表一个特定的政治共同体内部的所有成员，而是将共同体的一部分提升到代表整个共同体的位置。在此过程中，民粹主义将一些群体排除在"人民"之外，断定他们是"非法的"，不是共同体的一部分。因此，民粹主义对"人民"的诉求尽管在一些情况下扩大了民主的范围，但这种融入总是以另一部分人被排斥为代价。莫拉莱斯将主要的企业家部门排斥在玻利维亚社会之外，给批评政府的新闻媒体贴上"新自由主义的工具"标签。查韦斯拒绝向支持反对党的人提供社会保障，指责其对手"与恶魔结盟"。因此，尽管民粹主义者在很大程度上促进了民主制度的更新，但其又是具有排斥性的，对政治多元主义构成了威胁。对

1 Benjamin Moffitt, *The Global Rise of Populism: Performance, Political Style and Representation*, Stanford University Press, Stanford, California, 2016, p.143.

2 Benjamin Moffitt, *The Global Rise of Populism: Performance, Political Style and Representation*, Stanford University Press, Stanford, California, 2016, p.144.

于这一点，斯拉沃伊·齐泽克（Slavoj Žižek）进行了深刻的分析。他说，在民粹主义的概念里，"敌人是外化的，并被具体化为一个确定的本体论的实体（即使该实体是一个幽灵），只有将其消灭，才能恢复平衡与正义"。这样一来，民粹主义就忽略了"真正的"敌人，因为给"人民"带来麻烦的不再是那些复杂的问题，如现代资本主义的"无情"发展速度、全球化、结构性失衡、性别主义、种族主义、贫困等，而是特定的"精英"，这个敌人成为所有威胁、邪恶、危险的聚合体。通过选择这样一个替罪羊，民粹主义拒绝应对复杂的现代政治和社会现实，相反，通过引进一个首要的阴谋来解释一切，即将"他者"或者精英作为"对人民的所有威胁背后的唯一代表"。[1]

其次，民粹主义对复杂性的拒绝还反映在这样一个"神话"中，即"人民"是同质的、统一的。民粹主义拒绝承认"人民"内部的分歧与差异，从这个意义上可以说，民粹主义是对多元主义的挑战。当今世界，全球性的资本流动、移民、跨边界和跨国组织的发展，使政治共同体变得更加多样化和复杂化，拒绝承认这种多样化实际上就是无视现代社会的活生生的现实。

再次，民粹主义极端个人化的倾向也是与民主制度不相容的。民粹主义依赖于一名领导人来代表和表达"人民"的愿望和声音。"人民"和领袖是融为一体的，民粹主义领袖不仅是"人民"的代表，而且是真正懂得"人民"需要的人物，是"人民"主权的真正化身。这种个人化倾向导致两个严重的后果，即政治领域严格的二分法和政治权力被领导人垄断。就前者而言，政治共同体被划分为支持和反对领导人的两大阵营，即朋友和敌人。在阿根廷，核心的政治分歧是庇隆主义和反庇隆主义；在委内瑞拉，核心的分歧是查韦斯主义和反查韦斯主义，即便在查韦斯去世之后依然如此。就后

---

1　Slavoj Žižek, "Against the Populist Temptation," *Critical Inquiry*, Vol.32, No.3, 2006, p.556.

者而言，政治权力之所以被领导人垄断，是因为民粹主义领导人被认为是永远正确的。如果领导人代表了"人民"，是"人民"意愿的化身，而"人民"总是对的，那么，民粹主义领导人自然永远是正确的。这样一来，将更多的权力授予民粹主义领导人就没有什么不对，因为这实际上是将更多的权力授予"人民"。但是，在现实中，一些民粹主义领导人依此逻辑，随意滥用权力，转向政治威权主义。[1]在无组织的民众支持下高票当选的民粹主义领导人易于将自身视为"人民"的化身。作为反建制的政治"局外人"，他们对现行的民主制度对其施加的限制不满，因为根据民主制度的规定，他们的自主权受到了限制，他们必须与反对派妥协，他们推行"人民"意志的行动受到了阻碍。在民粹主义领导人看来，法律原则、独立的司法、议会内的反对派是名誉扫地的政治体制的残留，可以绕开，或者以政治变革的名义予以扫除。在拉美，民粹主义领导人与议会的冲突特别常见，因为绝大多数民粹主义领导人背后没有一个强大的政党支持以赢得议会多数。藤森、科洛尔、查韦斯都在议会内受到占多数席位的反对派的制约。在此情形下，民粹主义领导人往往诉诸行政命令进行统治，或改变制度的游戏规则。例如，在阿根廷，梅内姆在最高法院安插自己的亲信，修改宪法使自己连任。在秘鲁，藤森在军人的支持下发动"总统政变"，中止宪法，清洗司法部门，关闭地方政府，关闭反对派控制的议会。通过政治改组，产生了一个被驯服的议会多数和一部新宪法，把权力集中在总统手中，并使藤森得以连任。为了能够第三次连任，藤森甚至公开罔顾民主原则和程序。裁定他的候选人资格违宪的宪法法院成员被解职，就此问题举行的公民投票被阻止，国家选举委员会被操纵并被藤森的亲信充斥，一个新的官方党通过欺骗方式得以注册，反

---

1　Benjamin Moffitt, *The Global Rise of Populism：Performance，Political Style and Representation*，Stanford University Press，Stanford，California，2016，pp.147-148.

对派候选人被骚扰，报纸和电视台成为藤森的竞选工具，选举过程中的不正常现象司空见惯。在委内瑞拉，查韦斯依靠宪法之外的公民投票程序，选举产生立宪大会。查韦斯的支持者占据 92.4% 多数的立宪大会很快宣布重建委内瑞拉的民主制，清洗法院，起草新宪法，关闭议会，组织新的选举。民粹主义者常用全民公决的方式使自己的制度变革合法化。但是，如果基本的制度和游戏规则可以随着领导人的心血来潮随意改变，那么民主制的巩固必然受到削弱。当全民公决被用来抵消对行政权力的宪法监督时，权力过度集中和少数派权利被侵害的危险是难以避免的。在此情形下，反对派不可避免地指责政府违宪，政府与反对派之间的竞争由公共职位之争转向体制原则和游戏规则之争。在如此根本性的冲突环境下，民主制度的巩固当然无从谈起。

　　如上所述，民粹主义既有有利于民主制度的倾向，也有反民主制度的倾向。在不同的环境下，这些倾向不仅表现各异，而且时常同时发挥作用，且相互冲突。民粹主义有时以非民主的方式扩大民主参与，有时又以民主的名义破坏民主程序。要理解这种矛盾的现象，有必要对民主的含义进行反思。根据厄瓜多尔学者卡洛斯·德拉托雷的总结，有两种不同的民主传统：自由主义的民主传统强调个人自由、多元化、程序政治、责任性、维持政府部门之间相互监督制衡的程序设计；民粹主义的民主传统将政治构建为人民和寡头之间的道德、伦理之争，追求直接的代表形式，将民主理解为在象征性地代表被排斥的人民的领导人的名义下对公共空间的占领。尽管很多学者认为自由主义的民主传统能够包容其他的传统，但是，也有学者认为，自由主义民主模式未能直接体现人民主权，不是真正的民主代表制，民粹主义民主模式可以满足公共事务中真正的民主参与和决策。自由主义民主认为在一个拥有多元利益的复杂社会中，人民的愿望不是统一和一致的，而民粹主义民主则认为人民拥有一个共同的愿望。自由主义民主强调多元主义和公民权利，民粹主义民主强调主权和平等。[1] 政治学者玛格丽特·卡农范认为，民主有两个方面的含义，一是实用性（pragmatic）的方面，二是救赎性（redemptive）的方面。从实用性的方面来看，鉴于民众之间的利益多元化，现代民主通过一套复杂的制度，使我们与他人能够在尽可能少地采取强制手段的前提下和平共处，显然这是符合自由主义民主传统的。但是，民主不应局限于此，还应该为人民提供一种"救赎性的愿景"，即通过政治获得拯救的希望，而这个救世主只能是"人民"。[2] 根据玛格丽特·卡农范的观点，"'人民'不仅是政治合法性的源泉，而且似乎有时能将政治从压迫、腐败和乏味中挽救出来"。[3] 民主内部这两个方面之间的张力恰恰是民粹主义在拉美频繁发生的根源。在民粹主义者看来，民主不是包容和妥协，而是"人民意愿的政治"，是人民不通过任何中介直接表达其主权的领域。因此，拉丁美洲的民粹主义者推崇的民主观念更多地依靠公众集会，通过半仪式化的方式将民众纳入政治领域，而较少地关注根据法律原则制度化地政治参与的方式。这是因为民粹主义者宣称代表人民，而在拉丁美洲现行的体制下，人民的愿望并没有制度化的表达渠道，于是民粹主义体制"以公民投票式的欢呼取代了传统形式的政治审慎"。[4]

---

1　Carlos de la Torre, *Populist Seduction in Latin America*, Ohio University Press, Athens, 2010, pp.viii–ix.

2　Margaret Canovan, *The People*, Polity Press, Cambridge, 2005, pp.89–90. 转引自 Carlos de la Torre and Cynthia J. Arnson, "Introduction: The Evolution of Latin American Populisn and the Debate over Its Meaning," Carlos de la Torre and Cynthia J. Arnson, eds., *Latin American Populism in the Twenty-First Century*, The Johns Hopkins University Press, Baltimore, 2013, pp.34–35。

3　Margaret Canovan, *The People*, Polity Press, Cambridge, 2005, pp.89–90. 转引自 Carlos de la Torre, *Populist Seduction in Latin America*, Ohio University Press, Athens, 2010, p.x。

4　Carlos de la Torre and Cynthia J. Arnson, "Introduction: The Evolution of Latin American Populism and the Debate over Its Meaning," Carlos de la Torre and Cynthia J. Arnson, eds., *Latin American Populism in the Twenty-First Century*, The Johns Hopkins University Press, Baltimore, 2013, p.35.

# 第二章　拉丁美洲经典民粹主义的兴衰

　　在拉丁美洲国家的现代化进程中，20世纪初到60年代是一个突飞猛进的时期。在此期间，在经济增长的推动下，城市化、工业化取得重大进展；新的社会阶层形成与壮大，并积极要求参与政治；寡头制的政治体制面临危机，大众政治的大门逐步打开。在这一剧烈的社会转型过程中，民粹主义作为一种独特的政治思潮、政治运动、政权形式，发挥了不可忽视的作用。为了与20世纪90年代的右翼新自由主义的民粹主义和21世纪初的左翼激进民粹主义相区别，国外拉美研究学界通常将20世纪初到60年代的第一波民粹主义浪潮称为经典民粹主义（classical populism）。

## 一　大都市革命与经典民粹主义的产生

20 世纪初，拉丁美洲经典民粹主义的产生，是深刻的经济社会变革的结果。19 世纪下半叶，特别是七八十年代后，随着欧洲和北美第二次工业革命的展开，工业化国家对原材料的需求大量增加，扩大了拉美出口产品的数量和种类，从而为拉美面向出口的初级产品生产提供了巨大的市场，拉美各国迎来了一个出口经济空前繁荣的时代。经济迅速增长，外国投资、外国移民大量增加，城市化进程加速，并在一定程度上带动了工业化的发展。拉美国家的社会结构也发生了变化，新的社会阶层产生。首先是工人阶级。19、20 世纪之交，工人开始组织起来，先是建立互助组织，然后是建立了工会。在出口经济的关键性部门，特别是运输部门，如铁路和码头，工人发挥着举足轻重的作用，因为任何工人罢工将直接影响出口经济的运转。1914—1917 年，劳工动员得到了空前的加强。然而，在20 世纪初，工人阶级由于民族和种族根源而未能在政治权力中获得太多的地盘。进入阿根廷和巴西的移民无投票资格，除非他们入籍。在墨西哥，农民出身的工人几乎没有机会对迪亚斯的独裁施加影响。[1] 其次是中等阶层（the middle sector）的出现。从职业上说，中等阶层包括从进出口经济中受益但在所有制和领导地位方面未能进入上等阶层的银行职员、政府雇员、下级军官、教师、教士、小企业家、熟练技工、记者、社区杂货商等。中等阶层的特点是，他们既不被接纳到传统上层分子的队伍，又不与社会的下层贫穷阶层来往。据估计，19、20 世纪之交，在墨西哥、智利、巴西、阿根廷和乌拉圭等经济较发达的拉美国家，中等阶层可能占到总人口的

---

1 〔美〕托马斯·E.斯基德摩尔、彼得·H.史密斯：《现代拉丁美洲》，江时学译，世界知识出版社，1996，第 59 页。

10%，主要集中在城市。[1]进入 20 世纪，在一些国家，新兴的中等阶层开始组织政党，称为激进党或民主党，向土地寡头控制的传统政党提出了挑战。他们要求政治、社会和教育改革，要求给予中等阶层更多的政治发言权。

工人阶级和中等阶层进入政治舞台削弱了寡头政治的基础，意味着精英政治向大众政治的转变不可避免。城市化的迅速发展则为这一政治变革创造了条件。19 世纪晚期，随着初级产品出口经济的快速增长，拉美国家的城市化取得了长足的进展，美国学者迈克尔·康尼夫称之为"大都市革命"（metropolitan revolution）。[2]出口收入的增加为城市基础设施的建设和工业发展提供了资金，一些国家的首都和港口城市，如里约热内卢、布宜诺斯艾利斯、利马、加拉加斯、圣地亚哥、墨西哥城、波哥大等，在 20 世纪初发展为大型都市。大批来自外国或者国内其他地区的移民被吸引到这些城市。对于这些新移民来说，城市生活使他们摆脱了农村庄园主的控制，给他们带来了新生活的希望，但是同时也带来了危险与压力。工人为了微薄的工资整日在条件简陋的小工厂中劳作，几乎没有分享到经济繁荣的成果。新移民的孩子因为他们的外国背景而受到排挤。有色人种（梅斯蒂索人、印第安人、黑人）在学校、工作场所、政府机关甚至在商业设施中都受到歧视。这些移民之间经常为了微小的利益而相互争斗。总之，城市化并没有为城市下层民众提供社会流动的机会。

城市化的发展也影响到上层统治阶级。19 世纪初拉美国家获得独立后，强大的农村考迪罗（caudillo，即地方政治首领）成为整个拉美具有决定性影响的政治力量。"不管国家是经历长期的无政府

---

1 〔美〕E. 布拉德福德·伯恩斯：《简明拉丁美洲史》，王宁坤译，湖南教育出版社，1989，第 204—205 页。

2 Michael L. Conniff, "Introduction: Toward a Comparative Definition of Populism," Michael L. Conniff, ed., *Latin American Populism in Comparative Perspective*, University of New Mexico Press, Albuquerque, 1982, p.4.

状态还是迅速达到独裁统治下的秩序和稳定状态，很大程度上取决于地方首领之间的斗争能多快地产生一位能成功地对他人行使权威的居于统治地位的考迪略（罗）。"[1] 19 世纪后期，人口的增加和商业的发展使城市的规模和财富日益膨胀，达官显贵们越来越多地居住在城市，特别是各国的首都。即使居住在州府、镇或者乡村庄园，他们仍同首都的事态发展以及首都的官僚保持着紧密的联系。他们开始组成单一的民族精英集团，这一集团在首都确立了主要的权力中心和领导地位。农村考迪罗时代成为历史。"民族精英集团的产生反过来又促进了以体制化的政府取代个别的强人或考迪略（罗）的统治。这种体制化的政府是由一个经精英集团一致任命的全权执行机构和由同一个精英集团提供人员并受其控制的主要是咨询性的立法机构所组成。"[2] 精英集团加强了对城市中等阶层和工人的控制。他们以舞弊的手段操纵选举以控制政权，利用警察来监控城市的日常生活。汽车、电话、电报、留声设备、照相机、自动武器等新技术的运用，使警察能够监视和镇压任何威胁到精英集团对政治垄断权的个人或组织的活动，其中工会、学生组织、激进政党成为重点目标。被怀疑扰乱社会稳定的个人通常遭到打压、监禁，如果是外国人的话，通常被驱逐出境。[3]

因此，20 世纪初，拉美城市绝大多数人口生活在非民主的环境下。当然，他们从未享受过民主，但是，在此之前他们的压迫者是老板，现在则成了政府。这样，在拉丁美洲，一些能够给民众带来一定的归属感，并主张或能够改善民众日常生活境遇的政治领导人登上政治舞台的条件成熟了。这些领导人一般出现在城市，且来自

---

1　〔英〕莱斯利·贝瑟尔主编《剑桥拉丁美洲史》第 4 卷，中国社会科学院拉丁美洲研究所译，社会科学文献出版社，1991，第 262 页。

2　〔英〕莱斯利·贝瑟尔主编《剑桥拉丁美洲史》第 4 卷，第 262 页。

3　Michael L. Conniff, "Introduction," Michael L. Conniff, ed., *Populism in Latin American*, University of Alabama Press, Tuscaloosa and London, 1999, pp.8–9.

中等阶层，他们参与政治竞争乃至执政的风格，后来被称为民粹主义。因此，拉丁美洲现代化发展的一个重要特征是，城市化早于工业化。城市化为民粹主义的产生创造了条件。因为城市化将大量无组织或组织松散的人口集中在一起，使其成为政治家"可资利用的民众"（available masses）。但是，我们不能因此得出结论，城市化和民粹主义的产生之间存在直接的因果关系，只能说，城市化为民粹主义的产生创造了适宜的社会和政治环境。

20 世纪初，在出口经济发展的推动下，拉美国家新的交通、通信技术获得了前所未有的发展，也对民粹主义政治的兴起起到了推动作用。有轨电车、摆渡船、市郊往返列车（commuter train）、公共汽车等城市交通设施使政治动员更为便捷。电话和电报给政党领导人与党的分支机构联络、协调候选人的竞选活动带来了便利。逐渐地，对雄心勃勃的、精明干练的政治家而言，整个城市成了一个统一的选区。充分利用媒体特别是新媒体为自己的政治目标服务，是民粹主义政治的显著特点，这充分体现在 20 世纪初拉美的早期民粹主义运动中。20 世纪二三十年代，无线广播就被充分运用于政治。通过广播，民粹主义政治家将他们的语言和纲领，以丰富多彩的方式，诸如声响效果、音乐、背景观众等，传递给千百万民众。到 50年代，随着电视的逐步普及，其也被民粹主义政治家利用。候选人可以通过电视使自己的形象、口号、纲领更为直接地为选民所了解和接受。此外，长途旅行和通信的便利化也使政治家可以与全国各地的选民建立联系。第一次世界大战后，飞机带来了竞选方式的革命性变化，候选人乘坐小型飞机，前往全国各地巡回演讲。在很多较小的村镇，选民首次见到飞机和全国性的政治领导人。[1]

拉美经典民粹主义的兴起不仅源于 19 世纪晚期的"大都市革命"，也有文化上的渊源。对此，学术界关注甚少，但也有个别西

---

1 Michael L. Conniff, "Introduction," Michael L. Conniff, ed., *Populism in Latin American*, University of Alabama Press, Tuscaloosa and London, 1999, pp. 9-10.

方学者注意到，其中一个观点是拉美民粹主义特别是早期的民粹主义受到克劳泽主义（Krausismo）的影响。[1] 19 世纪晚期，一种自由主义学说从西班牙传至南美。该学说基本上起源于很少有人关注的德国哲学家卡尔·克里斯蒂安·弗里德里希·克劳泽（Karl Christian Friedrich Krause，1781-1832）的著述。克劳泽宣称自己建立的哲学解决了黑格尔和康德著作中的一些矛盾。19 世纪 40 年代，一位西班牙形而上学主义者把克劳泽的著作翻译为西班牙语，介绍到西班牙知识界。根据西班牙人的解读，克劳泽主义是一种理想主义的哲学。根据这种哲学思想，上帝等同于良心，上帝、人和宇宙融合在一种泛神论之中，人和社会被认为是根据上帝的形象发展的。于是，随着社会愈益紧密地一体化，人愈加成为上帝的一部分。1854—1874 年，克劳泽主义成为西班牙知识界占主导地位的思想，从根本上塑造了西班牙的自由主义。19 世纪晚期，作为一种模糊的宗教人文主义，克劳泽主义也传到拉丁美洲，影响到年轻的知识分子和政治领导人。它为具有改革思想的人们表达与社会良心相符的世俗理想主义提供了基础，在拉美的温和派人士看来，与粗鲁的、破坏性的、物质主义的实证主义相比，克劳泽主义更加符合拉美的实际需要。[2]

　　20 世纪初，克劳泽主义不仅影响到拉美的知识分子，也受到一些政治领袖的关注。乌拉圭文学家何塞·恩里克·罗多接受了克劳泽主义，其思想激励了拉普拉塔地区的一代人，包括乌拉圭早期的民粹主义领袖何塞·巴特列·奥多涅斯（José Batlley Ordóñez），他所领导的红党的纲领深受克劳泽主义的影响。阿根廷民粹主义领袖伊波利托·伊里戈延也是一个"完美的克劳泽主义者"，他的国内外政策经

1　O. Carlos Stoetzer, *Karl Christian Friedrich Krause and His Influence in the Hispanic World*, Böhlau Verlag, Koln, 1998.

2　Michael L. Conniff, "Epilogue," Michael L. Conniff, ed., *Populism in Latin America*, University of Alabama Press, Albuquerque, 1999, p.194.

常受到克劳泽主义原则的启发。秘鲁的曼努埃尔·冈萨雷斯·普拉达的著作受克劳泽主义的人文主义影响也十分明显，他的思想又通过其仰慕者阿亚·德拉托雷进入政治领域。受克劳泽主义的影响，拉美早期民粹主义领导人把自己看作父权、道德权威、社会稳定者、秩序与和谐的源泉。他们模糊的社会改革主义、个人责任、社会团结的思想体现在早期民粹主义的准社会主义的纲领中。此外，重视教育、宗教宽容、尊重妇女等倾向也是与克劳泽主义相一致的。[1]

　　为何拉美早期的民粹主义改革家倾心于克劳泽主义？有学者认为，这是因为克劳泽主义将和传统的天主教观念相一致的思想（社会作为一个有机体的构想、对社会权利的关切以及对上帝的信仰）与自由主义对个人权利、司法平等的尊重糅合在一起，因而"在经典的自由主义和天主教蒙昧主义之间提供了一条以道德为基础的中间道路。在拉美，这个 20 世纪初克劳泽主义影响最为深远的地区，这一哲学提供了一种替代不受约束的资本主义个人主义和左翼意识形态的集体主义的极有吸引力的选择"。[2] 也就是说，作为中等阶层的政治代表，拉美早期的民粹主义者既不认同 19 世纪晚期在拉美社会上层占主导地位的实证主义，也反对 20 世纪初在工人阶级中兴起的社会主义、无政府主义等激进思潮，而从强调道德、调和、温和渐进改革的克劳泽主义中找到了意识形态的支撑。这既反映了早期民粹主义的进步性，也反映了它的局限性。

## 二　经典民粹主义：从改革主义到发展主义

　　拉丁美洲由初级产品出口带动的经济增长，动力来自外部。国

---

1　Michael L. Conniff, "Epilogue," Michael L. Conniff, ed., *Populism in Latin America*, University of Alabama Press, Albuquerque, 1999, pp.195-196.

2　Jeane Hunter Delaney, "Book Review: O. Carlos Stoetzer, Karl Christian Friedrich Krause and His Influence in the Hispanic World," *Hispanic American Historical Review*, Vol. 81, No.1, 2001, pp.176-178.

际经济、国际市场的波动严重影响拉美国家的国内经济和国家财政。当外部冲击引起的经济震荡超出国家的控制能力时，反对传统上层阶级的自由放任经济政策的民众动员成为早期民粹主义的主要形式。"从这个意义上讲，民粹主义是对不断扩张的、不稳定的资本主义的反抗。"[1] 这与世界许多地区反抗资本主义对传统生产方式、劳动实践、生活方式的冲击的农民运动是一致的。例如，被认为是全球民粹主义先驱的 19 世纪晚期俄国的民粹派就是古老的农村面对资本主义化时的一种非资本主义的选择，而差不多同时期美国的人民党运动也是农业对工业、传统对现代、被遗忘的乡村对蓬勃发展的城市的反抗运动。[2] 只不过，与俄国和美国不同，20 世纪初的拉丁美洲，资本主义生产方式扩张的冲击主要发生在城市，而非农村。拉丁美洲的民粹主义最早产生于出口经济、城市化、识字率、工业化发展最快的国家。

20 世纪前二十年，在拉丁美洲一些较发达国家的大城市，出现了早期的经典民粹主义领导人，其主要代表是乌拉圭的何塞·巴特列·奥多涅斯（1903—1907 年、1911—1915 年执政）、秘鲁的吉列尔莫·比林古尔斯特（Guillermo Billinghurst，1912—1914 年执政）。另外，阿根廷的伊波利托·伊里戈延在其 1916—1922 年的任期中也具有一些民粹主义的风格。这些民粹主义领导人虽然也争取到部分劳工的支持，但其主要政治基础来自新兴的中等阶层和上层精英内部持不同政见的成员。

早期的民粹主义者具有一些共同的特征。他们为了通过选举获得政权，主张完善选举机制，增加选民人数和扩大政治参与。他们指责 19 世纪延续下来的寡头体制。民粹主义者还倡导其他社会改

---

1　Paul W. Drake, "Conclusion: Requiem for Populism? " Michael L. Conniff, ed., *Latin American Populism in Comparative Perspective*, University of New Mexico Press, Albuquerque, 1982, p.236.

2　夏立安：《民众主义、威权主义、职团主义、民族主义——读〈剑桥拉丁美洲史〉第 8 卷》，《拉丁美洲研究》2000 年第 5 期。

革，特别是在教育和劳工关系领域，他们主张国家对这些领域进行干预。民粹主义者主张加强国家在社会和经济生活中的作用，有些民粹主义者的执政风格甚至带有温和的社会主义色彩。但是，他们主张渐进的而非激进的变革。民粹主义者支持民间文化，认为本地歌曲、舞蹈、工艺、文学等与国外文化具有同样的合法性。在这一点上，他们与传统的精英阶层产生了分裂，后者看不起非欧洲的艺术。由于支持民间文化，民粹主义者能够接触到穷苦人、移民的后代以及其他对自己的生活方式感到骄傲的人。这些民粹主义者赢得了城市贫民、工人、学生、艺人、实业家、白领雇员、专业人员、妇女、知识分子等广泛的社会阶层的支持，因此民粹主义政党又被称为"多阶级的"政党，具有传统政党所不具备的广泛的代表性。民粹主义领袖通常具有一种个人魅力，被称为"克里斯马"，使他们高居普通人之上，得到追随者的敬畏与尊重，对选民更有吸引力，这也是他们获得成功的部分因素。

进入 20 世纪二三十年代，民粹主义政治扩及更多的国家。1928—1930 年，伊里戈延再度当选为阿根廷总统，成为这一时期重要的民粹主义者。在智利，1920—1925 年，阿图罗·亚历山德里第一次执政，其执政也具有很突出的民粹主义特征；1932 年，马马杜克·格罗韦（Marmaduke Grove）上校发动政变，宣布建立智利社会主义共和国，这个社会主义共和国仅仅维持了 12 天就被推翻。马马杜克·格罗韦也是一名民粹主义者。在此期间，秘鲁阿普拉党（美洲人民革命联盟，APRA）的创建者维克托·劳尔·阿亚·德拉托雷也开始了自己的政治活动，虽然他从未能当选总统。在巴西，1931—1936 年的里约热内卢市市长佩德罗·埃尔内斯托·巴普蒂斯塔（Pedro Ernesto Baptista）成为早期重要的民粹主义者，他的政治风格后来被 1938—1941 年的圣保罗州州长阿德马尔·德·巴罗斯（Adhemar de Barros）效仿。在墨西哥，从 1910 年革命的领导人弗朗西斯科·马德罗，到革命后的领导人奥夫雷贡、卡列斯，其执政风格都具有明显的民粹主义特征，而最典型的民粹主义领袖则是1934—1940年担任总统的拉萨罗·卡德纳斯。

20世纪40—60年代是拉美经典民粹主义的顶峰时期。在此期间，民粹主义成为许多国家主要的政治运动，民粹主义领袖在许多国家上台执政；即使在没有上台执政的国家，民粹主义政治运动也迫使传统的政治领导人不得不更有代表性。30年代资本主义世界经济大危机爆发，进一步打击了坚持初级产品出口的大地主、出口商集团，传统的寡头政治面临危机；而进口替代工业化的发展，使得工业资产阶级登上了舞台，工人阶级的重要性也进一步提升。工业主阶级与工人阶级之间尽管存在矛盾，但是两者的共同利益在于依靠国家的干预，推动进口替代工业化，而与传统的以出口初级产品为基础的寡头集团处于对立地位。因此，工业主阶级和劳工阶级结成联盟，直接向农业和土地所有者的利益提出了挑战。依附论学者如吉列尔莫·奥唐奈等，将这种政治联盟形式称为民粹主义。[1]

在巴西，1930年上台的热图利奥·瓦加斯（1930—1945年、1951—1954年在任）以及在他之后的儒塞利诺·库比契克（Juscelino Kubitschek，1956—1961年在任）、雅尼奥·夸德罗斯（Jânio Quadros，1961年在任）、若昂·古拉特（Jõao Goulart，1961—1964年在任）等历任总统都被看作民粹主义者。此外，若泽·阿梅里科·德·阿尔梅达（José Américo de Almeida）、阿德马尔·德·巴罗斯（Ademar de Barros）、卡洛斯·拉瑟达（Carlos Lacerda）、莱昂内尔·布里佐拉（Leonel Brizola）等地方政治领袖也被看作民粹主义者。在阿根廷，胡安·多明戈·庇隆（1946—1955年在任）和他的妻子艾维塔（Evita），是拉美最著名的民粹主义者。1940年，巴拿马的阿努尔福·阿里亚斯（Arnulfo Arias）开启了其

---

1 〔阿根廷〕吉列尔莫·奥唐奈：《现代化和官僚威权主义：南美政治研究》，王欢、申明民译，北京大学出版社，2008。

作为民粹主义政治领袖的生涯，1945—1951 年，他再度上台执政。1944 年，厄瓜多尔的何塞·马里亚·贝拉斯科·伊瓦拉再次上台。贝拉斯科是一个典型的民粹主义者，他先后五次当选总统，活跃在厄瓜多尔政坛达四十年之久。1945 年，委内瑞拉民主行动党（Acción Democrática，AD）的领导人罗慕洛·贝坦科尔特（Rómulo Betancourt）领导政变，建立了一个被看作民粹主义性质的政权。在哥伦比亚，1959 年选举中遥遥领先的豪尔赫·盖坦（Jorge Gaitán）在选举前夕被暗杀，结束了该国历史上第一次民粹主义政治运动。在古巴，一位年轻的民粹主义者艾迪·奇瓦斯（Eddie Chibás）本是总统的重要候选人之一，但在 1951 年，为抗议选举腐败愤而自杀。在智利，1952—1958 年，卡洛斯·伊瓦涅斯（Carlos Ibáñez）以民粹主义的风格再度崛起执政。50 年代中期，维克托·帕斯·埃斯登索罗（Víctor Paz Estenssoro）领导的玻利维亚革命政府也明显带有民粹主义色彩。

与此前相比，这些民粹主义政治领导人以有选择的社会主义观念和口号动员了更加广泛的城市民众。他们团结一致地推进有利于劳工的社会改革、扩大选举民主以及在全大陆反对帝国主义和法西斯主义。1940 年，在智利的圣地亚哥举行了由智利社会党、秘鲁阿普拉党、委内瑞拉民主行动党和墨西哥革命党（1946 年改名为革命制度党）参加的首届拉丁美洲左翼政党大会。民粹主义运动的产生是城市化、工业化和社会分层加速发展的结果，同时，民粹主义政府的社会福利改革、促进工业化的措施又加速了这一发展趋势。面对这种形势，社会上层无疑宁愿维持原有的社会秩序，反对民众的政治参与。但是，对于改革派的领导人甚至一些社会上层既得利益集团的部分成员来说，继续排除城市中产阶级和工人阶级参与政治带来的代价比允许他们被逐步纳入政治体系更大。工人的罢工、抗议以及激进意识形态的提出，使民粹主义被越来越多的政治家接受。民粹主义政府的改革至少暂时在不同程度上满足了各个社会阶层的要求：以提高关税和提供信贷保护工业主阶层，以扩大城市市场和继续控制农村工人满足农村地主的要求，以国家机构的扩大、就业岗位的增加和社会福利满足中产阶级，以社会福利、工会带来的好处满足城市劳工特别是熟练技术工人的要求。只要进口替代工业化的容易阶段（即以国内生产的普通消费品替代国外进口产品）尚能维持，只要政治制度化与政治动员的步伐相匹配，这种妥协性的改革就能推迟各社会阶层围绕稀少的社会资源展开的正面冲突。然而，这种改革未能克服这些国家经济自主发展和社会平等的结构性障碍。[1]

到 20 世纪 50 年代末 60 年代初，拉丁美洲多阶级联盟的民粹主义前景逐步变得暗淡。民粹主义领导人在维持其政治联盟、推进改革的进程中遭遇越来越大的障碍。在很多国家，进口替代工业化陷入了瓶颈，经济增长速度下降，通货膨胀加剧，国际收支状况恶化。除了城市劳工外，农民、农村到城市的移民、妇女等社会阶层也开始提出自己的要求。政治动员的程度逐步超出了政治制度化的速度，拉美国家出现了亨廷顿所称的"普力夺社会"。[2] 在新的形势下，一些民粹主义者，如秘鲁的阿亚·德拉托雷、委内瑞拉的贝坦科尔特逐步右转，以安抚国内精英和外国利益。有的国家的民粹主义者则左转，如巴西总统古拉特。社会下层不满足于有限的社会改革带来的好处，在古巴革命胜利的影响下，社会下层变得更加激进，许多国家出现了游击队运动。社会上层甚至中产阶级则对社会改革的容忍度下降，在他们看来，容忍民众参与政治的代价，如工资增长、通货膨胀、财产转移甚至像古巴那样社会制度变化，大大超出了排除民众政治参与带来的风险。从 60 年代中期开始，一股军

---

1 Paul W. Drake, "Conclusion: Requiem for Populism?" Michael L. Conniff, ed., *Latin American Populism in Comparative Perspective*, University of New Mexico Press, Albuquerque, 1982, pp.238–239.

2 〔美〕塞缪尔·P. 亨廷顿：《变化社会中的政治秩序》，王冠华等译，三联书店，1989。

人政变的浪潮席卷拉美，各国民粹主义政府纷纷被推翻，建立了威权主义政权。这些军人政府完全反对民粹主义，指责民粹主义者鼓励罢工、纵容共产主义，导致通货膨胀、政府腐败。军人领导人许诺恢复秩序和善治，推行自上而下的社会改革。60—80年代是一个反民粹主义的时代。

然而，民粹主义运动并未因军人的镇压完全消失。在阿根廷，1973年，庇隆再次回国执政。但是，他就任总统后不久就去世。在牙买加，迈克尔·曼利（Michael Manley）在70年代担任总理，他无疑是一位民粹主义者。在厄瓜多尔，70年代末，海梅·罗尔多斯（Jaime Roldós）和阿萨德·布卡拉姆（Assad Bucaram）领导的人民力量集中党（Concentración de Furrzas Populares，CFP）在总统选举中获胜，但此二人在两年之内都去世了。在墨西哥，1970—1976年执政的路易斯·埃切维里亚总统试图仿效卡德纳斯的民粹主义风格，但很不成功。总之，到70年代，拉丁美洲失去了民粹主义发展的环境。

## 三　经典民粹主义的历史地位

20世纪初到60年代拉丁美洲的经典民粹主义运动和民粹主义政权为数众多，差异甚大。但由于它们产生于大致相同或相似的经济社会文化背景下，也必然具有一些明显的共性。迈克尔·康尼夫将这一时期拉丁美洲民粹主义的特点总结为以下几个方面：

第一，它是一种城市现象，这体现在双重含义上，一方面它是对大都市革命的一种反抗，另一方面它几乎总是出现在城市。第二，民粹主义是多阶级的，它试图将社会重新凝聚为一个整体。它从城市各个社会阶层获取支持，虽然其主要诉诸工人阶级和中产阶级。第三，民粹主义是以选举和扩大代表性争取政权的。第四，它是一种广泛性的运动，追求普遍性的共识，不断地从民众中更新其获得的授权。第五，民粹主义在大众文化、社会习俗和人民对公正的感知中寻求其根源。实际上，它鼓励土著文化的复兴。最后，民粹主义领导人被赋予一种个人魅力（charisma），当他们的个人魅力需要支持者不断地验证的时候，民粹主义者通常是威权主义的。在很大程度上，上述特点与民粹主义运动的社会构成、领导阶层以及与作为一个整体的社会是密切相关的。[1]

在 20 世纪 20—60 年代拉美经典民粹主义的兴盛时期，无论右派还是左派都对它抱有敌意。"在保守派势力看来，民众（粹）主义政党和运动往往是'煽动性的'；而在共产主义和其他左翼政党看来，他们又是'欺骗群众的骗子'。"[2] 保守派指责民粹主义者煽动民众的过高期望，刺激通货膨胀，吓坏国内外投资者，导致政治不稳定。左派则痛斥民粹主义者诱导民众支持消极、权宜的社会改革，以此维持现存的权力结构。例如，1920 年，智利工人社会党警告，亚历山德里当选总统标志着"一个新的寡头集团的上台，他们以渐进改革的虚假许诺欺骗工人阶级，试图获得工人阶级的支持，旨在明天成为他们的主人"。[3]

诚然，20 世纪初到 60 年代拉美经典民粹主义以相对民主的方式实现经济和社会现代化的尝试并不成功，但是，在当时社会革命不太可能爆发的情况下，民粹主义毕竟是拉美国家对于所面临的挑战做出的一种相对人道的选择。虽然民粹主义运动和民粹主义政府

1　Michael L. Conniff, "Introduction: Toward a Comparative Definition of Populism," Michael L. Conniff, ed., *Latin American Populism in Comparative Perspective*, University of New Mexico Press, Albuquerque, 1982, p.23.

2　〔英〕莱斯利·贝瑟尔主编《剑桥拉丁美洲史》第 6 卷（下），中国社会科学院拉丁美洲研究所译，当代世界出版社，2001，第 86 页。

3　Paul W. Drake, "Conclusion: Requiem for Populism?" Michael L. Conniff, ed., *Latin American Populism in Comparative Perspective*, University of New Mexico Press, Albuquerque, 1982, p.240.

的社会改革未能实现拉美国家的结构性转型，但是完全否定其所做出的贡献也是不符合历史事实的。可能最重要的是，至少对城市工人阶级和中产阶级而言，民粹主义大大推动了政治参与，扩大了民主权利、社会福利、建立工会的权利等。即使那些未能上台执政的民粹主义政党及其运动，也通过其努力迫使其他执政集团采纳他们的部分主张。即使这些改革为此后资产阶级控制政权铺平了道路，正如墨西哥卡德纳斯的改革那样，也不能因此否定这些改革在推行之时的进步性。但是，也应该看到，民粹主义者在扩大民主参与的同时，往往并不尊重民主程序，甚至在很多情况下建立了威权统治，如1937—1945年的瓦加斯、1943—1945年的庇隆。

在经济政策上，一些西方经济学家指责民粹主义政府的财政赤字政策、国家干预等措施带来的通货膨胀和经济衰退，而将民粹主义者看作不遵循市场规律、为了赢得政治支持而不负责任地大把花钱的人。其实，一方面，进口替代工业化是30年代经济危机后拉美经济发展战略的一个必然选择；另一方面，在40—60年代，主张国家干预和福利国家的凯恩斯主义即使在发达国家也盛极一时。因此，拉美的民粹主义政府在经济政策上只不过是顺应了本地区经济发展模式转换的要求，并与当时国际流行的政治经济学保持了一致。在当时，这种政策取得了一定的成功。例如，在卡德纳斯、庇隆和瓦加斯任期的某个阶段，国家经济获得了较快发展。因此，我们不能因为90年代以来新自由主义的盛行而指责一代人之前的民粹主义者采取的非正统的经济政策。然而与此同时，也应该看到，80年代后发生于拉美国家的严重经济危机，除了不利的国际因素，此前的民粹主义政府采取的强化国家干预、扩张性的经济政策和社会政策亦难辞其咎。[1]

---

1　董经胜：《拉丁美洲现代化进程中的民众主义》，《世界历史》2004年第4期。

# 第三章　巴西经典民粹主义的试验
## （20 世纪初至 1964 年）

　　20 世纪 30—50 年代活跃于巴西政坛的热图利奥·瓦加斯，同阿根廷的胡安·庇隆、墨西哥的拉萨罗·卡德纳斯、厄瓜多尔的何塞·马里亚·贝拉斯科等人一起，一般被看作拉美经典民粹主义的代表。[1] 但是，瓦加斯并非巴西最早的、最典型的民粹主义者，在 20 世纪初到 60 年代，巴西出现了若干民粹主义的政治领导人，瓦加斯仅在执政的某些时期，在继承和借鉴其他民粹主义者的政治实践基础上，运用和体现了民粹主义的风格。本章的目的是，对 20 世纪上半叶巴西民粹主义产生的历史背景、若干民粹主义者的政治实践进行探讨与分析。

---

1　Oliver Dabene, *América Latina en el Siglo XX*，转引自徐世澄主编《拉丁美洲现代思潮》，当代世界出版社，2010，第 75—76 页。

## 一　原初民粹主义

迈克尔·康尼夫指出，"如果没有 19 世纪大规模的城市发展，就不会出现 20 世纪的民粹主义"。[1] 在巴西，民粹主义的产生是 20 世纪初"大都市革命"特别是第一共和国（1889—1930）政治发展的结果。与其他拉丁美洲国家一样，19 世纪 70 年代以后，随着初级产品出口经济的繁荣，巴西的城市化进程迅速推进。1895 年后，圣保罗的人口以每 5 年增加高于 25% 的速度增长，城市面貌也发生了根本性的变化。1902 年就职的弗朗西斯科·德保拉·罗德里格斯·阿尔维斯总统（1902—1906 年在任）为治理脏乱落后的首都里约热内卢，发起了一项美化城市、建设一流港口、消除黄热病的计划。与此同时，联邦特区的行政长官佩雷拉·帕索斯（Pereira Passos）着手重建里约热内卢。在旧商业街建造宏大的中央大街，即今天的里奥布朗库大街，在海边布置了漂亮的滨海大道，扩建并重新设计公园，建造了宏伟的新建筑，其中包括 1909 年举行落成典礼的市剧院，清理了首都大部分卫生死角。[2]

面目一新、光鲜亮丽的城市吸引了大批来自外国或者国内其他地区希望改变命运的移民，然而，城市化并没为城市下层民众提供社会流动的机会，却给他们带来了一种丧失根基的、莫名不适的感觉，即法国社会学家埃米尔·涂尔干所说的"失范"（anomie）。[3] 这种城市社会现实为一种新的政治现象，即民粹主义的产生创造了

---

1　Michael L. Conniff, "Introduction: Toward a Comparative Definition of Populism," Michael L. Conniff, ed., *Latin American Populism in Comparative Perspective*, University of New Mexico Press, Albuquerque, 1982, p.4.

2　〔美〕E. 布拉德福德·伯恩斯：《巴西史》，王龙晓译，商务印书馆，2013，第 227—229 页。

3　参见〔法〕埃米尔·涂尔干《社会分工论》，渠东译，三联书店，2013。涂尔干并未直接探讨民粹主义，但他提出的大众社会理论被很多学者借鉴，用于研究民粹主义，尤其是拉丁美洲的民粹主义。

条件。那些能够给民众带来归属感、倡导建立代表民众利益的政府、主张开展提高民众生活水平变革的政治领导人出现了。一般来说，这些领导人来自中产阶级。在巴西，"中产阶级包括那些中等财富和收入的经济独立者，还有在商业、工业、贸易、官僚机构和专业界主要靠自己的智力领取薪水的人。……他们的经济－职业地位代表了被政党高度赞赏的'政治潜力'"。[1] 从城市中产阶级中涌现出来的政治领导人开始组织政党或者扩大已经存在的政党基础。他们通过报纸宣传、公众集会、游行示威的手段，将越来越多的公民集结起来，反对贪污腐化，主张更多地参与政治。城市化和工业化将上百万的人口集中在城市，使那些试图利用他们的政治家有条件接近他们。这些新兴的政治领导人就是拉美民粹主义的先驱，或者说就是早期的民粹主义者。

在巴西，这种产生于城市化的民粹主义现象最早出现在里约热内卢。20 世纪 20 年代，里约热内卢的人口达到 100 万以上，中产阶级开始积极地参与政治。1927 年，教师和学生在新成立的民主党（Democratic Party，DP）的旗帜下，动员中产阶级参政。民主党的纲领是改革主义的，主要关注民主程序，并提出改善穷人境况的计划。20 年代，民主党还不能争取到足够的选票使自己的候选人当选，但是其领导人开启了他们所谓的政治"道德化"进程。他们直言不讳地反对任何当权政府，这种立场必然在对上层集团彻底失望的民众中受到欢迎，他们宣称改革是纠正对民众要求漠不关心的政府罪恶的唯一途径。[2]

20 世纪 20 年代，"巴西的里约热内卢地区，一些政治家为了追逐权力，在地方政治中采取了通过培养被排斥者作为新的投票者，而在地方层面上建立新的联盟，并开展整顿和改革政府运动的策

---

1　〔美〕E. 布拉德福德·伯恩斯:《巴西史》，第 303 页。

2　Michael L. Conniff, "Populism in Brazil, 1925–1945," Michael L. Conniff, ed., *Latin American Populism in Comparative Perspective*, University of New Mexico Press, Albuquerque, 1982, pp.69–70.

略"。[1] 在里约热内卢改革派政治家中，较著名的是毛里西奥·德·拉瑟达（Maurício de Lacerda）、阿道尔夫·贝尔加米尼（Adolfo Bergamini）、若昂·巴普蒂斯塔·德·阿斯维尔多（Jõao Baptista de Azverdo）等。他们在竞选过程中打破以往的庇护主义传统，诉诸城市中更加广泛的选民的支持。他们许诺对政府进行改革，宣称为建立一个更加美好的社会而奋斗。他们所践行的领导人风格为此后的民粹主义者所效仿，因此，他们可被看作巴西的原初民粹主义者（proto-populist）。迈克尔·康尼夫写道：

> 20 世纪 20 年代里约的原初民粹主义者成为里约热内卢的工人和中产阶级下层社区的代表，在这些社区，公共服务与富裕社区相比严重滞后。他们经常公开向整个城市的公民大声疾呼，以他们炫耀性的风格吸引人群。他们不遵守传统规范，对约定俗成的做事方式感到厌烦。他们声援弱者，攻击强者。在市政会和联邦议会，他们谴责那些为政府运转的车轮提供润滑剂的舒适交易和微小的腐败行为，并因此而备受关注。他们总要求推进某个社会措施；或者对公正缺失加以谴责。[2]

这些具有改革思想的政治领导人将里约热内卢的社会下层组织，如工会组织、雇员协会、退休人群、邻里组织和个人动员起来，极大地扩大了选民基础。与传统的政客相比，虽然他们的选民在经济上比较贫困，但人数更多。正是这种看似简单但行之有效的民众动员为四五十年代民粹主义运动的发展奠定了基础。在巴西，与同时期的其他拉美国家一样，精英政治向大众政治的转变、政治参与的扩大，民粹主义者功不可没。在很大程度上，正是这批民粹

1 〔英〕保罗·塔格特：《民粹主义》，第 80 页。

2 Michael L. Conniff, "Brazil's Populist Republic and Beyond," Michael L. Conniff, ed., *Populism in Latin American*, University of Alabama Press, Tuscaloosa and London, 1999, pp.43-44.

主义政治家的活动，打开了大众政治的大门。

这些改革者的另一个贡献在于，他们使旧体制名誉扫地，彰显了社会变革的紧迫性。在 1930 年的总统选举中，里约热内卢的改革者热情支持热图利奥·瓦加斯。瓦加斯于 1882 年出生于巴西与阿根廷交界的圣博尔雅市（São Borja）的一个大庄园主家庭，曾短暂服役，接受过律师培训，并加入南里奥格兰德州共和党。1913 年、1917 年，两次当选州议员，1922 年成为联邦参议员（替补一位去世的议员）。1924 年当选联邦众议员，并成为南里奥格兰德州共和党的领袖。1926 年被华盛顿·路易斯总统任命为财政部部长。1927 年当选南里奥格兰德州州长。"瓦加斯身材短小，瘦而结实，脸上常挂着迷人的微笑，事实证明他拥有异乎常人的敏锐政治直觉。最重要的是，他是一位实证主义者，他的政治决策通常反映出实用主义。……在大多数情况下，他似乎倾向于顺应时代潮流，必要时进行创新，需要时进行尝试。改革的前景并没有使他感到恐惧，而是让他更加小心谨慎地改革。"[1] 在 1930 年 3 月的总统候选人选举中，瓦加斯落败于华盛顿·路易斯指定的候选人儒利奥·普列斯特斯。但是，6 个多月后，一批政治寡头内部的持不同政见者和心怀不满的军官发动政变，废黜了华盛顿·路易斯总统，于 11 月将总统权力移交瓦加斯。在 1930 年的政权更迭中，虽然一些民众对现实不满，特别是在世界经济危机已经对巴西产生影响的形势下，联邦特区（里约热内卢）对政局变化一度热情高涨，但是总体而言，民众在 1930 年"革命"中发挥的作用甚微。"此时，人民群众只是巴西政治的观众，而不是政治的扮演者。"瓦加斯"这位未来的民粹主义政治家并没有看到民粹主义政治动员的潜能"。[2]

在 1930 年"革命"中，前述具有改革思想的政治家坚定地支持

---

1 〔美〕E. 布拉德福德·伯恩斯：《巴西史》，第 291—292 页。

2 〔英〕莱斯利·贝瑟尔主编《剑桥拉丁美洲史》第 9 卷，吴洪英、张凡、王宁坤等译，当代中国出版社，2013，第 25 页。

瓦加斯上台，并在瓦加斯政府中担任了职务，如阿道尔夫·贝尔加米尼成为里约热内卢市市长，毛里西奥·德·拉瑟达被提名为市检察官（city attorney）。但是，由于新政府内部的混乱，经济危机导致的财政紧张，瓦加斯在上台之初，无力推行任何实质性的改革。在此形势下，尉官派（tenentes）走上前台，并产生了巴西第一位真正的民粹主义者——佩德罗·埃尔内斯托·巴普蒂斯塔。

## 二　里约热内卢的民粹主义

尉官派产生于 20 世纪 20 年代，主要由一批出身于中产阶级、具有改革思想的年轻下级军官组成。1922 年，尉官派军人在里约热内卢举行暴动。1924 年，他们在圣保罗再次举行暴动，并扩展到其他州。南里奥格兰德州的暴动者在路易斯·卡洛斯·普列斯特斯上尉的领导下，移师北进与圣保罗的起义者会合，联合起来组成历史上著名的"普列斯特斯纵队"，进行了穿越巴西内陆的长征。尉官派运动的纲领是比较模糊的。他们希望扩大政府的基础，超越地方主义。他们赞同建立一个强大的中央集权制政府。尉官派表现出"社会民主主义"倾向，建议政府承认工会和合作社，实行最低工资制、最高工时制、儿童劳动法，实行土地改革，将自然资源收归国有，发展基础设施。为达到这些目的，尉官派反对自由主义，而提出了"按照法团主义方针建立的结构"取代寡头政治的目标。[1]

在瓦加斯临时政府执政的第一年，尉官派可以说是瓦加斯身边文武官员核心决策层的主导力量。1931 年 2 月，他们成立了"10 月 3 日俱乐部"（以 1930 年"革命"开始的日期命名），旨在打造一个联络文武官员的知识型进谏团体。戈伊斯·蒙特罗被推选为第一届会长，但是，5 月，在他担任联邦第二军区（圣保罗州）司令后，

---

1　〔英〕莱斯利·贝瑟尔主编《剑桥拉丁美洲史》第 5 卷，中国社会科学院拉丁美洲研究所译，社会科学文献出版社，1992，第 834—835 页。

副会长佩德罗·埃尔内斯托成为新会长。[1]

　　佩德罗·埃尔内斯托来自伯南布哥州，曾在里约热内卢学习医学，成为一名出色的外科医生。在一些葡萄牙投资者的支持下，他建立了南美洲最大、设备最先进的外科诊所。20 年代，他加入尉官派，并于 1930 年参与了支持瓦加斯上台的"革命"。1931 年 9 月，他被瓦加斯提拔为联邦特区特派员。[2] 他反对 1932 年圣保罗州的叛乱，支持瓦加斯于 1934 年竞选总统。圣保罗州叛乱被镇压后，瓦加斯为了给临时政府提供合法性，扩大执政基础，为各州创建亲政府的政党提供了便利条件，并支持这些政党参加 1933 年制宪大会的选举和未来各种国会和州级选举。在瓦加斯的建议下，佩德罗·埃尔内斯托以一些联邦机构和尉官派的支持者为基础，创建了联邦特区自治党（Autonomist Party of the Federal District）。

　　受到 20 年代里约热内卢改革派的启发，佩德罗·埃尔内斯托着手扩大党的群众基础。他许诺提供政府职位和议员席位，吸收联邦和市雇员加入自治党；鼓励妇女和 18 岁以上的公民（1932 年后获得投票权）加入自治党参与政治。1933—1934 年，他派人深入工人阶级社区和贫民窟，争取选票。在几个月的时间内，自治党就发展为一个多阶级的政党，成员来自以联邦和市雇员为主的中产阶级成员、以公共事业公司的工会会员为主的劳工阶级成员，人数众多，控制了地方选举。民粹主义是一种"多阶级的社会运动，由中产阶级或上层阶级领导，以民众（工人阶级或农民）为基础"，[3] 显然，自治党体现了这一特征。

　　与此同时，佩德罗·埃尔内斯托的同人们有意识地为他打造一个全新的公众形象，使他在民众中树立一种克里斯马式的权威。他

---

1　〔英〕莱斯利·贝瑟尔主编《剑桥拉丁美洲史》第 9 卷，第 31 页。

2　瓦加斯上台后，为加强联邦政府的权威，任命特派员取代各州州长。联邦特区特派员实际上相当于里约热内卢市市长。

3　Carlos de la Torre, *Populist Seduction in Latin America*, Ohio University Press, Athens, 2010, p.2.

的形象集尉官派改革家和优秀的外科医生于一体，他的诊所每周免费为几百名病人诊治，以显示他具有同情心，并致力于慈善事业。佩德罗·埃尔内斯托还开始在市广播电台发表演讲。广播这种新媒体的出现，对他与选民拉近距离发挥了重要的作用，他也是最早意识到广播等新闻媒体的作用并运用媒体提高支持率的政治家之一。自治党甚至创办了自己的报纸，宣传其纲领和候选人。

　　自治党突出强调佩德罗·埃尔内斯托在完善城市服务设施方面的作用。从一开始，自治党就采纳了尉官派社会改革计划的主要内容：教育、公共卫生和福利。佩德罗·埃尔内斯托指出，前任政府仅关注城市的基础设施等有形的方面，而忽视了社会问题，如文盲、疾病、贫困、失业等。为此，他上台后，致力于建立学校、医院，并为城市的穷人提供其他服务。上台之初，他就任命一位出色的教育改革家阿尼西奥·特谢拉（Anísio Teixeira）负责管理里约热内卢市的学校。特谢拉以极大的热情为里约的每一个孩子提供上学机会。他新建了 28 所学校，并在所有学校实行每年两班轮换制度，以使教育覆盖到所有孩子。他甚至在声名狼藉的曼古埃拉（Mangueira）贫民窟建立了一所学校。特谢拉还引进被称为"新学校"的哲学教育思想，在学习过程中将孩子置于中心地位。佩德罗·埃尔内斯托还扩建了里约热内卢的公共卫生系统，在郊区和贫民区新建了六所医院，新招了几百名医生和护士。此举极大地提高了他的支持率。1933—1935 年，巴西经济的恢复和联邦政府的支持，使里约热内卢的财政收入迅速增加，为佩德罗·埃尔内斯托解决社会问题创造了有利条件。对社会问题的关注成为 1930 年后历届政府与此前政府的明显不同之处，并成为巴西民粹主义的主要特征之一。[1]

　　为了动员下层民众参与政治和社会生活，自治党将里约热内卢

---

1　Michael L. Conniff, "Brazil's Populist Republic and Beyond," Michael L. Conniff, ed., *Populism in Latin American*, University of Alabama Press, Tuscaloosa and London, 1999, p.46.

划分为若干区域，向每个区域派遣专门人员，争取新的支持者。这些党的代理人向选民许诺提供工作机会、医疗服务、教育、养老金、警察保护等好处，换取选民投票支持自治党，庇护主义大行其道。但是，自治党也没有排除社会上层和中产阶级。社会上层一些成员在佩德罗·埃尔内斯托的风格中，看到了遏制社会下层愤怒的有效方式，因而支持他；还有人从城市建设的采购和合同中获取了利益。中产阶级从佩德罗·埃尔内斯托扩大社会服务的政策中获益甚多，因为这为他们提供了几千个报酬丰厚的就业机会，例如，里约热内卢市新聘用了 800 名教师、几百名医生和护士等人员。工资水平的迅速提高甚至推动了房地产市场的繁荣。在社会上层和中产阶级看来，即使是为了维护自身的地位，政府在解决贫困和控制劳工骚乱方面有所作为也是极其重要的。

佩德罗·埃尔内斯托的民粹主义实践收效显著。1930 年大选中，里约热内卢仅有 6.4 万人投票选举；四年后，投票人数增长了近一倍，达到 11 万人。1933 年选举制宪会议代表时，自治党获得了 6 个席位中的 4 个。1934 年 10 月，议会和市政会成员直接选举，自治党获得了 10 个议会席位中的 8 个、22 个市政会席位中的 20 个。佩德罗·埃尔内斯托当选市长，任期为 1934—1938 年。佩德罗·埃尔内斯托不仅在里约热内卢，而且成为在巴西全国具有广泛影响的人物。1935 年后，佩德罗·埃尔内斯托的立场进一步左转，他支持工人罢工，主张进行收入再分配，提倡国家干预，根据他的说法，"第一，增加社会财富、与现代工人的需求相适应的更加公平的产品分配，将使生产手段的完善成为可能；第二，在这一历史演进的阶段，国家不能再仅仅持人类进步的旁观者和警察的态度，而必须成为共同体生活的调节者。（我们将促进）那些最能影响人民集体福利的（公共）服务进步的社会化"。[1] 这是巴西历史上第一个全国

---

1　Michael L. Conniff, "Populism in Brazil, 1925-1945," Michael L. Conniff, ed., *Latin American Populism in Comparative Perspective*, University of New Mexico Press, Albuquerque, 1982, p.76.

知名的政治家公开支持收入再分配。此后，收入再分配成为拉美经典民粹主义的核心要素之一，与卡德纳斯、庇隆、伊瓦涅斯等拉美民粹主义者倡导的社会公正的理念不谋而合。

1935 年以前，瓦加斯总统对佩德罗·埃尔内斯托在里约热内卢的民粹主义实践予以支持，两人在几年的时间里合作良好。1935 年 11 月，共产党领导的武装暴动爆发。这场暴动对瓦加斯政权没有构成实质性的威胁，却为军队高层提供了一个加强镇压的借口，也促使瓦加斯的立场逐渐右转。暴动发生后，军队高层要求逮捕佩德罗·埃尔内斯托，宣称他曾经与暴动者合作。阿尼西奥·特谢拉也被迫辞职，他所创办的联邦特区大学被关闭。尽管如此，1936 年，佩德罗·埃尔内斯托的声望依然很高，并被看作 1938 年后接替瓦加斯担任总统的人选。然而，1936 年 3 月，共产党领导人路易斯·卡洛斯·普列斯特斯被捕，他寄给佩德罗·埃尔内斯托的信件（没有回信）也被发现，佩德罗·埃尔内斯托因此被捕。显然，他太得民心，太雄心勃勃，已经不适合担任巴西首都的市长。瓦加斯批准了对他的逮捕。1936 年 4 月，佩德罗·埃尔内斯托被开除公职，判刑 3 年，罪名是参加共产党活动。1937 年 9 月，他获得释放。1942 年，佩德罗·埃尔内斯托因患癌症去世，里约热内卢市为他举行了历史上最宏大的葬礼。

瓦加斯对佩德罗·埃尔内斯托的态度为什么发生从支持到反对的根本转变呢？根据迈克尔·康尼夫的看法，这源于民粹主义和威权主义的冲突。1930—1936 年，巴西经历了一个从自由放任的国家向干预性国家迅速转变的过程，与此相伴，巴西的政治发生了根本变革。此前，巴西政治是精英集团内部的活动，对公共舆论和民众福祉很少关注。1930 年的"革命"和经济大萧条之后，巴西政府一方面开始通过社会计划减轻民众的困难，但另一方面也采取措施控制劳工阶级的骚乱，前者体现为民粹主义，后者体现为威权主义。从这个意义上看，民粹主义和威权主义分别是 20 世纪 30 年代巴西国家对社会干预不断加强的"软"和"硬"的两个方面。然而，二者又是难以调和的，因为民粹主义代表的是民众的参与，威权主义代表的是对民众参与的限制。同时，二者又都需要对方为自身的政治方案提供合法性。民粹主义者维持一种好斗的姿态，因为民众权利受到警察、军队、寡头、旧式政客的威胁；威权主义者则一直抱怨民众被蛊惑人心的政客动员，他们指责这些政客为不负责任的机会主义者，利用其追随者的无知获得好处。到 1936 年，民粹主义和威权主义之间的张力体现为在何种程度上容忍参与和实施镇压。在一段时期内，威权主义压倒了民粹主义，第二次世界大战结束后，民粹主义又占据了上风。[1]

## 三　瓦加斯的民粹主义

　　1935 年共产党暴动之后，瓦加斯的立场右转。1936 年 4 月，瓦加斯下令逮捕佩德罗·埃尔内斯托。此后，里约热内卢市的政治活动基本上沉寂了，1937 年后，市政会一直没有召开，此后十年内一直没有举行选举。在里约热内卢市，民粹主义的政治动员告一段落。

　　但是，30 年代末，在政治气候向威权主义转变的过程中，民粹主义并未消失。根据 1934 年宪法，瓦加斯总统只有四年任期，不能连任。1937 年 5 月 25 日，若泽·阿梅里科·德·阿尔梅达被提名为总统候选人，参加将于 1938 年 1 月举行的总统大选。若泽·阿梅里科是巴西著名作家，1928 年出版了描写东北部生活的经典社会小说《垃圾堆》（A bagaçeira）。他一直担任帕拉伊巴州州长若昂·佩索阿（João Pessoa）的私人秘书（佩索阿是瓦加斯 1930 年 3 月大选的

---

1　Michael L. Conniff, "Populism in Brazil, 1925-1945," Michael L. Conniff, ed., *Latin American Populism in Comparative Perspective*, University of New Mexico Press, Albuquerque, 1982, p.78.

竞选伙伴，于 7 月惨遭暗杀，结果激起了 10 月的"革命"），他还是
1930 年东北部地区"革命"的领袖之一，也是"10 月 3 日俱乐部"
的创始者之一。1930—1934 年瓦加斯临时政府期间，他担任交通和
工程部部长；1935 年当选为参议员，但后来未能成功竞选议长，并
被瓦加斯总统免去审计法院院长职务，退出政坛。[1]若泽·阿梅里
科意识到瓦加斯建立专制政权的意图，他试图仿效 1935 年的佩德
罗·埃尔内斯托，发动一场民粹主义的运动。如果他能够在城市中
赢得压倒性多数的支持，可能会阻止瓦加斯发动军事政变。但是，
他对民粹主义动员的策略理解和运用不成功。在竞选中，若泽·阿
梅里科指责竞选对手萨莱斯是保守的、精英利益的、圣保罗财团的
代表，且为外国利益服务。他标榜自己是"穷人、被遗忘者"和中
产阶级的候选人，谴责大多数巴西人生活条件太差的现状。他承诺
完善公共服务，特别是住房和交通；分解大地产，扩大社会福利的
范围，重新分配财富；实行廉洁的公共财政和政府管理。[2]这种站在
穷人立场上的竞选策略引起了富人的恐慌，若泽·阿梅里科也没能
为自己塑造一种克里斯马式的或者"人民"的意识。很快，他不仅
丧失了阻止瓦加斯夺取政权的机会，而且他的竞选策略激起了阶级
对抗的"幽灵"，反而推动了瓦加斯的政变。与佩德罗·埃尔内斯
托的命运一样，若泽·阿梅里科被指控犯同情共产主义罪。1937 年
11 月 11 日，瓦加斯发动政变，宣布取消总统选举，派陆军和军警
关闭议会，建立了"新国家"（Estada Novo, 1937—1945）。

　　虽然"新国家"是一种威权主义的政治体制，但是民粹主义并
未因此销声匿迹。瓦加斯虽然被授予极大的权力，但是他不得不应付
军方领导人、工业主、种植园主、出口商等社会集团的要求。同时，
他也难以控制公共舆论，因此，在"新国家"期间，瓦加斯继续以

---

1 〔英〕莱斯利·贝瑟尔主编《剑桥拉丁美洲史》第 9 卷，第 64 页。

2 〔英〕莱斯利·贝瑟尔主编《剑桥拉丁美洲史》第 9 卷，第 65 页。

民粹主义的执政方式维持自己的政治基础。[1] 他高举社会改革的旗帜，大力推动劳工和社会保障立法。其实，1930 年上台后，瓦加斯一直担心共产主义者和工会会员的激进影响，佩德罗·埃尔内斯托争取工人阶级选票和抑制激进劳工组织的行为进一步证明了大众政治的潜力。佩德罗·埃尔内斯托和劳工部设法使 40 名"阶级代表"被选进国会，其中绝大多数是支持政府的劳工领导人。因此，1936 年后，瓦加斯越来越以劳工阶级的施主自居，到 40 年代，这一形象成为他的克里斯马式魅力的主要来源。[2] 到 1945 年，巴西 1/4 的城市劳动力，即大约 50 万名工人，都加入了工会。莱斯利·贝瑟尔指出：

> 一方面，工会缺乏自主性，隶属于国家；工会禁止从事政治活动，禁止罢工，计时工资未能跟上通货膨胀；工人阶级为提高工资、缩短工作时间和改善工作待遇进行斗争的悠久传统也被压制而放弃。另一方面，工会成为合法组织，工会领袖可以发挥一些（有限的）政治影响；工人工资定期增加（至少直到 1943 年），1940 年终于实行全国最低工资（《1934 年宪法》就已规定）；凡有 10 年工龄的工人获得就业稳定的保证；实行男女同工同酬，至少在法律层面；将优先的社会福利（包括养老金、医疗保健等）扩展到越来越多的工会成员及其家属。……在瓦加斯的独裁统治下，巴西工人（至少那些加入工会的工人）拥有一些连许多民主国家（包括英国在内）的工人都不曾享有的权利。[3]

---

1　Joel Wolfe, "Populist Discourse, Developmentalist Policies: Rethinking Mid-Twentieth-Century Brazilian Politics," John Abromeit, ed., *Transformations of Populism in Europe and the Americas: History and Recent Tendencies*, Bloomsbury Academic, London, 2016, p.183.

2　Michael L. Conniff, "Populism in Brazil, 1925–1945," Michael L. Conniff, ed., *Latin American Populism in Comparative Perspective*, University of New Mexico Press, Albuquerque, 1982, p.79.

3　〔英〕莱斯利·贝瑟尔主编《剑桥拉丁美洲史》第 9 卷，第 88—89 页。

  "新国家"时期，国家与有组织的劳工（既包括制造业的工人，也包括白领公共部门的雇员，主要集中在里约热内卢和圣保罗）之间逐步确立了一种新型的关系。"拉拢（co-optation）代替了镇压（repression）。……随着二战结束前政治'民主化'压力的增加，'新国家'从拉拢转向了动员（mobilization）。'劳工主义'（trabalhismo）被一个开始认识到有组织的工人的未来政治潜能的政权发明。国家宣传机器日益强调'新国家'期间工人获得的经济和社会利益，将瓦加斯看成'穷人的父亲'（o pai dos pobres）。"[1]

  20世纪40年代初，小亚历山大·马孔德斯（Alexandre Marcondes Filho）成为瓦加斯民粹主义的主要设计师。小亚历山大·马孔德斯是圣保罗的一名律师，曾担任劳工部部长和司法部部长。他赋予了劳工部很多官方党的特征。劳工部拥有广播电台，并出版《劳工部公告》，发行10万册之多。他同新闻与宣传署（Department of Press and Publicity, DPP）密切合作，通过广播和报刊大力宣传瓦加斯给劳工阶级带来的好处。1942年，巴西工党的雏形已在劳工部培育。

  1943—1944年，瓦加斯意识到，二战结束后，巴西向民主制的转变将不可避免，他的政治策略也做出了相应的调整。他不断地向劳工发表演讲，宣称自己代表劳工的利益。劳工部部长进一步推动社会和劳工立法。1943年《劳工法》（Consolidação das Leis Trabalho, CLT）的颁布，进一步确立了瓦加斯的工人朋友形象。新闻媒体大肆宣传瓦加斯给民众带来的利益。瓦加斯充分利用广播和电影里播放的新闻短片（newseel），把自己的形象塑造为巴西社会公正的唯一捍卫者。国家的宣传机器也将瓦加斯称为"穷人的父亲"。瓦加斯本人在"五一"节的致辞以及通过广播节目《巴西时刻》（Hora do Brasil）发表的演说中，越来越强调国家应对劳动人民

---

1　Leslie Bethell, "Populism in Brazil," Leslie Bethell, *Brazil: Essays on History and Politics*, Institute of Latin American Studies, London, 2018, p.179.

的福利承担的责任，而非此前强调的人民应对国家承担的责任。成
百上千的巴西民众直接给瓦加斯写信，寻求各种帮助，诸如减免孩
子学费、改善工作场所和居民区的环境等。瓦加斯亲自阅读了其中
一部分来信，并在上面用红色标注一个大大的字母"V"，随后指
派人员对相关问题展开调查，以制止某些工厂的工头或地方官员滥
用职权的行为。[1] 1945 年初，根据瓦加斯的指示和小亚历山大·马
孔德斯的精心准备，巴西工党（PTB）成立，该党绝大多数官员是
劳工部的雇员。小亚历山大·马孔德斯说："党是为'巴西劳工'服
务的，不管他的阶级或信仰如何……为那些靠劳动生活的人，不管
他们是体力劳动者、技师、知识分子、工人、职员、银行雇员、工
程师、医生、律师或其他任何人。"他接着说："这一运动的美丽之处
在于它（试图）将那些迄今未能参与政治生活的人聚集起来。"[2] 显然，
与此前的自治党一样，巴西工党也是一个民粹主义政党，它尽可能地
扩大其选民基础，提高领导人的克里斯马权威，将瓦加斯塑造为"穷
人的父亲"、劳工阶级的施主。值得注意的是，瓦加斯动员劳工的
做法，对邻国阿根廷产生了重要的影响。1943 年 6 月 8 日的阿根廷
《理智报》写道："瓦加斯在巴西给了工人阶级的权利以极大的推动
力。他的活动是从建立劳工部开始的。他们在巴西处理这个问题的办
法……值得我们作为研究和思考这个问题的基础。"[3] 1943 年 10 月，庞
隆接管阿根廷劳工部，这成为庞隆主义运动崛起的关键一步。

　　巴西工党的成立，旨在争取城市劳工的支持。此外，为了维
持对各州传统的政治网络的控制，根据瓦加斯的指示和司法部的准

---

1　Joel Wolfe, "Populist Discourse, Developmentalist Policies: Rethinking Mid-Twentieth-Century Brazilian Politics," John Abromeit, ed., *Transformations of Populism in Europe and the Americas: History and Recent Tendencies*, Bloomsbury Academic, London, 2016, p.183.

2　Michael L. Conniff, "Populism in Brazil, 1925-1945," Michael L. Conniff, ed., *Latin American Populism in Comparative Perspective*, University of New Mexico Press, Albuquerque, 1982, p.81.

3　〔英〕莱斯利·贝瑟尔主编《剑桥拉丁美洲史》第 8 卷，中国社会科学院拉丁美洲研究所译，当代世界出版社，1998，第 61 页。

备，民主社会党（PSD）成立，"旨在继续维系'新国家体制'，由亲政府人士、有权有势者特别是各州特派员组成"。[1] 反对瓦加斯的政治力量成立了全国民主联盟（UND）。1945 年的总统和议会大选定于 12 月 2 日举行，所有 18 岁以上的识字男女都拥有选举权，实行强制投票。选民从 1930 年占全部成年人口的不到 10% 增加到30%。民主社会党和全国民主联盟提名了各自的候选人，而以瓦加斯为主席的巴西工党没有提名总统候选人。但是，瓦加斯鼓励关于第三个总统候选人是"一个人民的文人候选人"的公共辩论（民主社会党和全国民主联盟提名的候选人分别为一名陆军上将和一名空军准将，非文人）。"瓦加斯心目中只有一个第三名候选人：他自己。"[2] 这自然引起了反瓦加斯阵营的警觉。4 月 18 日，瓦加斯颁布特赦令，宣布释放所有的政治犯，包括共产党领导人路易斯·卡洛斯·普列斯特斯。从 5 月到 10 月，巴西主要城市出现了前所未有的政治动员。这些政治运动一部分是合法化的巴西共产党组织的，但更多的是由另一个以"我们需要热图利奥"（Queremos Getúlio）为口号的政治运动发动的。这场运动的背后是"新国家"的宣传机器、政府部长、劳工部和社会福利部门的主要官员、政府支持的工会领导人、巴西工党在全国和各州的领导人以及一些"进步的实业家"——英国驻巴西大使称之为"法西斯帮"。8 月至 10 月，在里约热内卢举行了规模前所未有的示威游行。对瓦加斯的反对者而言，最难以忍受的是普列斯特斯将支持瓦加斯连任。这些政治动员引起了保守派的极大反弹。最终，为了保证选举如期举行，防止 1937 年出现的情况重演，10 月 29 日，瓦加斯收到来自最高军事指挥部的最后通牒，他被迫放弃总统职位，"新国家"宣告结束。在 12 月举行的总统选举中，民主社会党候选人欧里科·杜特拉当

---

1 〔英〕莱斯利·贝瑟尔主编《剑桥拉丁美洲史》第 9 卷，第 103 页。

2 Leslie Bethell, "Populism in Brazil," Leslie Bethell, *Brazil: Essays on History and Politics*, Institute of Latin American Studies, London, 2018, p.179.

选总统。在议会选举中，瓦加斯当选民主社会党在南里奥格兰德州的参议员、巴西工党在圣保罗州的参议员、巴西工党在联邦特区和 6 个州的众议员，最后，他选择担任其故乡南里奥格兰德州的参议员。

瓦加斯发动了一场民粹主义运动，成立了民粹主义政党，但他未能控制这一运动，特别是他释放政治犯（包括普列斯特斯），支持"我们需要热图利奥"运动，再加上他所组建的政治联盟内部的分歧，最终导致了他在 1945 年下台。

第二次世界大战后的巴西自由主义共和国（1945—1964）时期，总统、议会、州长、州议会、市长、市政会选举定期举行，选民人数从 1945 年的 750 万增加到 1962 年的 1820 万，占全部成年人口的一半。造成这种增长的原因在于人口的快速增长、城市化的快速推进、识字率的提高和选民登记水平的提高。[1] 这为民粹主义政治家提供了更大的活动舞台。

瓦加斯在 1945 年下台后，回到南里奥格兰德州的家庭农场，但他并未完全退出政治。在他的告别演说和此后的生命中，他继续强调劳工主义："工人、卑微者，我在情感上和行为上从未忘记的——人民，将会理解我做的事。"他还说，巴西工党是"1930 年革命的继承人和延续"，要求人民加入这个行列。在写给一位前尉官派和巴西工党领导人的信中，瓦加斯说："我总是以我的政策帮助工人，我将继续这样做。我们必须使巴西工党更加强大，从而使其存续和战斗。"[2] 但在策略上，瓦加斯采取了一种克制和调和的立场。在 1945 年的选举中，瓦加斯一直反对巴西工党支持民主社会党候选人杜特拉。直到谈判的最后时刻，两党达成交易，巴西工党

---

1　〔英〕莱斯利・贝瑟尔主编《剑桥拉丁美洲史》第 9 卷，第 126 页。

2　Michael L. Conniff, "Populism in Brazil, 1925–1945," Michael L. Conniff, ed., *Latin American Populism in Comparative Perspective*, University of New Mexico Press, Albuquerque, 1982, pp.84–85.

支持杜特拉，杜特拉答应在新政府的劳工部部长人选上与巴西工党协商，并在内阁和其他总统任命的职位中给予与巴西工党的选票相对应的位置，新政府继续推行已通过的劳工法。巴西工党的支持是杜特拉赢得总统选举的决定性因素。在 1945 年和 1947 年的选举中，巴西工党获得了大约 10% 的选票，其中 2/3 来自圣保罗和里约热内卢两州。四五十年代，随着巴西工党从这两州向全国发展，大量新的选民加入巴西工党的阵营。巴西工党迅速发展成为全国性政党，到 1962 年规模扩张了三倍。值得注意的是，如同佩德罗·埃尔内斯托的自治党，巴西工党也成为瓦加斯动员选民的政党。

对于 1950 年 10 月的总统大选，瓦加斯表现出惯常的风格，一直显得模棱两可。1949 年 2 月，在与记者塞缪尔·瓦伊内尔（Samuel Wainer）的谈话中，瓦加斯表示："是的，我将会回来，但不是作为政治领袖，而是作为人民大众的领袖。"然而，3 月，他又宣称"不打算成为总统候选人"。[1] 而实际上，他是选择以一个不情愿的候选人的形象出场，只是在人民的强烈要求下不得不复出。保罗·塔格特分析道："这是勉强参与政治的民粹主义政治家所惯用的声明，因为这是一种普遍性地象征性地体现了民粹主义者对待政治的矛盾心态，而同时又实际参与政治的方式。"[2] 直到选举前的几个月，他一直待在自己家乡的农场，表面上看，他远离了政治。但是，他一直在私下接待来访者，达成交易，等待合适的时机再次以候选人的身份进入公众视野。他的女儿阿尔齐拉·瓦加斯·德·阿玛拉尔·佩肖托（Alzira Vargas de Amaral Peixoto）则在里约热内卢为瓦加斯的参选紧锣密鼓地活动。她组建了一个选举团队，募集资金，准备演讲，组织旅行。1950 年的大选是瓦加斯作为一个民粹主义者的充

---

1　〔英〕莱斯利·贝瑟尔主编《剑桥拉丁美洲史》第 9 卷，第 148 页。

2　〔英〕保罗·塔格特：《民粹主义》，第 80 页。

分体现。他的女儿为他塑造了一个恰当的公众形象：一个被不知感恩的政客和政党诽谤，但被普通民众爱戴的孤独老人。他曾为国家带来了经济发展和工业化，更重要的是，他在此过程中保护了工人的利益。在他的领导下，巴西在国际事务中发挥了更大的作用，得到了其他大国的尊重。特别是，他给工人阶级带来了广泛的权利和社会保障。大选中，瓦加斯的照片和卡通形象也十分引人注目：身着牛仔服装的瓦加斯待在农场，喝着当地传统的马黛茶。他经常以抽烟的姿势出现。他总是面带微笑，流露出一种自信、深沉和在朋友中间的愉悦。人民需要他，而非相反。竞选团队散发了成千上万份小册子，宣传扩散这一形象。瓦加斯一宣布参选，很快就赢得了巨大的支持。他的选举团队租用了一架 DC-3 飞机，在两个月的时间内访问了 84 座城市。每到一处，瓦加斯都要发表演讲。在全国各地，瓦加斯都成为最著名的、最受人喜爱的候选人。[1]

　　在里约热内卢和南里奥格兰德，巴西工党拥有足够的支持率，但这并不足以保证瓦加斯赢得总统选举。为此，瓦加斯与圣保罗州州长阿德马尔·德·巴罗斯共同组成了人民联盟（Frente Popular），与民主社会党和全国民主联盟竞争。最终，瓦加斯作为巴西工党候选人获得了 385 万张选票，以 48.7% 的得票率当选总统。瓦加斯更多不是依靠巴西工党，而是凭借自己在"新国家"期间作为总统的记录和进一步推进经济发展和社会改革的计划，直接地、个人化地诉诸有组织的工人和民众的支持，至少是参与投票的民众的支持，而赢得这场大选的。[2]库尔特·韦兰德认为，民粹主义是一种政治策略，一个个人化的领导人以这种策略争取和行使政府权力，该权力

1　Michael L. Conniff, "Brazil's Populist Republic and Beyond," Michael L. Conniff, ed., *Populism in Latin American*, University of Alabama Press, Tuscaloosa and London, 1999, pp.48–49.

2　Leslie Bethell, "Populism in Brazil," Leslie Bethell, *Brazil: Essays on History and Politics*, Institute of Latin American Studies, London, 2018, p.181.

的基础是大量无组织的追随者直接的、没有任何中介的、非制度化的支持。[1] 显然，瓦加斯充分体现了这种典型的民粹主义的政治策略和政治风格。

　　瓦加斯凭借民粹主义的政治风格，以经济民族主义以及提高工人工资和改善工作环境的纲领赢得大选。他在第二任期（1951—1954）内，力图履行对民众许下的诺言，尤其在保护自然资源、经济计划和合理的收入分配方面。他创立了国家开发银行，负责向基础的和关键的工业部门提供贷款。他提议石油的开采和提炼部门实行国有化。1953 年，巴西石油公司（Petrobras）成立。瓦加斯还向议会提出议案，对电力部门实行国有化，以此向穷人和农村地区提供电力服务，但是这一议案未获通过。瓦加斯继续关注劳工立法、社会保障、就业和社会福利。[2] 但是，瓦加斯面临严峻的政治和经济形势。在议会内，巴西工党和民主社会党的联盟解体，军人对工会组织的发展感到焦虑，1952 年后，巴西经济开始陷入衰退。此时瓦加斯已经 69 岁，失去了年轻时的机敏。1954 年 2 月，瓦加斯宣布最低工资提高 100%，同时提高社会福利和养老金缴纳比例，并宣布将现有的劳工立法覆盖到农村工人。在演讲中，瓦加斯以煽动性的言辞宣布："你们（巴西工人）构成大多数。今天你们与政府一起战斗，明天你们就是政府。"[3] 此举引起了瓦加斯对手的极大不满，他们宣称瓦加斯有独裁野心。根据 1946 年宪法，瓦加斯不能参加 1955 年的选举，但其对手仍担心 1937 年 11 月和 1945 年 10 月的事件重演。为了避免再次被军人废黜，1954 年 8 月 24 日，瓦加斯选择了自杀，并以此保证热图利奥主义在他死后依然是一股强有力的

1　Kurt Weyland, "Clarifying a Contested Concept: Populism in the Study of Latin American Politics," *Comparative Politics*, Vol. 34, No. 1, 2001, p.14.

2　Michael L. Conniff, "Brazil's Populist Republic and Beyond," Michael L. Conniff, ed., *Populism in Latin American*, University of Alabama Press, Tuscaloosa and London, 1999, p.50.

3　Leslie Bethell, "Populism in Brazil," Leslie Bethell, *Brazil: Essays on History and Politics*, Institute of Latin American Studies, London, 2018, p.182.

政治力量。瓦加斯自杀后留下一份遗书，该遗书成为巴西历史上最著名的文献之一。在遗书中，瓦加斯称自己一直是"人民的仆人"，1950—1951 年，他在人民的支持下再度掌权，捍卫人民的利益，尤其是贫苦人民的利益，以免遭到国内外强大利益集团的侵害，这些集团为他以国家和人民的利益治理国家的努力设置障碍。现在年事已高，身心疲惫，他"真诚地"迈出了通向永恒的一步，"告别生命，走向历史"。[1] 这无疑是一份民粹主义的文献。这份遗书通过广播和报纸迅速扩散，产生了巨大的政治影响。在里约热内卢、阿雷格里港、贝洛奥里藏特、累西腓等城市，几十万人走向街头，情绪激动，甚至发生暴力事件。在里约热内卢，人们护送他的遗体前往桑托斯·杜蒙特机场，从那里运往南里奥格兰德，安葬在故乡圣博尔雅市。

　　瓦加斯最终的结局，既是他个人的悲剧，也反映出巴西民粹主义的困境。第二次世界大战后，巴西民粹主义进入了一个更加强调阶级利益和收入再分配的阶段。工人阶级的选票已经足以支持自己的候选人当选，决策者却无力设计出一个发展计划来满足所有社会阶层的要求。这是瓦加斯面临的困境，此后的库比契克、古拉特也面临同样的困境。他们很难在收入分配、公共投资、利润等方面对经济总量做出分配。"民粹主义的容易阶段结束，困难的阶段开始了。推延或回避决策的途径只能是违背财政规律引发通货膨胀，而这本身成为一个日益严重的问题。这种困境制约了 1954 年的瓦加斯、1958 年的库比契克和 1964 年的古拉特。"[2] 1964 年的军事政变结束了这一困境，也结束了巴西民粹主义的试验。

---

1　瓦加斯的遗书全文参见 Octavio Ianni, *Crisis in Brazil*, Columbia University Press, New York and London, 1970, pp.63-64。

2　Michael L. Conniff, "Populism in Brazil, 1925-1945," Michael L. Conniff, ed., *Latin American Populism in Comparative Perspective*, University of New Mexico Press, Albuquerque, 1982, p.86.

## 四　1955—1964 年民粹主义的延续

瓦加斯之后，无论在地方（州、市）层面，还是全国层面，巴西又出现了一些颇有影响的民粹主义领导人。

阿德马尔·德·巴罗斯出生于一个富有的咖啡种植园主家庭，1938 年被瓦加斯任命为圣保罗州特派员。他聪明、外向、野心勃勃，利用这一任命开启了自己的政治事业。他上台后，立即修建医院、学校、高速公路，以争取选民。他出版华丽的刊物，吹捧自己的计划，派他的妻子访问慈善机构。他甚至模仿美国总统富兰克林·罗斯福，通过广播发表炉边谈话。但是，圣保罗州传统的政治领导人对他既不喜欢也不信任，最终迫使他在 1941 年离职。[1]但是，不久后，他凭借自己家庭的资金和社会关系，继续投身政治事业。1946 年 7 月，巴罗斯成立了进步社会党（Partido Social Progressista, PSP），作为自己的政治工具，参加 1947 年圣保罗州州长的竞选。他发现自己的社会上层出身可能成为吸引选民的障碍，于是把自己塑造为一个杂乱无章的外省人形象。他花费巨资，雇用公关专家，购买广播电台和报纸，乘自己的飞机访问遥远的城镇。1947 年 1 月，巴罗斯当选为圣保罗州第一位民选州长。上台后，他充分利用公共资金来巩固和扩大自己的政治基础。1950 年，巴罗斯放弃自己竞选总统的打算，与瓦加斯结盟，成立人民联盟，帮助瓦加斯赢得总统选举，旨在换取瓦加斯在 1955 年的总统选举中对自己的支持。但是，1954 年，再次竞选圣保罗州州长时，巴罗斯败于另一位民粹主义者雅尼奥·夸德罗斯。1955 年，巴罗斯参与总统竞选，获得 26% 的选票，位居第三。1957 年，他当选圣保罗市市长。1960

1　Michael L. Conniff, "Brazil's Populist Republic and Beyond," Michael L. Conniff, ed., *Populism in Latin American*, University of Alabama Press, Tuscaloosa and London, 1999, p.47.

年他再次竞选总统失利，1962 年当选圣保罗州州长。两年后，在圣保罗州中产阶级的支持下，巴罗斯站到推翻古拉特总统的政变军人一边。

巴罗斯是一名典型的民粹主义者，为了自己的政治事业，他不受任何意识形态的束缚。在长达 40 年的时间里，这位毫无原则的、实用主义的民粹主义者多次与不同的政治派别结为联盟。1947 年选举中，他得到共产党的支持，但当选几个月后，就与共产党决裂，大规模镇压劳工和左派。1950 年，他支持瓦加斯竞选总统，但是在 1955 年和 1960 年的总统选举中，他积极反对人民联盟。1957 年的市长选举中，他积极争取巴西工党和共产党的支持。1962 年的州长选举中，他又站到反共的立场。1964 年，他积极支持军人推翻古拉特总统的政变，但是，政变后，他又站到军人政府的对立面。1966 年，他被军政权剥夺政治权利，1969 年死于巴黎。

卡洛斯·拉瑟达是 20 世纪 20 年代里约热内卢一位改革者毛里西奥·拉瑟达的儿子，最初他为一些哗众取宠的报纸的撰稿，后来为自己创办的《新闻论坛报》（Tribuna da Imprensa）撰稿，积极参与政治。30 年代中期，他在报纸上为居住在贫民窟的穷人大声疾呼，指责政府在帮助穷人方面无所作为。他一度与普列斯特斯联手，但在 1935 年共产党暴动失败后，他便脱离共产党。40 年代，他在意识形态上右转，否定他的父亲，指责共产主义，皈依天主教。1947 年，拉瑟达当选里约热内卢市议会议员，加入全国民主联盟。拉瑟达夸夸其谈、绝不妥协，很快成为著名的反对现行体制的代表。1950 年后，身为总统的瓦加斯成为拉瑟达猛烈攻击的目标。拉瑟达是一名典型的民粹主义者。虽然在政治立场上，拉瑟达与瓦加斯针锋相对，但在政治风格上，两人有着惊人的相似之处，例如通过广播动员民众，鼓励此前被边缘化的群体登上政治舞台等。1954 年，瓦加斯的保镖试图暗杀拉瑟达，没有成功，却导致保护拉瑟达人身安全的一名空军少校死亡。这一事件加上他指控瓦加斯的其他错误，导致了一场要求弹劾或推翻瓦加斯的运动，最终导致瓦加斯自杀。1954 年，拉瑟达当选国会议员。1960 年，他当选为新成立的瓜纳巴拉州（原里约热内卢联邦特区）州长。1964 年，拉瑟达支持军人政变，然而，军政府建立后，他又与军政府产生分歧。1965 年，他与米纳斯吉拉斯州前州长马加良斯·平托、两位前总统库比契克和古拉特等组成"广泛阵线"，反对军政府。1968 年，"广泛阵线"被军政府取缔。[1]

　　巴罗斯和拉瑟达的政治生命最为典型地反映了拉丁美洲民粹主义的特征：不受任何意识形态的约束，"一名克里斯马式的、家长作风的领导人，拥有大量来自下层阶级的追随者或受庇护者（clientele），强有力的领袖和依附于他的追随者之间通过'个人化的、特殊的纽带'联结在一起"。[2]

　　1955 年的大选中，儒塞利诺·库比契克当选为巴西总统。迈克尔·康尼夫认为，库比契克是"另一位民粹主义者"，[3]而莱斯利·贝瑟尔则认为，"如果库比契克——1956—1961 年的总统——被当作一名民粹主义者，我们就面临使这个本已难以把握的概念进一步失去价值的危险"。[4]乔尔·沃尔夫也认为，虽然库比契克很受民众欢迎，但"似乎不应该仅仅透过民粹主义政治的棱镜来分析他"。[5]的确，与其他民粹主义者相比，库比契克是"一个保守的现代化主义

1　Bryan McCann, "Carlos Lacerda: The Rise and Fall of a Middle-Class Populist in 1950s Brazil," *Hispanic American Historical Review*, Vol. 83, No.4, 2003, pp.661-696.

2　John D. French, "Workers and the Rise of Adhemarista Populism in São Paulo, Brazil 1945-47," *Hispanic American Historical Review*, Vol. 68, No. 1, 1988, pp.2-3.

3　Michael L. Conniff, "Brazil's Populist Republic and Beyond," Michael L. Conniff, ed., *Populism in Latin American*, University of Alabama Press, Tuscaloosa and London, 1999, p.52.

4　Leslie Bethell, "Populism in Brazil," Leslie Bethell, *Brazil: Essays on History and Politics*, Institute of Latin American Studies, London, 2018, p.183.

5　Joel Wolfe, "Populist Discourse, Developmentalist Policies: Rethinking Mid-Twentieth-Century Brazilian Politics," John Abromeit, ed., *Transformations of Populism in Europe and the Americas: History and Recent Tendencies*, Bloomsbury Academic, London, 2016, p.189.

者，对社会改革兴趣不大"，[1]他在就任总统前曾担任米纳斯吉拉斯州首府和最大城市贝洛奥里藏特市的市长以及米纳斯吉拉斯州州长，一直是一个技术官僚而非煽动性的政客。但他身上，也多多少少体现出一些民粹主义的特征。"巴西公众心目中这位54岁的总统形象是：自信、乐观、精力充沛、热爱生活、热爱巴西。儒塞利诺·库比契克是一位典型的巴西男子汉。"[2]早在担任总统前，作为米纳斯吉拉斯州州长，库比契克就以精力旺盛而闻名。由于在米纳斯吉拉斯州访问的地方太多，他被称为"喷气机驱动的州长"。在总统竞选中，库比契克乘坐一架特别装备的DC-3飞机，访问了几百个城镇，行程几万英里。他多次发表广播演说，并在电视上宣传他当选后的计划。为了赢得巴西工党的支持，他提名若昂·古拉特为副总统候选人。就职后，库比契克全身心投入工作，并雄心勃勃地提出"用五年的时间取得五十年的进步"。在他任职期间（1956—1961），巴西经济增长迅速，成就显著。在此期间，巴西建立了完备的汽车工业，资本货物（capital goods）工业的生产取得重大进步，建立了新首都巴西利亚，完善了巴西的高速公路系统。

在1960年的选举中，雅尼奥·夸德罗斯当选总统。夸德罗斯生于南马托格罗索州，1930年13岁时，随家迁居圣保罗。1947年30岁时，当选圣保罗市议会议员，从此开启其政治生涯。1950年，他以最高票当选为州议员。担任议员期间，他以持续质疑官员行为及要求公共机构的诚实和道德而名声日增。他以扫帚作为自己的竞选标志，意在扫除政府内部的腐败现象。1953年，他战胜三个主要政党的候选人，当选圣保罗市市长。1954年10月，仅在进入政坛8年、担任市长18个月之后，夸德罗斯战胜主要对手阿德马尔·德·巴罗斯，当选为圣保罗州州长。"在这两次选举中，夸德罗斯从未获得

---

1 〔英〕莱斯利·贝瑟尔主编《剑桥拉丁美洲史》第9卷，第175页。
2 〔英〕莱斯利·贝瑟尔主编《剑桥拉丁美洲史》第9卷，第174页。

有组织的城市劳动者的全力支持，而是成功地动员并获得圣保罗和其他大城市郊区穷人的支持。这一现象被媒体巨头阿西斯·夏多布里昂称为'夸德罗斯现象'。'雅尼奥主义'（Janismo）是巴西大规模的'民众（粹）主义'的第一次尝试。所谓民众（粹）主义，是以城市贫苦大众为基础，由一位富有魅力的政治家倡导，主张健全的伦理道德（反腐败），反对'精英'政治。"[1]

在 1960 年 10 月的总统选举中，夸德罗斯成为由全国民主联盟领导的五个政党组成的中右联盟的候选人，放弃了此前的激进民粹主义立场。夸德罗斯得到了很多企业家，特别是与外国资本有联系的企业家的支持，也得到了城市中产阶级的支持，还赢得了"工会革新运动"下属的 160 个工会组织以及受他所提出的民族主义和民粹主义的"基本改革纲领"吸引的普通民众的支持。最终，夸德罗斯获得了 560 万张选票，其中一半以上来自圣保罗。夸德罗斯是一个"完全彻底的"（throughgoing）民粹主义者。[2] 莱斯利·贝瑟尔评论道：

　　从圣保罗市议会议员到总统的 14 年政治生涯中，夸德罗斯游走在政党体制的边缘，没有一个意识形态或计划，甚至没有一个组织。他倡导变革，但是除了要求政治和政府廉洁，谁也不清楚他倡导何种变革。他激起了人们对未来的巨大期望，但并不清楚是何种未来。作为总统，他傲慢自大、专制。他基本上不顾政治游戏的规则，相信自己能抛开议会治理国家，因为"人民和我在一起"。他没有也不打算去和反对派谈判，或者拉拢反对派，甚至他的支持者对他的"民粹主义的""进步的"政策也感到不适，这些政策中包括反垄断立法，控制利润

1 〔英〕莱斯利·贝瑟尔主编《剑桥拉丁美洲史》第 9 卷，第 178—179 页。

2 Michael L. Conniff, "Brazil's Populist Republic and Beyond," Michael L. Conniff, ed., *Populism in Latin American*, University of Alabama Press, Tuscaloosa and London, 1999, p.52.

汇往国外，农业改革，给予文盲投票权的政治改革，以及独立的、反帝的第三世界外交政策，其中包括与苏联恢复外交关系、与民主德国和东欧国家建立贸易关系，以及最重要的，密切与革命后的古巴之间的关系。[1]

1961 年 8 月，就任总统仅仅 7 个月的时间，夸德罗斯做出了一个震惊全国的决定：宣布辞职。夸德罗斯辞职的目的在于，制造一场政治危机，以加强自己的地位，削弱议会的权力。他相信，军方不会接受副总统古拉特就任总统，因为古拉特是巴西工党的领袖，又是瓦加斯的忠实信徒，与左派有着密切的联系。在夸德罗斯看来，结果很可能"不是国会拒绝他辞职，就是人民坚持他留任"。[2]但是，出乎他的意料，军方和议会很快任命了一位临时总统继承人，人民也并没有站出来支持他。当从巴西利亚到达圣保罗的恭毕卡（Cumbica）机场，准备踏上流亡之路时，夸德罗斯凄凉地喊道："人民，人民在哪里？"[3]

1961 年 9 月，副总统古拉特继任巴西总统。在莱斯利·贝瑟尔看来，古拉特是不是一名民粹主义者，存在争议。[4]如上所述，古拉特是巴西工党领袖、瓦加斯的信徒。夸德罗斯辞职后，来自军方和文人的右派对古拉特的激进劳工主义倾向十分担心，因此，他在获准就任总统前，被迫接受了议会制政府体制，总统权力大大下降。1963 年 1 月，通过公民投票恢复总统制后，古拉特开始推行比瓦加斯执政时期更为激进的经济和社会改革。他的根本改革计划包

1　Leslie Bethell, "Populism in Brazil," Leslie Bethell, *Brazil: Essays on History and Politics*, Institute of Latin American Studies, London, 2018, pp.184-185.

2　〔巴西〕若泽·马里亚·贝洛：《巴西近代史（1889—1964 年）》，辽宁大学外语系翻译组译，辽宁人民出版社，1976，第 701 页。

3　Leslie Bethell, "Populism in Brazil," Leslie Bethell, *Brazil: Essays on History and Politics*, Institute of Latin American Studies, London, 2018, p.185.

4　Leslie Bethell, "Populism in Brazil," Leslie Bethell, *Brazil: Essays on History and Politics*, Institute of Latin American Studies, London, 2018, p.185.

括：提高工人的生活水平，其中既包括工会会员，也包括非工会会员；将劳动和社会保障立法覆盖到农业工人；给予文盲投票权；以及最引起争议的温和的农业改革，即将未耕种的土地予以分配，以政府债券作为补偿。古拉特的主要政治基础来自与巴西工党关系密切的有组织的工人，加上所谓的"民族资产阶级"和军队内部的民族主义派别。通过改革，他的政治基础有可能扩大到农民和农业工人。但是，在议会内，他没有强有力的支持。他的改革立法，特别是那些需要议会 2/3 多数支持的立法，很难获得议会通过。古拉特花了一年多的时间与议会内的中右派谈判，试图一步步地推进温和的改革议程，但是每次都遭到保守派的坚决拒绝。这种情势使议会和政府内部古拉特的支持者逐步激进化。来自瓜纳巴拉州的参议员、古拉特的妻弟莱昂内尔·布里佐拉成为激进改革派的领袖。

布里佐拉来自南里奥格兰德州，出身贫寒，通过自身努力获得工程学位。1945 年，他加入巴西工党，展现出很强的组织能力。通过与古拉特的妹妹结婚，以及在巴西工党内部的工作业绩，布里佐拉成为南里奥格兰德州的政治领袖。1955 年，他以提高工人生活水平的纲领竞选，当选阿雷格里港市市长。三年的时间内，通过广播演讲、为报纸专栏撰稿、参与群众集会等方式，他塑造了自己作为一名具有社会良知的工程师的形象。1958 年，他当选为南里奥格兰德州州长。在州长任内，他证明了自己精力充沛、富有建设性，但是他对美国电力和电报公司的国有化也引起了争议。[1] 1961 年，夸德罗斯辞职后，军方试图阻止副总统古拉特继任总统，布里佐拉在南里奥格兰德州的文人和军人中组织了一场暴动，对军方的统一性构成了威胁。此举有力地保证了古拉特就任总统职位。一年后，布里佐拉高票当选为瓜纳巴拉州参议员。他对古拉特总统和议会不断

---

1  Michael L. Conniff, "Brazil's Populist Republic and Beyond," Michael L. Conniff, ed., *Populism in Latin American*, University of Alabama Press, Tuscaloosa and London, 1999, p.54.

施加压力，要求推进改革，如土地改革、租金管制、公用事业国有化等。他在工人中间有很高的支持率，但触怒了企业界、中产阶级上层、美国大使馆和军方。

要求改革的社会力量不仅来自城市，也来自农村。在东北部的伯南布哥州，出现了另一位民粹主义者——米格尔·阿朗埃斯（Miguel Arraes）。阿朗埃斯出生于内地的塞阿拉州的一个农村中产阶级家庭，后来定居累西腓，1937 年毕业于法律学校。1947 年，他担任伯南布哥州的财政部部长，1955 年加入累西腓阵线（Frente do Recife），这是一个中左的联盟，成员包括农业工人。1959 年，他以改善贫民窟的计划争取穷人的选票，当选累西腓市市长。1963 年，他竞选伯南布哥州州长获得成功。在竞选中，他团结农民联盟，通过广播争取农村选民的支持，当时半导体收音机刚刚进入农村。当选后，他实行农村工人的最低工资制，扩大对农民的信贷，促进农村工会组织的建立。虽然阿朗埃斯并非古拉特总统的盟友，但是批评者指责他促使东北部地区的政治激进化，对后来一连串的罢工浪潮负有责任。[1]

在这种情势下，到 1963 年，迫于压力，古拉特总统动员城市和农村工人，支持激进的改革，而这种改革并非他希望或有能力推行的。然而，如果他要维持或者恢复在巴西"民众阶级"，即他的主要政治基础之上的领导地位，就无法忽视这种压力。1964 年 3 月 13 日，在里约热内卢市中心的一场露天群众集会上，面对 15 万到 25 万名群众，古拉特发表了演讲。他主张对巴西的经济政治结构进行广泛的改革，包括土地分配、对外国企业实行国有化、给予文盲和现役军人选举权、使共产党合法化等。他还指出，必须对过时的、

---

1　1964 年军人政变后，阿朗埃斯被捕入狱。1965—1979 年，流亡阿尔及利亚。1979 年军政府颁布大赦法案，阿朗埃斯回国。1986 年和 1994 年两度当选伯南布哥州州长。2005 年去世。Jay Kinsbruner and Erick D. Langer, eds., *Encyclopedia of Latin American History and Culture*, Charles Scribner's Sons, Detroit, 2008, p.326.

已经成为改革障碍的宪法进行修改，以建立一个更加公正与人道的社会。最后，他与布里佐拉一起宣布，为了实现改革的目标，应越过议会，直接依靠广泛的群众支持，甚至必要时解散议会；如果议会继续阻挠巴西人民要求的改革，他将选择通过行政命令推行改革。古拉特还在现场签署了两项法令，一项是将联邦高速公路、铁路、水力设施周围 10 公里以内的土地收归国有，另一项是对所有炼油厂实行国有化。两天后，古拉特在向议会提交的年度咨文中提出了他的改革方案。[1]

古拉特的行动引起了反对派的强烈反弹。两个星期后，一场军事政变推翻了古拉特政府，建立了长达 21 年（1964—1985）的军人政权，巴西的经典民粹主义宣告结束。

20 世纪初，巴西城市化和工业化迅猛发展，引起社会结构的变革，为以佩德罗·埃尔内斯托·巴普蒂斯塔、若泽·阿梅里科、阿德马尔·德·巴罗斯、卡洛斯·拉瑟达、莱昂内尔·布里佐拉等地方政治领袖为代表的民粹主义改革者的出现提供了条件。热图利奥·瓦加斯、儒塞利诺·库比契克、雅尼奥·夸德罗斯、若昂·古拉特等巴西总统也体现出明显的民粹主义政治风格。他们虽然在意识相态、政治立场等方面大相径庭，但都以个人魅力、社会改革的纲领和实践动员无组织的多阶级的底层民众，赢得大量支持，从而上台执政。20 世纪中期巴西经典民粹主义的实践对于推动政治参与的扩大，促使精英政治向大众政治的转变，起了积极的作用。这种民粹主义在推动工业化和经济发展、改善收入分配方面也有所作为，但是，在推动民主体制的制度化建设、经济的可持续增长等方面收效甚微，由此引发的政治和经济危机导致了 20 世纪 60 年代中期民粹主义政治被军人建立的官僚威权主义取代。

---

1 董经胜：《巴西现代化道路研究》，世界图书出版公司，2009，第 38 页。

　　在 20 世纪中期的拉丁美洲，民粹主义成为席卷许多国家的政治思潮和政治运动。这一时期巴西的民粹主义既有与墨西哥、阿根廷等国的共性，也有自身的特点，至少有两点值得注意。

　　一方面，20 世纪中期拉美的民粹主义主要是一种城市政治现象，但是这并非意味着民粹主义者没有寻求和得到来自农村的政治支持。实际上，在墨西哥，卡德纳斯政府通过广泛而彻底的土地改革，将广大农民纳入其民粹主义的政治联盟。在阿根廷，庇隆政府通过对农产品出口的控制服务于国家的工业化。但是，如上所述，不仅巴西的民粹主义兴起于城市，而且，无论是瓦加斯还是库比契克，作为总统，都对改变农村经济和社会结构、动员农民没有兴趣。巴西民粹主义的城市性更为突出。

　　另一方面，推动工业化是 20 世纪中期拉美民粹主义的一个重要特征。墨西哥的卡德纳斯政府、阿根廷的庇隆政府主要通过提高新的政治参与者如农民和城市工人的福利，来刺激总需求，以推动工业化的发展。而在巴西，无论是瓦加斯还是库比契克，都认为只有一个不断扩展的、多样化的经济才能为巴西民众生活的改善提供基础。换句话说，瓦加斯和库比契克主张先改变巴西的经济状况，再考虑民众收入水平的提高，他们更倾向于通过提高供应而非刺激需求的做法来推动经济发展和工业化。古拉特总统试图改变这一模式，但没有成功，反而导致了政府的倒台。由此导致的政治后果是，与墨西哥、阿根廷比较，巴西民粹主义领袖与民众之间的联结纽带相对薄弱，但这种政策也为这些民粹主义者离开政治舞台之后巴西更为强大的民众运动的发展奠定了一定的物质基础。[1]

---

1　Joel Wolfe, "Populist Discourse, Developmentalist Policies: Rethinking Mid-Twentieth-Century Brazilian Politics," John Abromeit, ed., *Transformations of Populism in Europe and the Americas: History and Recent Tendencies*, Bloomsbury Academic, London, 2016, p.178.

# 第四章　厄瓜多尔的贝拉斯科主义

　　何塞·马里亚·贝拉斯科·伊瓦拉（1893–1979）是厄瓜多尔现代史上最著名的民粹主义领袖，他曾经五次担任总统，活跃在厄瓜多尔政坛达四十年之久。"除了极少例外，贝拉斯科同时代绝大多数的政治家，无论意识形态或政党归属如何，在他们政治生涯的某个时刻都曾经是贝拉斯科主义者。"[1]如何评价贝拉斯科，学术界也存在极大争论，"有的对他颂扬备至，称他为'人民的先知'、'上帝的使徒'；有的则把他说成是独裁者，是'寡头的走卒'"。[2]本章认为，只有结合 20 世纪厄瓜多尔现代化的背景，以民粹主义

---

1　Carlos de la Torre, *Populist Seduction in Latin America*, Ohio University Press, Athens, 2010, p.30.

2　徐世澄主编《拉丁美洲现代思潮》，第 76 页。

的分析框架探讨贝拉斯科主义，才能认识其根源和实质，解开贝
拉斯科身上的众多谜团。

## 一　贝拉斯科主义的产生

　　厄瓜多尔是拉丁美洲最小的国家之一。1941 年与邻国秘鲁发
生战争之后，只有 2.8 万平方千米的领土。根据 20 世纪 30 年代的
人口普查，当时厄瓜多尔人口只有 200 多万。绝大多数人口为印
第安人和印欧混血种人。80% 的人口集中在农村地区，少数人口
居住在首都基多、主要港口城市瓜亚基尔，以及各省首府。和多
数拉美国家一样，厄瓜多尔的经济依赖初级产品特别是可可、咖
啡和大米的出口。[1]19 世纪末，随着对外贸易的扩大，特别是可
可出口的增长，厄瓜多尔的资本积累增加，与国际经济的联系加
强，沿海地区的政治寡头中一个金融和商业阶层脱颖而出，并得
到部分农民和城市劳工的支持，形成自由派，向以山区地主为主
的保守派提出了挑战。1895 年，瓜亚基尔民众举行起义，自由党
领导人埃洛伊·阿尔法罗（Eloy Alfaro）被任命为总统，此后自
由派控制了政权。20 世纪 20 年代，现代政党相继成立。1923 年，
自由党重建，1925 年，山区地主改组了保守党。1926 年还成立了
社会党。

　　1929 年爆发的资本主义世界经济危机给厄瓜多尔经济带来了
灾难性后果。在几个月内，出口商品的价格就下降到 1900 年以来
的最低水平。到 1933 年，出口商品的价值勉强超过 400 万苏克雷
（Sucre）。商业机构陷于瘫痪，商业企业和银行破产，而且金融资

---

1　Ximena Sosa-Buchholz, "The Strange Career of Populism in Ecuador," Michael L. Conniff, ed.,
　　*Populism in Latin American*, University of Alabama Press, Tuscaloosa and London, 1999, pp.138-
　　139.

源迅速枯竭。[1] 自 1895 年以来执政的自由党，无力领导国家度过危机。1925—1934 年，先后出现过九届政府。1931 年，内夫塔利·博尼法斯（Neptalí Bonifaz）在保守派的支持下赢得总统选举，但是，1932 年 8 月，反对派在议会取得多数席位，指控其加入了秘鲁国籍，取消了他的总统资格。随后，在自由派的支持下，胡安·德迪奥斯·马丁内斯·梅拉（Juan de Dios Martínez Mera）当选总统，但自由派被指责在选举中采取舞弊行为。新总统在议会中没有得到多数派支持，从而再次引发政府和议会的对峙，内阁几乎每年都陷于瘫痪，于是，梅拉总统将政府控制权移交给内政部部长阿韦拉多·蒙塔尔沃（Abelardo Montalvo）。[2]

在很多学者看来，民粹主义往往产生于危机时，甚至认为危机是民粹主义产生的前提条件。例如，根据厄内斯托·拉克劳的观点，从"历史上看，民粹主义的产生是与主流的意识形态话语的危机——这又是更加广泛的社会危机的一部分——相联系的"。[3] 肯尼斯·罗伯茨认为，民粹主义最有可能产生于"危机或者根本性的社会转型"的背景下，在这种时刻，"原先的权威模式或者制度参照丧失了构建政治行为和民众阶层身份的能力"。[4] 虽然社会危机与民粹主义的关系极为复杂，但是很多历史事实证明，危机的确为民粹主义的产生提供了可能的土壤。在厄瓜多尔，正是在 30 年代经济危机深重、两大政党名誉扫地的背景下，何塞·马里亚·贝拉斯科·伊瓦拉首次登上政治舞台。

1 〔英〕莱斯利·贝瑟尔主编《剑桥拉丁美洲史》第 8 卷，第 696 页。

2 〔英〕莱斯利·贝瑟尔主编《剑桥拉丁美洲史》第 8 卷，第 700 页。

3 Ernesto Laclau, *Politics and Ideology in Marxist Theory*，转引自 Benjamin Moffitt, *The Global Rise of Populism: Performance, Political Style and Representation*, Stanford University Press, Stanford, California, 2016, p.115。

4 Kenneth M. Roberts, "Neoliberalism and the Transformation of Populism in Latin America: The Peruvian Case," *World Politics*, Vol. 48, No.1, p.113.

## 二　贝拉斯科主义的实践

何塞·马里亚·贝拉斯科·伊瓦拉，1893 年生于基多一个"显赫但在经济上衰落的"家庭，父亲为来自哥伦比亚的移民，母亲来自上流社会。他在中央大学获得法律学位后，成为律师。业余时间，他以"拉布里奥勒"（Labriolle）的笔名为保守派的报纸《商报》（El Comercio）专栏撰稿。他还在巴黎的索邦大学学习了两年国际法。1930 年，作为对他在学术界和新闻界工作的认可，他被任命为最重要的文学机构"厄瓜多尔语言皇家学院"（Real Academia Ecuatorian de la Langua）的成员之一。1931 年，身处巴黎而且并无任何政党归属的他被选入议会。此后他在政坛声名鹊起。1932 年和1933 年，他成为议会议长。

在 1933 年 12 月举行的总统选举中，两大传统政党在危机面前完全无所作为，党内很多成员寄希望于一个新的政治面孔出面收拾局面。一些知识分子和民众也把贝拉斯科看作能够拯救国家的人物。选举中，自由党甚至连候选人都没有提名，贝拉斯科轻而易举地战胜了社会党和共产党候选人，赢得选举。"随着 1933 年在选举中的胜利，贝拉斯科主义诞生了。这毫无疑问是 20 世纪厄瓜多尔政治的突出现象。"[1]1934 年 9 月 1 日，贝拉斯科第一次就任总统，组织了一个生机勃勃但不完善的政府，它的基本方针是进行公共工程建设。但是，议会内的自由党和有社会主义倾向的小资产阶级集团组成反对派，给政府的活动设置种种障碍。为打破僵局，贝拉斯科宣布自己为独裁者。此举引发军事政变，1935 年 8 月 20 日，贝拉斯科执政不到一年时间就被推翻。此后，他流亡到哥伦比亚、智利、阿根廷。

---

1 〔英〕莱斯利·贝瑟尔主编《剑桥拉丁美洲史》第 8 卷，第 701 页。

　　但是，自由党的执政并不顺利，最终导致了 1944 年的"光荣革命"（La Gloriosa），贝拉斯科再次上台。

　　厄瓜多尔社会各界对于自由党在 1940 年选举中采取的舞弊行为感到不满。据称，1895 年自由派革命的领导人埃洛伊·阿尔法罗曾放言，"我们用子弹赢得的东西不能在投票箱中失去"。这成为自由派一贯坚持的策略。[1] 在很多人看来，自由派一直是通过舞弊选举控制政权的，1940 年的选举也不例外。在这次选举中，自由派的卡洛斯·阿罗约·德尔里奥（Carlos Arroyo del Río）通过惯常的舞弊手法击败了保守党候选人哈辛托·希洪 – 卡马尼奥（Jacinto Jijón y Camaño）和从国外流亡归来参加选举的贝拉斯科。但是，这次选举中产生了一种新的政治动员方式。和其他候选人不同，贝拉斯科在竞选中走遍全国各地，向选民和非选民发表演讲，倡导诚实选举。在基多，他宣布："街道和广场是公民表达他们的愿望和向往而非奴隶震颤他们的锁链的地方。"[2] 贝拉斯科将政治从精英集团的沙龙转移到街道、广场上。他的支持者首次在广场上发表演讲，向贝拉斯科欢呼致敬，向他的对手发出嘘声。当认为选举存在舞弊行为时，他们甚至会以自己的领导人的名义举行叛乱。显然，这是一种典型的民粹主义的政治动员方式。总之，1940 年的选举表明，对于精英集团而言，选举舞弊的代价大大提高了。

　　1944 年 6 月，又一次总统选举来临，自由派的候选人是时任总统卡洛斯·阿罗约·德尔里奥支持的米格尔·阿尔波尔诺兹（Miguel Albornoz），与之竞选的是厄瓜多尔民主联盟（Alianza Democrática Ecuatoriana，ADE）推举的候选人贝拉斯科。厄瓜多尔民主联盟是一个"把社会党人、共产党人、保守党人、不同政见的自由党人和一些无党派人士汇集在一起的政治运动"组织。[3] 此

---

1　Carlos de la Torre, *Populist Seduction in Latin America*, Ohio University Press, Athens, 2010, p.35.

2　Carlos de la Torre, *Populist Seduction in Latin America*, Ohio University Press, Athens, 2010, p.36.

3　〔英〕莱斯利·贝瑟尔主编《剑桥拉丁美洲史》第 8 卷，第 705 页。

外，还包括工会、学生联盟、手工业者联盟、卡车和公共汽车司机
组织等社会组织。显然，这是一个具有广泛基础的、多阶级的政治
联盟，是一个民粹主义的政治运动组织。正如迈克尔·康尼夫所
言："民粹主义是多阶级的，它试图将社会重新凝聚为一个整体。它
从城市各个社会阶层获取支持，虽然其主要诉诸工人阶级和中产阶
级。"[1] 政府试图阻止贝拉斯科回国，并对贝拉斯科的支持者进行镇
压。这些做法使反对派进一步相信，自由派试图复制 1940 年的选举
舞弊行为。

　　1941 年厄瓜多尔在与秘鲁的战争中遭受失败，导致自由派政
府的威信和支持率大大下降。在这场由两国在亚马孙地区的边界争
端引发的战争中，厄瓜多尔部队虽然在数量上十倍于秘鲁，但在战
场上遭到了失败。战争中，阿罗约政府自知它在民众当中令人憎恶
的程度，因而不敢把武器交给老百姓。该国最精锐的武装力量是成
立于 1938 年的卡宾枪部队（carabineros），其训练有素，装备精良。
但是政府不把该部队派往边境作战，而是靠它来维持"内部秩序"，
反而把装备低劣、指挥混乱的军队派到战场。[2] 卡宾枪部队不仅独立
于正规军，而且拥有很多特权，与军方形成竞争态势。1942 年 1 月，
在里约热内卢召开的第三届美洲国家外长磋商会议上，在美国、巴
西的压力下，秘、厄两国签署《和平、友好和边界议定书》，根据
该议定书，厄瓜多尔没有得到它自 19 世纪以来一直要求的进入马
拉尼昂河与亚马孙河的通道，反而丧失了它 100 年来根据历史和司
法权利在亚马孙盆地的奥利安特地区所要求的大片领土。批评者认
为，厄瓜多尔因此丧失了 40% 的领土。[3] 军事失利和领土丧失引起

---

1　Michael L. Conniff, "Introduction: Toward a Comparative Definition of Populism," Michael L.
　　Conniff, ed., *Latin American Populism in Comparative Perspective*, University of New Mexico Press,
　　Albuquerque, 1982, p.23.
2　〔英〕莱斯利·贝瑟尔主编《剑桥拉丁美洲史》第 8 卷，第 704 页。
3　董经胜：《秘鲁 – 厄瓜多尔边界纠纷的由来与解决》，北京大学亚洲 – 太平洋研究院编《亚太
　　研究论丛》第 8 辑，北京大学出版社，2011，第 256—257 页。

国内的不满。在很多人特别是年轻军官看来，战争失败的根源在于自由党政府的无能和腐败。1941 年一份题为"处死卖国贼"的匿名传单写道："厄瓜多尔的士兵们，你们为何不拿起祖国的武器，惩罚那些出卖国家领土的叛徒和卖国者？你们还要忍受服从于这样一个恶棍的命令的恶行多久？"[1]1944 年 5 月底，厄瓜多尔政府同意根据议定书与秘鲁确立新的边界，这再次激起了国内民族主义的热情和对政府、自由党的不满。5 月 19 日，卡宾枪部队枪杀了一名大学生，21 日，又枪杀了一名 15 岁的女孩，这两位牺牲者的葬礼成为反政府的群众示威运动。

民众对于生活水平下降的不满是导致"光荣革命"的另一重要因素。在与秘鲁的战争之后，阿罗约政府制定了几项公共工程计划，"并采纳了系统化的财政组织使厄瓜多尔的储备得以增长且预算有所盈余。但是，这种经济成就是以降低厄瓜多尔老百姓的生活水平为代价的"。[2]第二次世界大战期间，热带美洲轻木（balsa wood）、橡胶、金鸡纳树树皮等战略物资的大量出口，导致通货膨胀率上升。1938—1944 年，基本食品的价格增长了 400%，而实际月工资从 1941 年的平均 164.44 苏克雷下降到 1944 年的 133.31 苏克雷。

正是在这种形势下，1944 年 5 月 28 日，瓜亚基尔的民众在卫戍港口的一部分部队的支持下，发动了一场起义，几个小时后就蔓延到全国各地，史称"光荣革命"。这场革命推翻了自由党人卡洛斯·阿罗约·德尔里奥的政府，并请流亡在外的贝拉斯科回国担任总统，由此贝拉斯科开始了第二次执政（1944—1947）。

贝拉斯科利用反阿罗约政府的力量和民众要求激进变革的愿望，声称"他的心是在左边的"，并在政府中让社会党和共产党分享权力。但是，贝拉斯科并不打算让"光荣的五月革命"再深入下

---

1　Carlos de la Torre, *Populist Seduction in Latin America*, Ohio University Press, Athens, 2010, p.37.
2　〔英〕莱斯利·贝瑟尔主编《剑桥拉丁美洲史》第 8 卷，第 705 页。

去。虽然他声称，"在整个世界上，你都不可能指出一场革命像这次革命那样富有创造性"，"僧侣和共产党员握手言和"，[1] 但是事实上，他从来不实行任何重大改革，对过去政府内的一些代表人物的罪责也不起诉，而是掀起了一场针对左派和民众组织的运动。1945 年，立宪会议召开，选举贝拉斯科为总统，同时制定了带有明显社会主义色彩的宪法。此外，还采取了完善社会和劳工保障的措施，并建立了一系列国会控制行政权力的机制。但是，贝拉斯科攻击立宪会议是"左翼的政治委员会"，与之对抗。对于民众要求改善生活条件的运动，也加以镇压。1946 年，贝拉斯科在保守派的支持下发动政变，中止宪法，实行独裁统治。同时，贝拉斯科政府无力遏制经济的恶化。1946—1947 年，物价猛涨，财政危机加剧。政治不稳定，骚动连绵不断。在此形势下，1947 年 8 月，国防部部长领导发动军事政变，政府被推翻，贝拉斯科再次流亡国外。

　　1947—1948 年的政治动乱后，厄瓜多尔迎来了一个 20 年的稳定时期，这与"香蕉繁荣"有密切关系。1942—1944 年，厄瓜多尔香蕉出口量约为 1.5 万吨，年均价值 200 万苏克雷；50 年代末出口 85 万吨，价值超过 6 亿苏克雷。每串香蕉的价格大大提高，从 1944 年的 3.51 苏克雷上升到 1950 年的 16.11 苏克雷，1952 年达到 18.46 苏克雷。虽然其他产品如咖啡和可可的出口在 40 年代后期到 50 年代后期也有大幅度增长，但香蕉是占厄瓜多尔出口总值一半以上的产品。[2] 与此同时，人口从内地向沿海地区迁移，城市化进程加快。在 1948 年选举中获胜的是厄瓜多尔公民运动的候选人加洛·普拉萨（Galo Plaza），厄瓜多尔公民运动是一个"联合自由党选民多数票与甚至从传统右派选民获得一些支持的中间派的联盟"。[3] 在任期间，普拉萨政府与美国保持良好关系，实施了若干发展计划，特别是关

---

1　〔英〕莱斯利·贝瑟尔主编《剑桥拉丁美洲史》第 8 卷，第 706 页。

2　〔英〕莱斯利·贝瑟尔主编《剑桥拉丁美洲史》第 8 卷，第 707 页。

3　〔英〕莱斯利·贝瑟尔主编《剑桥拉丁美洲史》第 8 卷，第 711 页。

于香蕉发展的计划，并以国内和国外的贷款来源提供支持。普拉萨小心翼翼地维持与军方的良好关系。作为合法选举产生的总统，完成四年任期，这可以说是普拉萨创造的一大奇迹。

　　1952 年 6 月 1 日，厄瓜多尔举行新一届总统选举，此时，两大主要政党保守党和自由党都处于分裂状态，贝拉斯科作为"人民的候选人"得到传统的企业主、人民力量集中党（CFP）、厄瓜多尔民族革命运动和保守党中一个派别的支持。在竞选中，贝拉斯科的主要竞争对手、保守党候选人卢佩托·阿拉尔孔（Ruperto Alarcón）主张提高宗教地位，得到教会的大力支持。虽然厄瓜多尔是一个天主教国家，但是在当时已有半个世纪的自由主义政治传统。很多选民担心阿拉尔孔当选后会废除来之不易的宗教自由，因此转向支持贝拉斯科。选举结果，贝拉斯科获得 15 万张选票，阿拉尔孔获得11.6 万张选票，贝拉斯科第三次当选为总统。贝拉斯科在就职典礼中许诺，"我已做好准备，努力拯救人民"。[1]

　　然而，上台后，贝拉斯科很快就与支持他上台的人民力量集中党决裂，该党领袖卡洛斯·格瓦拉·莫雷诺（Carlos Guevara Moreno）被捕。贝拉斯科将最重要的外交工作职位委任给自由党和保守党的落败候选人，其他自由党的领导人也得到安抚。贝拉斯科此举进一步削弱了本已处于分裂状态的两大传统政党，巩固了自己的政治支持基础。在此任期内，贝拉斯科实施了一些庞大的但毫无组织而又节外生枝的公共工程，特别是在通信和教育领域。[2] 在对外政策上，1952 年 8 月 18 日，贝拉斯科政府同秘鲁、智利政府一起，在智利圣地亚哥发表《关于领海的圣地亚哥宣言》，首次提出 200海里领海权的主张。1956 年，贝拉斯科任期届满后离职，这是他在

---

1 L. L., "The Political Scene in Ecuador: President Velasco Ibarra Takes Over," *The World Today*, Vol.9, No.3, 1953, pp.132-133. 该文作者 L. L.，原文如此。
2 〔英〕莱斯利·贝瑟尔主编《剑桥拉丁美洲史》第 8 卷，第 712 页。

包括后来总共五次担任总统的经历中唯一任期届满的一次。[1]

1944—1954 年，香蕉出口的迅猛增长以及由此带来的经济发展缓和了厄瓜多尔的社会和政治冲突，20 世纪 50 年代的政治稳定在很大程度上得益于经济的繁荣。但是，从 1956 年开始，香蕉出口繁荣结束，经济转入停滞。到 1960 年，失业率上升，外汇储备急剧下降。与此同时，在古巴革命的影响下，"政治动员大大增加。农民争取土地改革的斗争加强了，劳工运动恢复了过去几十年的战斗力，而学生运动则在左派的控制下普遍政治化了"。[2] 正是在这种经济衰退、政治激进化的形势下，厄瓜多尔迎来了 1960 年 6 月的总统选举。

在这次选举中，贝拉斯科再次参与角逐。实际上，1956 年下台后，贝拉斯科就一直伺机重返政治舞台。这一次，他作为"贝拉斯科主义者民族联盟"（Federación Nacional Velasquista，FNV）的候选人参与竞选。严格说来，"贝拉斯科主义者民族联盟"并非一个政党，而是一个包含若干相互对立与冲突集团的组织，没有明确的意识形态和战略。竞选中，贝拉斯科向选民许诺，他上台后将分配土地，削减针对贫困人口的税收，降低生活费用。与以往一样，贝拉斯科再次展示了他的个人魅力，让选民感觉只有他才能解决国家面对的重大问题。[3] 显然，这是一种典型的民粹主义政治风格。最终选举结果，贝拉斯科战胜其他候选人，第四次当选为厄瓜多尔总统。

刚上台，贝拉斯科就解雇了 48 名高级军官。接着，几千名政府雇员被解职，由贝拉斯科的支持者取而代之。1960 年 8 月，他宣布废除 1942 年与秘鲁签订的边界议定书，试图以此激起民族主义情绪，提高政府的支持率。但是，贝拉斯科政府难以应对其所面临的一系列挑战。

---

1　徐世澄主编《拉丁美洲现代思潮》，第 75 页。
2　〔英〕莱斯利·贝瑟尔主编《剑桥拉丁美洲史》第 8 卷，第 714 页。
3　Peter Pyne, "The Politics of Instability in Ecuador: The Overthrow of the President, 1961," *Journal of Latin American Studies*, Vol.7, No.1, 1975, pp.112–113.

　　在经济上，因为政府收入的一半来自进出口关税，"香蕉繁荣"的结束致使政府财政收入急剧下降。经济危机面前，沿海地区的出口集团主张实行货币贬值，促进出口。但该主张遭到进口商和山区的大庄园主反对，因为此举将提高他们的经济成本。为了不得罪相互对立的任何一派，贝拉斯科尽可能推迟做出任何经济决策。但是，在经济形势的压力下，1961 年 6 月，贝拉斯科政府被迫将货币苏克雷贬值20%，并加征新的消费税。由此带来的物价上涨使贝拉斯科政府遭到了山区土地寡头集团和一般民众的反对，同时，货币贬值并未立刻带来出口增加，政府也未能赢得沿海地区出口集团的支持。[1]

　　在对外政策上，贝拉斯科政府坚持美洲国家组织不应干预成员国内部事务。因此，贝拉斯科政府对革命后的古巴政府采取了中立政策。但是，1960 年后，美国坚决要求将古巴开除出美洲国家组织，并要求各成员国与古巴断交。由此，厄瓜多尔和美国在对古巴的政策上发生了冲突，而且这一政策加剧了厄瓜多尔国内左派和右派的矛盾，甚至波及教会和军队。右派攻击政府"支持共产主义的政策"，教会发布一系列教牧书信，指责"来自共产主义的威胁"。1961 年初，支持和反对政府对外政策的不同派别不断发生街头冲突。在厄瓜多尔国内经济处于困难之际，美国以停止经济援助向厄瓜多尔施压。1961 年 6 月，美国驻联合国大使艾德莱·史蒂文森（Adlai Stevenson）访问厄瓜多尔后，贝拉斯科政府同意调整其对古巴的政策，以获得美国的经济援助。但是，这一政策转变引起了国内左派力量的反对。最大的工会组织厄瓜多尔劳工联合会（Confederación de Trabajadores del Ecuador, CTE）认为，政府在美国的压力下出卖古巴，加上经济形势恶化，厄瓜多尔劳工联合会公开反对政府，于 1961 年 10 月 4 日领导了一场全国性总罢工。此外，贝拉斯科希望能在将于 1961 年 5 月在基多举行的美洲国家组织第

---

1　Peter Pyne, "The Politics of Instability in Ecuador: The Overthrow of the President, 1961," *Journal of Latin American Studies*, Vol.7, No.1, 1975, p.121.

11 届会议上讨论收回被秘鲁占领的领土问题。但是当时美国的政策是使美洲国家组织成员国团结一致针对古巴,不希望因厄瓜多尔和秘鲁的边界问题产生分裂。因此在此会议上,厄瓜多尔的提议没有得到美国和拉美国家的支持。在经济危机的形势下,这一外交上的失利加剧了厄瓜多尔选民对贝拉斯科政府的失望感。[1]

经济和对外政策上的困境加剧了政府和国会之间的矛盾。如上所述,贝拉斯科以改革主义的姿态赢得选举,主张实行农业、行政和财政变革,却遭到国内人数虽少但拥有大量土地并获得免税待遇的寡头集团的激烈反对,这一集团通过其国会内部的代言人发挥作用,对贝拉斯科政府的改革措施设置重重障碍。副总统卡洛斯·胡利奥·阿罗塞梅纳(Carlos Julio Arosemena)同时担任国会议长,他与贝拉斯科的分歧不断加深。随着贝拉斯科的支持率不断下降,很多国会议员希望由副总统取代总统。

贝拉斯科本人的民粹主义风格一方面有助于他在竞选中战胜对手,另一方面也给他的总统生涯埋下了隐患。为了赢得选举,他向选民做出了慷慨的许诺。即使在经济繁荣时期,要兑现这些许诺也是十分困难的,何况当时正处于经济困难的关头。民众过高的期望和严酷的经济形势之间的巨大反差,严重影响了贝拉斯科的支持率。和绝大多数民粹主义领袖一样,贝拉斯科虽然通过个人魅力、蛊惑人心的演说赢得大选,但是他没有也不愿意建立一个政党组织,这使他上台后面临挑战时无所依靠。另外,他害怕来自本同盟内部的竞争者出现,削弱自己的权威,这又使他所依赖的政治联盟遭到削弱。

在此形势下,贝拉斯科政府的执政地位自上台之初就岌岌可危。如上所述,1961 年 10 月 4 日,厄瓜多尔劳工联合会发动了一场全国性总罢工,政府派出大批军队,对罢工实施镇压。此后,几

---

1　Peter Pyne, "The Politics of Instability in Ecuador: The Overthrow of the President, 1961," *Journal of Latin American Studies*, Vol.7, No.1, 1975, pp.121–123.

名国会议员被捕，国会指控政府违宪。10 月 16 日，支持政府的暴
民在国会大厦袭击议员。10 月底和 11 月初，暴动、游行、罢工及
与警察和军队的冲突在全国各地不断发生。贝拉斯科赶往各地，试
图控制局势，但无济于事。11 月 7 日，军队发动政变推翻了政府，
贝拉斯科到墨西哥使馆避难。副总统卡洛斯·胡利奥·阿罗塞梅纳
就任总统。

　　1963 年 7 月，武装部队发动政变夺取政权，由四名军方首脑
组成执政委员会行使最高权力。军政府根据美国提出的"争取进步
联盟"设计的方案宣布了几项改革措施。1964—1965 年，经济形
势较好，军政府能够得到寡头集团的支持，也得到了从因实施改革
方案而设立的技术岗位增加中得益的中产阶级的支持。但是，到 60
年代中期，随着"共产主义威胁"的消退，山区寡头集团对于土地
改革可能带来的危险难以容忍，沿海中产阶级也激烈反对关税和税
收改革。[1]到 60 年代末，"争取进步联盟"指导下的发展模式宣告失
败，留下了巨大的内外债务、臃肿的行政系统和衰退的经济。1966
年，克莱门特·耶罗维（Clemente Yerovi）组成了"民族和解"政
府，1966 年底，制宪会议召开，奥托·阿罗塞梅纳·戈麦斯（Otto
Arosemena Gómez）被委任为总统，直至 1968 年 8 月。随后，在当
年举行的选举中，贝拉斯科再一次成为总统候选人。

　　在选举中，贝拉斯科要面对两个强有力的竞争对手：来自保守
党的卡米略·庞塞（Camilo Ponce）和来自自由党的安德列斯·科
尔多瓦（Andrés Córdova）。贝拉斯科再次强调，他能够拯救国家，
安抚所有的厄瓜多尔人。保守党在选举中舞弊的现象也有助于贝拉
斯科重新树立自身政治廉洁的形象。与此同时，在任总统奥托·阿
罗塞梅纳·戈麦斯与制宪会议达成协议，保证自己被提名为总统。

---

1　Da vid Corkill, "The Politics of Military Government in Ecuador: The Rodrigues-Lara Regime,
　　1972-1976," *Bulletin of the Society for Latin American Studies*, No. 26, 1977, p. 48.

他许诺随后将举行选举，产生自己的继任者。但是人人都知道，他选定了保守党的庞塞。贝拉斯科在竞选中坚定地反对此种选举舞弊行为。自由党候选人科尔多瓦在党内得不到足够的支持以克服党内的分裂。另外，由于香蕉出口的衰退，政府试图推行进口替代工业化战略。但此举引发了负面的效应，贝拉斯科抓住机会，对政府的政策大肆抨击。[1]最终，贝拉斯科再次在选举中获胜，第五次当选总统。

上台后，贝拉斯科未能实现他所说的"在六个月内横扫寡头政治"的诺言。[2]1969 年，厄瓜多尔的政治、经济和社会危机加剧，群众举行大规模示威，遭到贝拉斯科政府的镇压。1970 年，政府财政赤字达到 30 亿苏克雷，经济进一步恶化，社会动乱加剧。在此形势下，6 月 21 日，贝拉斯科在武装部队的支持下发动"自我政变"，解散议会，取消 1967 年制定的宪法，实行戒严，宣布自己为独裁者，行使最高权力。[3]他承诺在 1972 年举行大选。但是，在 1972 年选举到来之际，为了阻止另一位民粹主义者、瓜亚基尔市市长、人民力量集中党候选人阿萨德·布卡拉姆（Assad Bucaram）当选，军人再次发动政变，推翻了贝拉斯科政府。贝拉斯科再次流亡国外。1979 年贝拉斯科回国，不久病死于基多。

## 三　作为民粹主义的贝拉斯科主义

自 1934 年起，贝拉斯科五次担任厄瓜多尔总统，[4]但只有一次完成任期，这说明贝拉斯科具有赢得选举的号召力，但缺乏持久地维持政权的能力。之所以如此，与贝拉斯科的民粹主义政治风格直接

---

1　Ximena Sosa-Buchholz, "The Strange Career of Populism in Ecuador," Michael L. Conniff, ed., *Populism in Latin American*, University of Alabama Press, Tuscaloosa and London, 1999, pp.142–143.

2　〔英〕莱斯利·贝瑟尔主编《剑桥拉丁美洲史》第 8 卷，第 717 页。

3　徐世澄主编《拉丁美洲现代思潮》，第 75 页。

4　任期分别是 1934—1935 年、1944—1947 年、1952—1956 年、1960—1961 年、1968—1972 年。

相关，而他的民粹主义风格又是厄瓜多尔的经济、社会和政治环境的产物。

20世纪30—70年代，厄瓜多尔基本上还是一个农业国家，工业规模极为有限，国家整合远未完成。即使在1948—1965年的"香蕉繁荣"期间，出口收入的剩余也没有被投入发展本国工业，这与同期通过发展进口替代工业推动经济增长的其他拉美国家有明显的不同。在这种情形下，厄瓜多尔出现了两个不愿接受现状、期望社会变革的社会集团。一方面，中产阶级知识分子及其领导人发现，他们被夹在社会上层和下层民众中间，无力推进他们认为对国家的生存和发展至关重要的社会变革。另一方面，人数众多的贫困劳工、自谋职业者、农民也不支持传统精英集团控制的政府所推行的政策，经济的衰退使这些传统集团名誉扫地。与心怀不满的中产阶级一样，社会下层也渴望社会发生变革，无论是通过改革，还是通过革命。而传统的寡头集团本身内部也发生了分裂，无论是自由党还是保守党，都无力扭转国家经济萧条的趋势，党内很多成员也准备接受更加激进的措施，希望以此保护他们的财富。对这些传统寡头集团内部的持不同政见者以及上述中产阶级知识分子和底层民众而言，贝拉斯科成为他们的救世主，尤其是在面临经济和社会危机的关键时刻。因此，厄瓜多尔民粹主义兴起的社会基础已经具备了。[1]

贝拉斯科有一句名言："给我一个阳台，我将把自己变为总统。"他之所以能够多次赢得总统选举，在于他能够赢得广大无组织的、不同社会集团的支持。贝拉斯科依靠的是一个多阶级、多集团的政治联盟，而非一个有组织的政党。历次竞选中，支持贝拉斯科的群众运动都只是从属于他本人的竞选工具，而非一个政党。正是有意

---

1　Ximena Sosa-Buchholz, "The Strange Career of Populism in Ecuador," Michael L. Conniff, ed., *Populism in Latin American*, University of Alabama Press, Tuscaloosa and London, 1999, p.141.

识地避免组建一个贝拉斯科主义党，贝拉斯科使不同的政治集团都相信他代表了各自的利益。所有集团都把他看作一个具有凝聚力的人物。为了赢得具有不同社会身份和地位的选民的支持，贝拉斯科把自己打扮成一个政治体制之外的、公正无私的"局外人"。他多年流亡在国外，这更加强化了他这种"局外人"的身份。一个公正无私的"局外人"形象使选民确信，只有他能够解决国家所面临的经济和政治难题。

作为一名民粹主义的政治领袖，贝拉斯科的个人魅力和演讲才能成为他赢得民众支持的重要凭借。贝拉斯科不仅对选民，而且对非选民发表激动人心的演讲，由此开启了大众政治的大门。非选民通过向选民施加压力，也能有效地参与政治。为了赢得民众的支持，贝拉斯科在演讲中让民众感受到自己在决定国家命运中的重要性。且看下面他的一段演讲词：

> 人民，真正的劳动人民，是伟大祖国的塑造者。建筑师、工程师、裁缝、鞋匠、农业工人，所有的劳动者，他们所有人，日复一日地锻造我们所说的民族的文明，他们建造城市，他们修建高速公路，他们在工业中生产，他们在农业中生产。劳动者是祖国的基石。正是他们，维护着共和国的基础设施，为厄瓜多尔共和国的精神大厦、文化大厦、国际个性奠定了基础。[1]

贝拉斯科的目的在于，以华丽的言辞来打动民众，赢得他们的认同和支持。至于他所要表达的意识形态和政策主张，则一直是模糊的、多变的。他可以游移于保守主义、自由主义、社会主义甚

---

[1] Ximena Sosa-Buchholz, "The Strange Career of Populism in Ecuador," Michael L. Conniff, ed., *Populism in Latin American*, University of Alabama Press, Tuscaloosa and London, 1999, p.145.

至共产主义各种意识形态之间。贝拉斯科历次上台后推行的政策也缺乏任何连贯性。贝拉斯科坦言："我将不服务于任何特定的意识形态。我将不服务于任何特定的政党。我将不是这个国家的老板。我将是人民的仆人。我将是厄瓜多尔的仆人，致力于奠定民族性、道德、包容的政府、自由主义、民族的本源、廉洁、社会改革的基础。"[1] 这正印证了保罗·塔格特对于民粹主义的解释："民粹主义是一种阵发性的、反政治的、空心化的、打着危机旗号的变色龙。""民粹主义已成为进步的工具，但也是保守的工具；是民主主义者的工具，也是独裁者的工具；是左派政党的工具，也是右翼势力的工具。这种适应性源于民粹主义的'空心化'：民粹主义缺乏一种能为之献身的价值。"[2]

对贝拉斯科来说，这种民粹主义的政治策略在取得政权方面是成功的。如上所述，每次竞选中他都能得到不同社会集团的支持。但是，一旦取得政权，当必须做出决策的时候，他不可避免地会伤害某个或者某些社会集团的利益，这些社会集团感到被贝拉斯科背叛了，于是站到他的对立面。在竞选中，广大民众认为贝拉斯科是一个救世主，他能克服国家面临的困难。但是，在他成为总统后，却无力解决国家的经济和政治问题，民众于是对他丧失信心，不再认为他是一个合法的领导人，为了维持政权，贝拉斯科只能诉诸威权统治。威权统治又导致更多的民众反对，往往以军人政变推翻政府而结束。

---

1　Ximena Sosa-Buchholz, "The Strange Career of Populism in Ecuador," Michael L. Conniff, ed., *Populism in Latin American*, University of Alabama Press, Tuscaloosa and London, 1999, p.146.

2　〔英〕保罗·塔格特：《民粹主义》，第5—6页。

# 第五章 新自由主义改革与新民粹主义

在 20 世纪拉丁美洲的现代化进程中,经典民粹主义曾产生极为深远的影响。在许多国家,从寡头政治向大众政治的转变、从进出口经济增长模式向进口替代工业化模式的转变,是靠经典民粹主义的政治运动来推动和实现的。但是,20 世纪 60 年代中期以后,拉美国家发生了一连串的军事政变,并建立了军人执政的官僚威权主义制度(Bureaucratic-Authoritarianism)。军政府的镇压基本上使民粹主义政治退出了历史舞台。虽然在 70 年代中期以后特别是 80 年代以来,拉美国家相继出现了军政府"还政于民"的民主化进程,但是同时期发生的严重债务和经济危机,严重地限制了政治家通过收入再分配以及政府资源获取政治支持的能力,因此,在政治上回归民粹主义的可能性看上去很小。

进入 90 年代，随着拉美国家新自由主义改革的相继展开，无论依附论学者还是自由主义经济学家都认为，新自由主义的经济紧缩政策与民粹主义的干预政策和再分配政策是针锋相对的，因此，新自由主义改革亦将排除民粹主义产生的可能性。根据依附论学者的观点，只有在进口替代工业化的初期，经济的稳定增长才有可能使民粹主义领导人推行多阶级合作的收入再分配政策，新自由主义改革和民粹主义是相冲突的，因为新自由主义强调经济紧缩，控制分配。[1] 西方自由主义经济学家也认为，民粹主义强调经济增长和收入再分配，忽视通货膨胀、财政赤字和国际收支的限制，以及市场规律对经济政策的反作用，而新自由主义坚持财经纪律，在政策上与民粹主义正好针锋相对。[2]

然而，出乎意料的是，80 年代，在拉美出现了民粹主义的复兴。首先，仍然健在的老一代民粹主义者重新登上了政治舞台。在巴西，1982 年和 1990 年，莱昂内尔·布里佐拉两次当选为里约热内卢州州长；1985 年，雅尼奥·夸德罗斯当选为圣保罗市市长；1986 年和 1994 年，米格尔·阿朗埃斯两度当选为伯南布哥州州长。传统的民粹主义政党如厄瓜多尔的人民力量集中党（CFP）在 1979 年的大选中赢得了胜利。随后，新一代民粹主义者崛起。在墨西哥，夸乌特莫克·卡德纳斯（Cuauhtémoc Cárdenas，拉萨罗·卡德纳斯之子，米却肯州前州长）在选举中向长期以来统治牢固的革命制度党（PRI）发起了挑战。1985 年，秘鲁年轻的民粹主义者阿兰·加西亚（Alan García）以压倒性的多数票当选为总统，这是他

---

1　Guillermo A. O'Donnell, "On the State, Democratization and Some Conceptual Problems," *World Development*, Vol.21, No.8, 1993, p.1356.

2　Rudiger Dornbush and Sabastian Edwards, "The Problem of Populism," Rudiger Dornbush and Sabastian Edwards , eds., *The Macroeconomics of Populism in Latin America*, University of Chicago Press, Chicago and London, 1991, p.9.

所代表的老牌民粹主义政党——阿普拉党建立 60 年来第一次上台执政。他在执政的五年（1985—1990）中，试图通过继续推行进口替代工业化和采取收入再分配的措施来克服经济的衰退。同样，阿根廷的劳尔·阿方辛政府（1983—1989）和巴西的若泽·萨尔内政府（1985—1990）也试图通过推行经典民粹主义的经济政策来克服经济危机。

　　但是，他们都未能消除通货膨胀的根源——由偿付巨额外债带来的公共资源的耗竭。飞涨的通货膨胀和经济的衰退很快使经济陷入困境，也由此摧毁了这些"后期"民粹主义政府的支持基础。因此，当时，在许多观察家和学者看来，债务和经济危机是对拉美民粹主义的致命一击，民粹主义政治将从拉美政治舞台上消失。可是，再次出乎意料的是，拉美的民粹主义并没有随着新自由主义改革的展开而消亡，相反，一些民粹主义政党或民粹主义政治领导人上台后成为新自由主义改革的积极推行者。这主要表现为三种类型：其一，在智利和阿根廷等国，90 年代上台的民粹主义政党（智利的社会党和阿根廷的正义党）继续推进七八十年代由军人政权启动的新自由主义调整；其二，在墨西哥，掌权的民粹主义政党——革命制度党内部发生分裂，坚持凯恩斯主义的派别受到削弱，主张新自由主义的、技术专家统治的派别力量得到增强，积极推进新自由主义经济改革；其三，在秘鲁、巴西、厄瓜多尔等国，民粹主义政党被新型的、倡导新自由主义的民粹主义领袖取代，其代表是秘鲁的阿尔韦托·藤森（Alberto Fujimori）、巴西的费尔南多·科洛尔（Fernando Collor）、厄瓜多尔的阿布达拉·布卡拉姆（Abdalá Bucaram）。[1] 对于这种新的现象，有的学者称之为民粹主义的"新自

---

1　Carlos de la Torre and Cynthia J. Arnson，"Introduction：The Evolution of Latin American Populism and the Debate over Its Meaning," Carlos de la Torre and Cynthia J. Arnson, eds., *Latin American Populism in the Twenty-First Century*, The Johns Hopkins University Press，Baltimore，2013，p.21.

由主义化"（neoliberalization）。[1] 在西方学术文献中，拉美新自由主
义改革时期的民粹主义被称为新民粹主义（neopopulism）。[2] 这是拉
美地区继 20 世纪 30—60 年代的经典民粹主义之后出现的第二波民
粹主义高潮。

　　那么，究竟是什么原因导致了 20 世纪 80 年代后拉美民粹主义
的复兴呢？特别是，新一代民粹主义者又为何推行新自由主义改革
政策呢？

## 一　民粹主义的复兴

　　20 世纪六七十年代拉美国家的军人政府视民粹主义为洪水猛
兽，但恰恰是军人执政时期所推行的政策，为军人退出政坛后民粹
主义的复兴创造了条件。一方面，在多数国家，军人政府通过维持
政治稳定、吸引外资，实现了经济的迅速发展。它们推动了农业现
代化，完善了国家的交通和通信设施，建立了新的工业部门。在农
村，随着经济的增长，农民的生活得到改善，社会地位得到提高，
地方寡头对农村人口的庇护性控制被削弱。这些农村人口成为民粹
主义者潜在的政治动员对象。更为重要的是，六七十年代的经济增
长刺激了上百万农村人口移居到城市。这些移民希望在正规的经济
部门找到工作，但是因为绝大多数工业是以资本密集型的技术装备
起来的，只能吸收很少一部分新移民，其他人不得不在非正规部门
（informal sector）就业，例如在修理点工作，在自己家里或者非法的
工厂生产产品，在街头从事零售、擦鞋、清洗房屋，甚至从事卖淫
活动。非正规部门的劳动者不仅收入低，而且得不到必要的保护，
也无法享受医疗保险和退休金等社会保障服务。因此，他们对现实

---

1　Jolle Demmers, Alex E. Fernandez Jilberto and Barbara Hogenboom, eds., *Miraculous Metamorphoses:
　The Neoliberalization of Latin American Populism*, Zed Books, London, 2001, p.11.

2　欧洲的右翼民粹主义也被称为新民粹主义，但在外文中通常为 new populism。

不满，强烈要求改变现状。但是与此同时，这些部门的劳动者难以像正规部门那样建立自己的工会、政党、社团等组织来捍卫自己的利益。因此，很自然地，他们成为新兴的民粹主义运动的潜在政治基础。

另一方面，军政府的威权统治削弱了可以输导这些民众政治参与的中间组织。军人在统治期间，禁止或严格控制政党和利益集团的活动。80年代后，随着军人返回军营和民主制的恢复，许多政治家和知识分子希望能产生强大的政党，以填补政治真空，巩固民主制度。在智利和乌拉圭等国，这种现象变为现实。正是由于政党组织的完备，智利的民粹主义领袖弗朗西斯科·哈维尔·埃尔苏里斯（Francisco Javier Errázuriz）一直是一个很小的政治角色，没能赢得大量的民众支持，在1989年的总统选举中，仅获得15%的选票。[1]但是，在秘鲁、巴西和阿根廷，由于政党制度化程度一直较差，80年代后，政党显然难以吸收被军政权无意识地动员起来的民众。与此同时，民主制恢复后，在巴西和秘鲁，文盲获得了投票权，造就了大量新的选民。于是，在这些国家，政治上可资利用的民众的出现和中间组织的软弱为民粹主义的复兴带来了机会。因为绕开中间组织，由克里斯马式的领导人与普通民众直接联系是民粹主义领导人典型的政治风格。

如上所述，老一代民粹主义者重返政治舞台，与此同时，新一代民粹主义者也出现了。

1979年，秘鲁老牌民粹主义政党阿普拉党的领导人维克托·劳尔·阿亚·德拉托雷去世，该党处于分裂的、毫无目标的状态。1980年大选中，阿普拉党失利，使党内在意识形态上的争论和领导层未获解决的矛盾再次出现。当时，不止一个党的批评者断言，阿

---

1 〔英〕莱斯利·贝瑟尔主编《剑桥拉丁美洲史》第8卷，第384页。

普拉党将走向衰微。[1]但是，1980 年后，年轻的阿兰·加西亚重新统一了阿普拉党。1985 年的大选中，作为阿普拉党的总统候选人，加西亚特别注意争取秘鲁大量非正规部门的、无组织的穷人和农村贫民的支持。他说，秘鲁的"光辉道路"运动是由对安第斯居民进行长期的社会剥削以及对原住民实行民族歧视造成的。为了赢得选举，"必须认同和表达城乡，特别是山区贫困群众的利益"。[2]结果，加西亚以 46% 的得票率赢得了 1985 年的选举，当选为总统。这是阿普拉党在秘鲁历史上首次上台执政。

上台后，加西亚推行了与经典民粹主义相同的政策。他试图深化和扩大进口替代工业化政策，通过保护主义帮助那些面向国内市场的工业。他提高了实际工资水平，削减了工资税和销售税，降低利率，冻结物价，实行货币贬值。加西亚希望由此带来的需求扩大可以刺激秘鲁工业生产。加西亚还宣布了投资计划，以支持长期被忽视的高原地区的小规模农业的发展。他不顾国际债权人的反对，停止支付所有外债。[3]

加西亚扩张性的经济政策在大约两年的时间内取得了积极的效果。强有力的经济增长和逐渐降低的通货膨胀率使他在这个长期以来被危机困扰的国家中得到了巨大的支持。但是，问题很快出现。秘鲁失去了外国的贷款。企业界对政府的经济政策能否持续持怀疑态度，没有像政府希望的那样尽可能地扩大投资。结果，短缺很快开始困扰过热的经济。加西亚做出的反应是对银行实行国有化，以实现对资本市场的控制。这一措施将很多私营部门推到对立面，并使右翼集团对政府的抗议更加大胆。来自社会的激烈反对促使政府放弃了银行国有化的计划。经济形势的恶化和通货膨胀率的上升，导致加西亚总统和阿普拉党的支持率直线下降。政府被迫采取强硬

1 〔英〕莱斯利·贝瑟尔主编《剑桥拉丁美洲史》第 8 卷，第 497 页。

2 〔英〕莱斯利·贝瑟尔主编《剑桥拉丁美洲史》第 8 卷，第 498 页。

3 〔美〕托马斯·E. 斯基德莫尔、彼得·H. 史密斯：《现代拉丁美洲》，第 498 页。

的稳定措施，但为时已晚。危机中受到伤害最大的，是支持加西亚上台的穷人。1990 年，加西亚离开总统府，他的民粹主义试验彻底失败。

与秘鲁一样，20 世纪 80 年代中后期，阿根廷和巴西也经历了大体上相同的从繁荣、暂时的稳定到通货膨胀的过程。阿根廷的阿方辛总统、巴西的萨尔内总统都试图在不给主要的经济部门带来压力的前提下结束经济危机。开始，他们取得了一定的成功。贫困阶层，特别是非正规部门的从业者，在非正统的经济稳定计划的早期阶段得到了较大的好处，巴西的克鲁扎多计划尤其如此。但是，阿方辛和萨尔内都没能消除通货膨胀的根源，如赤字开支和偿债义务。正如秘鲁一样，通货膨胀的压力再次出现，物价冻结被证明无效。不断上涨的物价使贫困阶层刚刚得到的好处很快又丧失，随后被迫推行的经济稳定措施也失败了，政府支持率随之下降。在阿根廷，飞涨的通货膨胀率引发的社会动荡迫使阿方辛提前 5 个月离职。在巴西，萨尔内也因经济困难被迫要求提前举行总统选举。

加西亚、阿方辛、萨尔内的失败表明，30—60 年代经典民粹主义者所推行的经济模式到 80 年代已不再可行。由债务危机所导致的财政压力使扩张性的财政政策难以维持，赤字开支必然导致通货膨胀，由此损害穷人的利益。也就是说，80 年代末，民主政治的恢复刺激了民粹主义的复兴，而经济的限制导致了它的终结。民主制在为民粹主义开辟道路的同时，由民粹主义政府的经济政策所加剧的经济危机又威胁到民主制自身。

吸取他们前任的教训，90 年代，三位新的民粹主义者——阿根廷的梅内姆、巴西的科洛尔、秘鲁的藤森利用民粹主义推行经济自由主义，反过来又利用经济自由主义来加强其民粹主义的领导权。梅内姆、科洛尔、藤森都是以典型的民粹主义政治风格赢得选举上台的，他们都没有强硬的政治背景。在巴西，科洛尔是鲜为人知的贫困的东北部阿拉戈斯州的州长；藤森是一位名不见经传的农业经济学家，其父母是日本移民。但是，他们以政治"局外人"的身份，抛开传统的政党组织，以克里斯马式的领导人风格，利用电视等现代媒介，直接与无组织的民众特别是城市非正规部门的从业者和农村人口进行交流。梅内姆尽管是阿根廷正义党的候选人，但他违背党的领导人的意愿，赢得了候选人的提名。在选举中，他也不过分依赖党的机构争取选票。这些新型政治家攻击现政府，攻击职业政客，攻击利益集团和社会精英。加西亚、阿方辛、萨尔内的失败使很多人特别是无组织的民众正准备接受一个新的救世主。结果，他们皆以最贫困的、组织程度最差的民众的巨大支持，成功当选总统。

但是，上台后，这三位领导人一反以往民粹主义政府的经济政策，推行了严格的新自由主义改革措施。在秘鲁，藤森政府实施了一项激进的调整计划，大幅度降低关税，欢迎外国投资，软化劳工法，"这个计划很像 15 年前智利皮诺切特的'芝加哥弟子'的休克疗法"。[1] 在阿根廷，梅内姆政府实行了全面的私有化，其范围几乎涉及国家经济生活的一切领域，包括国营企业，甚至关系国计民生的重要部门也不例外；改变国家干预经济的机制，实现国家职能的根本转变；向外国资本敞开大门，对外国资本与本国资本一视同仁，取消外资在石油、能源等部门活动的禁令，允许外资参与国有企业的私有化进程；向国外开放市场，取消进口限制和其他保护性措施，将本国工业推向国际市场，参与国际竞争。"这表明，阿根廷正义党已经脱离了传统政策的轨道，成为拉美大陆风行的自由主义经济改革浪潮中的激进代表。"[2] 在巴西，科洛尔在就职当天就推出了科洛尔计划，其内容主要是冻结所有金融资产以降低流动性，冻结物价，弱化指数化机制并在公共机构裁员以削减公共赤字。不仅如此，科洛尔还对发展模式进行了大胆的改革，包括贸易自由化、

---

1　〔美〕托马斯·E. 斯基德莫尔、彼得·H. 史密斯：《现代拉丁美洲》，第 264 页。

2　刘纪新：《试析阿根廷正义党国内政策的变化》，《拉丁美洲研究》1993 年第 3 期。

减少国家干预以及公共事业和企业私有化。"科洛尔的上台和改革才是巴西新自由主义改革的起点。"[1]

　　之所以发生这种政策转变，除三位总统从其前任的失败中吸取了教训外，最主要的原因还是债务危机所加剧的外部限制和来自国际金融机构的强大压力。事实上，新自由主义改革政策不仅没有颠覆民粹主义政府，相反，这种政策还提升了民粹主义领导人的个人支持率，只是在新自由主义改革措施没能控制通货膨胀时，如在巴西，才出现了对政府的强烈不满。经济政策的失败对于1992年科洛尔遭弹劾下台起了重要的作用。在新自由主义改革取得一定成功的国家，如阿根廷和秘鲁，新民粹主义领导人维持了他们来自民众的支持，梅内姆和藤森都在1995年赢得了连任。

## 二　新民粹主义与新自由主义的"联姻"

　　由民粹主义政府推行新自由主义改革，或者说新自由主义和新民粹主义的"联姻"，成为20世纪90年代拉美政治的怪现象。根据罗伯茨、韦兰德等西方学者的研究，[2]根源在于新民粹主义和新自由主义之间存在内在的联系和一致性。在90年代特定的社会和经济背景下，正是这种内在的联系，使两个看起来水火不容的"主义"走到了一起。

　　根据韦兰德的研究，新自由主义和新民粹主义都特别注重并得到了来自非正规部门的从业者的支持。进口替代工业化发展模式为相对富裕的阶层，包括产业工人带来了较大的利益，因此，经典民

---

1　张凡:《巴西政治体制的特点与改革进程》,《拉丁美洲研究》2001年第4期。

2　参阅 Kenneth M. Roberts, "Neoliberalism and the Transformation of Populism in Latin America: the Peruvian Case," *World Politics*, Vol.48, No.1, 1995, pp.82-116; Kurt Weyland, "Neopopulism and Neoliberalism in Latin America: Unexpected Affinities," *Studies in Comparative International Development*, Vol. 31, No. 3, 1996, pp.3-31; Kurt Weyland, "Neoliberal Populism in Latin America and East Europe," *Comparative Politics*, Vol.31, No.4, 1999, pp.379-401。

粹主义的主要支持来自这些阶层。例如，庇隆的主要支持者来自城市劳工和中低阶层。这些阶层建立了自己的组织，具有了一定的独立性。但是，由于进口替代工业化所创造的就业机会极为有限，许多城市居民不得不依靠"不受国家管制赚取收入的活动"来谋生，如街头叫卖、经营未经注册的修理行以及从事没有法律保障的服务业等。绝大多数这类非正规部门的劳动者在经济上是极为贫困的，在政治上是分散的、无组织的。他们从经典民粹主义者所推行的进口替代工业化发展模式中得利甚微，或者说，他们是进口替代模式的牺牲品。另外，在经典民粹主义时期，农村贫民在政治上是难以动员的，他们处于农村土地精英严格的庇护控制之下。但是，最近几十年中，随着农业的资本主义现代化和土地改革（尽管通常是有限的），农村土地精英的控制削弱了，许多农村贫民成为政治上可资动员的对象。

民主制的建立为城市非正规部门的劳动者和农村贫民赋予了选举权，例如，巴西和秘鲁将选举权扩大到文盲。在这种情况下，新民粹主义领导人梅内姆、科洛尔、藤森发现，这些贫困的、无组织的民众是一支巨大的政治力量，而后者也对新民粹主义领导人在选举中做出的许诺特别易于做出反应。于是，新的民粹主义政治领导人从这些非正规部门的贫困阶层中寻求政治支持。他们使用传统民粹主义人民／精英的二分法，称赞这些底层人群积极的、真正的价值，抨击自私自利的精英阶层和传统政党。[1]

有趣的是，拉美的新自由主义改革者在为他们的改革寻求支持的时候也把目标指向了这些被边缘化的贫困阶层。例如，秘鲁新自由主义改革的倡导者费尔南多·德·莱多在他很有影响的著作《另一条道路》中，对非正规部门大加称赞。他认为，非正规部门在不

---

1　Robert R. Barr, *The Resurgence of Populism in Latin America*, Lynne Rienner Publishers, Boulder, London, p.12.

受国家干预的情况下，为上百万人带来了收入，这是真正的市场力量对经济的闯入。他说，与正规部门不同，非正规部门得不到政府的订货、补贴和关税保护，未因国家干预而扭曲的市场经济原则在这些穷人中盛行。根据莱多的观点，非正规部门规模的增长表明，真正的自由市场经济在拉美早已存在，并且有着广泛的群众基础。[1]新自由主义改革者希望，正在兴起的非正规部门能够为他们废除扰乱市场机制的国家干预提供民众的支持。他们认为，那些被排除在通过寻租等活动获得特权的少数部门之外并受到不公正待遇的非正规部门将强烈支持他们废除这些由国家干预带来的特权，建立一个公平竞争的市场环境。

于是，新民粹主义和新自由主义在争取进口替代工业化模式的牺牲品的支持上走到了一起。新自由主义领导人特别注意争取非正规部门和农村贫民的支持，新自由主义改革者和国际金融机构也以目标明确的社会紧急救济和反贫困计划使这些阶层从中受益。新民粹主义领导人迫切地利用这些帮助穷人的计划扩大他们在民众中的支持。例如，1993 年，为了准备连任，梅内姆总统通过了一系列开支计划，并许诺在他的第二任期内实行大规模的社会开支。1991 年后，阿根廷政府还拨给布宜诺斯艾利斯省省长每年 6 亿美元由其自由决定的社会开支。更具政治色彩的是，藤森总统设立了一项紧急基金，在 1994 年斥资 1.7 亿美元，用于社会计划。[2]而新自由主义的经济政策，特别是国有企业的私有化，为这些社会计划提供了资金支持。当然，这些社会计划在实施过程中，体现出明确的政治目标。有限的资源主要分配给那些无组织的非正规部门的人群，而非参加工会的有组织劳工。通过这种方式，在经济危机、失业率居高不下的形势下本已大量流失会员的工会组织遭到进一步的打击，同

---

1　〔秘鲁〕费尔南多·德·莱多：《另一条道路》，令狐安等译，辽宁人民出版社，1992，第 12 页。

2　Kurt Weyland, "Neopopulism and Neoliberalism in Latin America: Unexpected Affinities," *Studies in Comparative International Development*, Vol. 31, No. 3, 1996, p.20.

时新民粹主义领导人为自己从无组织的民众中赢得了大量的支持者。正是由于这些民众的无组织状态，他们与新民粹主义领导人之间形成一种直接的、没有中介的、垂直的联系。[1]

实际上，推行新自由主义改革的新民粹主义领导人也的确赢得了城市非正规部门和农村贫民的大力支持。在 1989 年巴西的总统选举中，科洛尔在大量无组织的穷人的支持下赢得了胜利，而他的竞选对手劳工党（PT）候选人路易斯·伊格纳西奥·卢拉·达·席尔瓦却从较富裕的、受教育程度较高的、组织程度较高的部门得到了较大支持。在许多强大的工会、职业协会和社会运动支持卢拉的时候，绝大多数弱势群体支持科洛尔。第一轮投票前夕的民意测验表明，最贫困阶层中的 35% 表示投票支持科洛尔，而较富有阶层选择科洛尔的只有 14%。梅内姆和藤森只是在取得选举胜利后才公开表示支持新自由主义，但是，他们在推行新自由主义改革期间，常常得到贫困阶层的较大程度的支持。如 1994 年阿根廷立宪会议选举中，贫困和支持正义党是联系在一起的。在秘鲁，民意测验显示，在藤森政府从 1990 年 8 月推行严厉的调整计划后大约一年的时间内，藤森从穷人那里得到的支持率比从富人那里得到的支持率要高得多。1991 年年中后，持续的经济困难导致他在穷人中的支持率降低，但 1992 年后这一支持又得到了加强。实际上，在首都利马 1992 年11 月的立宪大会选举中，非正规部门明显地支持藤森的政党。1993年后期藤森的支持率有了短暂的下降，但 1994 年 2 月后，藤森总是能得到社会最贫困阶层强有力的支持。例如，1995 年 1 月，在最贫困阶层中，79% 赞许他的政绩，52.9% 准备投票支持他连任，但在富裕阶层中，这一比例分别只有 47.5% 和 34%。[2]

---

1　Robert R. Barr, *The Resurgence of Populism in Latin America*, Lynne Rienner Publishers, Boulder, London, p.13.

2　Kurt Weyland, "Neopopulism and Neoliberalism in Latin America: Unexpected Affinities," *Studies in Comparative International Development*, Vol. 31, No. 3, 1996, pp.12–13.

　　新民粹主义和新自由主义都与有组织的社会集团处于对立关系。与非正规部门的劳动者不同，劳工、中产阶级和实业界已经建立自己的组织，这些组织具有一定的能力来争取、捍卫自己的利益，因此他们相对不太需要依靠一个家长式的救世主，并且对新民粹主义领导人操纵民众的做法抱有怀疑的态度；他们还担心，新民粹主义领导人向非正规部门的劳动者做出的许诺将对他们的既得利益构成威胁；此外，由于新民粹主义领导人绕过中间组织与民众直接建立联系，这些中间组织的领导人也感受到了威胁。由于这些原因，一方面，市民社会中有组织的集团常常反对新民粹主义领导人。在 1990 年秘鲁的大选中，绝大多数工会和民众社会组织支持阿普拉党、左派联盟（Izquierda Unida，IU）或者"社会主义左派"的候选人，而不是藤森。1989 年巴西大选中，绝大多数工会和中产阶级组织都反对科洛尔。另一方面，新民粹主义领袖也有意识地与这些中间组织（政党和利益集团）保持距离，或使之在政治上边缘化。科洛尔上台后，拒绝与巴西主要的实业家组织——圣保罗工业联合会（FIASP）进行磋商。科洛尔和藤森上台后都削弱和分裂了本国的工会组织。梅内姆虽然利用了正义党及其附属的工会组织，但是，他控制了正义党和庇隆主义工会，削弱了其组织力量。例如，他巧妙地分裂了劳工运动，以免后者对其新自由主义政策提出挑战。

　　同样，新自由主义改革者也攻击有组织的利益集团，指责这些集团不是致力于提高生产率、公平竞争，而是通过寻租行为获取特权，依赖政府的补贴，逃避市场法则，寻求政府保护。为了使市场机制得以运行，新自由主义改革者反对这些有组织的利益集团的秘密影响，他们认为，消除这些集团的特权，不仅能够建立公平竞争的环境，而且社会的绝大多数人将从中受益。例如，如果生产者不得不提高生产率，消费者将能够购买到便宜的、质量好的产品。实际上，在 90 年代初，正规部门的劳工、中产阶级、企业主等有组织的集团恰恰是新自由主义改革的最大反对者。工会组织，特别是公

共部门的工会公开反对新自由主义。在巴西，正是他们的反对减慢
了国有企业私有化的进程。受保护的企业集团也反对新自由主义，
如在委内瑞拉，佩雷斯的新自由主义改革受到企业部门、工会以及
总统自己所属政党内部某些派别的积极或消极的抵制。

于是，新民粹主义和新自由主义在它们与工会、中产阶级、实
业界等有组织的集团，亦即进口替代工业化模式和经典民粹主义的
主要受益者之间的敌对关系上也走到了一起。

二者都将传统政客、官僚看作敌人。在进口替代工业化模式下，
国家对经济的大规模干预使政府职位成为以非法手段获取个人利益的
肥缺。当企业的发展依赖于无数的特许、资助、关税保护等政策的时
候，政府官僚机构腐败的机会大大增加了。这种社会现实在民众中引
起了强烈的怨恨。新民粹主义领导人感受到了这种情绪，于是将其攻
击的目标对准了政客和公务员。反对腐败是他们争取选票的重要手
段之一，特别是藤森，他猛烈地诋毁传统的政治家，并以此为他在
1992 年 2 月的"自我政变"（autogolpe）寻求合法性。

同样，新自由主义改革者也认为传统的政治家是建立自由市场
机制的主要障碍之一，因为他们出于政治目的对经济进行过多的干
预，与寻租集团沆瀣一气。新自由主义改革通过减少经济中的政治
干预，使政客失去腐败的机会。

二者都主张加强政府的权力，特别是加强总统的权力。科洛
尔、梅内姆和藤森都认识到，他们的前任之所以失败，原因之一是
政府机构为了自身的利益而损害国家的整体利益。社会集团与政府
机构之间维持着紧密的联系以维护双方的利益，由此削弱了总统在
官僚机构内部的协调和监督指导作用，损害了总统的权威。于是，
他们上台后，试图加强对国家官僚机构的控制。新民粹主义领导人
采取的方式是加强总统本人的权力，这与经典民粹主义者的做法如
出一辙。三人都时常通过行政命令来立法或者迫使议会接受他们的
提议。最为明显的是，1992 年，藤森总统发动"自我政变"，宣布

解散议会，彻底改组司法机构，集立法、司法和行政三权于一身。但是，新民粹主义在加强总统权力的过程中也不可避免地遇到了阻力。梅内姆寻求第三次连任的尝试未能成功，科洛尔因腐败指控被批下台，布卡拉姆则被议会宣布精神失常而离职。[1]

与古典的自由主义反国家的立场相反，拉美新自由主义赋予国家决定性的、强有力的地位，至少在一个相当长的转型时期内是这样。这是因为，在当代拉美，向市场经济的转变不是来自社会，包括企业部门的推动，而主要是通过强大的国家（在外部压力下）强制性地推行的。也就是说，虽然新自由主义计划的最终目的是削弱国家在经济中的作用，但它的推行必须通过一个强大的国家，因为改革必将遇到传统的利益集团如受保护的企业家、有组织的劳工、公共部门雇员等的阻力。在改革过程中，新自由主义改革者求助于最高国家机构，特别是总统和财政部部长的权力以打破从国家干预和不正当竞争中得利的利益集团的抵制。这与新民粹主义的总统加强自身权力的要求不谋而合。事实上，新民粹主义领导人也充分利用了新自由主义改革的机会来排除其通向权力顶峰的障碍。解除劳工市场的管制削弱了工会的力量，经济的开放打击了进口替代工业部门，解雇国家雇员整顿了过去难以控制的公共部门，削弱了反对派。在新自由主义政策取得一定成功的国家，如阿根廷和秘鲁，总统都利用这一经济成就要求修改宪法，谋求自己的连任。[2]

## 三　新民粹主义与新自由主义的矛盾

新自由主义和新民粹主义之间的这种一致性和互补性在新自由

---

1　Robert R. Barr, *The Resurgence of Populism in Latin America*, Lynne Rienner Publishers, Boulder, London, p.14.

2　Kurt Weyland, "Populism in the Age of Neoliberalism," Michael L. Conniff, ed., *Polulism in Latin America*, The University of Alabama Press, Tuscaloosa and London, 1999, p.186.

主义改革最初的、激进的阶段尤其明显。如上所述，在这一阶段，新民粹主义领导人作为政治"局外人"异军突起，攻击既得利益集团，争取原来被忽视的社会阶层，尤其是非正规部门的劳动者的支持。同样，新自由主义改革者主张改变现状，攻击的火力也集中在干扰市场改革的政府官员、政客、寻租利益集团。为取得政治上的支持，他们又对缺乏政治影响力因而根据市场竞争机制行事的非正规部门大加称赞。因此，在新自由主义改革的这个"革命性"阶段，新民粹主义领导人和新自由主义改革者希望争取的支持者和他们面对的敌人是交叠的，是同一批人。

在新自由主义改革的初期阶段，新自由主义和新民粹主义的制度手段也是一致的。新民粹主义领导人寻求权力的集中化。作为国家总统，他们要加强最高行政部门的权力，削弱议会和司法机构的权力，削弱媒体对政府的监督。新自由主义改革者虽然在原则上反对国家干预，但是为了克服市场机制改革的障碍，他们又需要一个强政权。因此，新自由主义专家和国际金融机构最初都接受甚至支持新民粹主义领导人加强政府权力，并以新自由主义改革措施为此提供了政策工具。

另外值得注意的是，在新自由主义改革的初期，国家面临深重的经济危机，新自由主义改革者提出通过"休克疗法"建立市场机制的方案，他们需要依靠新民粹主义领导人的胆略和非常规的风格来推行其改革计划。而深重的经济危机又为新民粹主义领导人提供了展示和加强其克里斯马式个人魅力的机会。通过直面他们的前任所未能解决的严重问题，新民粹主义领导人显示了巨大的勇气，使饱受苦难的民众确信，他们的新领导人正准备尽一切力量克服危机。事实上，当时最紧迫的问题，即恶性通货膨胀，根据新自由主义的处方，其是可以通过果断的措施很快加以遏制的。新民粹主义领导人推行的大胆的新自由主义改革措施也的确至少带来了最低限度的经济稳定，使民众看到了未来生活的一线希望。这一成功，又反过来给新民粹主义领导人带来了巨大的支持，巩固了其地位，使其能够推行更进一步的市场机制改革。

但是，在危机得到缓和、市场改革计划部分得到推行之后，在新自由主义改革者看来，首要的任务由激进地、彻底地改变现状转向可靠的管理和新的发展模式在体制上的巩固。新自由主义改革者和国际金融机构不再依靠新民粹主义领导人非常规的果敢的政治领导。梅内姆和藤森非常规的政治领导在打破旧的发展模式和克服障碍、推进痛苦的经济改革的过程中是有用的，但现在这种非常规的政治风格就变成了新的发展模式在体制上巩固的威胁和障碍。新民粹主义领导人集中的政治权威曾在推进改革的过程中发挥重要的作用，现在却成了市场机制平稳运转的潜在威胁。在前一阶段，新自由主义改革者借助于同时也支持新民粹主义领导人超越宪法的做法，但现在他们越来越强调要尊重法律原则。总之，新民粹主义领导人和新自由主义改革者在首选的政治策略上产生了分歧，二者之间的冲突越来越多，在 90 年代末，藤森总统频繁地更换其经济班子就是明证。

由于新民粹主义领导人成功地结束了最初阶段的深重危机，诸如恶性通货膨胀等问题失去了重要性，而经济增长和扩大就业等问题引起了越来越多的关注。但是对新民粹主义领导人来说，不幸的是，虽然新自由主义改革很快（虽然付出了很高的代价）结束了恶性通货膨胀，但没有刺激经济增长和扩大就业。新自由主义改革者提出的主要建议——促进出口要产生效果，还需要很长的时间。实际上，新自由主义调整导致了经济的衰退，而国家干预职能的削弱又加剧了失业问题。新自由主义坚持财政紧缩、防止经济过热的原则恰恰抑制了经济增长和就业的扩大。于是，同样的经济政策曾在初期为新民粹主义领导人带来了极高的支持率，但随着时间的推移，又成为降低其支持率的主要因素。具有讽刺意味的是，新民粹主义领导人支持率的逐步下降，恰恰是由于他们在克服初期的严重危机中取得的成功。

　　借助新民粹主义，初期的新自由主义改革成功地战胜了既得利益集团，推进了市场机制的改革，改变了国家的经济发展模式，而同时也使新民粹主义领导人丧失了他们的主要"敌人"。为了动员广泛的民众支持，民粹主义者以"我们与他者"之间的对立来看待世界，强调政治的对立性。但是，新自由主义改革初期的成功，极大地降低了这种对立性。新自由主义改革者虽然在初期也攻击既得利益集团，特别是寻租的企业家，但是现在，他们的改革方案却有利于一个新兴的精英集团，例如对国家的发展至关重要的国内外投资者，很多私有化交易给购买者提供了相当大的优惠。也就是说，最初新自由主义和新民粹主义站在精英阶层的对立面，现在新自由主义则支持新的精英集团。

　　与此同时，新自由主义改革并没有带来新自由主义专家和新民粹主义领导人曾许诺的、很多民众曾期望的经济繁荣。虽然贫困阶层，尤其是城市非正规部门和农村得到了一定程度的救助，但是新的发展模式未能扩大就业，挫伤了民众的期望。在越来越多的民众看来，新自由主义并没有为新民粹主义领导人的群众基础特别是非正规部门带来实际利益，因此，新民粹主义领导人争取群众支持的政治诉求（反对精英、扶助民众），与新自由主义的经济现实（支持精英、反对民众）背道而驰。[1]

　　总之，新自由主义和新民粹主义的一致性在"休克疗法"和大胆的市场改革的初期阶段十分强烈，但随着时间的推移逐渐减弱。两者之间的紧张关系加剧，第一代新自由主义的新民粹主义逐渐退出了历史舞台。梅内姆谋求第二次连任的失败和藤森政府的倒台，根本的原因就在于此。

---

1　Kurt Weyland, "Neopopulism and Neoliberalism in Latin America: How Much Affinity?" *Third World Quarterly*, Vol.24, No. 6, 2003, pp.1095-1115.

# 第六章　秘鲁：藤森的民粹主义

　　1990 年秘鲁举行总统大选，阿尔韦托·藤森出人意料地战胜著名作家马里奥·巴尔加斯·略萨（Mario Vargas Llosa）当选为总统。此后，藤森通过修改宪法，使自己在 1995 年大选和 2000 年大选中成功连任。在拉美学界，藤森与阿根廷的梅内姆、巴西的科洛尔、墨西哥的萨利纳斯等一起，被看作 20 世纪 90 年代拉美实现民主化和推行新自由主义改革的过程中产生的右翼新自由主义的民粹主义的重要代表。这种新民粹主义的特点是，领导者以传统的民粹主义政治动员方式取得政权，上台之后却成为推行新自由主义改革的先锋，但依然在相当长的时期内获得较高的支持率。在 20 世纪 90 年代和 21 世纪初特定的历史背景下，新自由主义和新民粹主义的"联姻"，不仅为研究拉美政治发展，而且为探讨作为一种政治现象的民粹主义提供了值得考察的案例。本章试图以秘鲁的藤森为个案，对这一现象进行较深入的分析。

## 一　秘鲁的民粹主义

20 世纪秘鲁政治发展进程的一个重要特点是民主制度的不完善和民粹主义传统的强大。19 世纪晚期，秘鲁寡头制的政治体制陷入危机，进入 20 世纪后，秘鲁出现了一系列军人支持的威权主义政府，间或出现短期的、政治基础薄弱的立宪政府。具有较广泛的群众基础的政党——阿普拉党和共产党（PCP）一直被排除在政权之外，特别是阿普拉党屡次被剥夺执政的机会，由此造成的结果是民众政治参与制度化的失败，秘鲁未能创建一个在国家层面上使民众的要求得以表达和协调的政治体制。究其根源，在于这个国家根深蒂固的社会、地区和种族分裂。尽管进入 20 世纪后城市化有了很大的发展，但是社会的分裂一直持续下来，阻碍政治协调和共识的实现。也就是说，由于社会整合的缺失，政治互动很难达成，而以此为基础的制度化的政治体制难以建立。在很大程度上，秘鲁的民粹主义传统是政治体制发展不完善的反映。[1]

秘鲁民粹主义的先驱是 1912—1914 年担任总统的吉列尔莫·比林古尔斯特。[2] 但是，1930 年成立的阿普拉党是秘鲁第一个重要的民粹主义政党。[3] 阿普拉党的出现是 1919—1930 年奥古斯托·莱吉亚（Augusto Leguía）总统执政十一年间国家现代化进程引起的传

---

1　John Crabtree, "Populism Old and New: The Peruvian Case," *Bulletin of Latin American Research*, Vol.19, No.2, 2000, p.166.

2　Peter Blanchard, "A Populist Precursor: Guillermo Billinghurst," *Journal of Latin American Studies*, Vol. 9, No, 2, 1977.

3　阿普拉党于 1924 年成立于墨西哥，但是直到 1930 年阿亚·德拉托雷回到秘鲁后，才成立了阿普拉党的秘鲁分部。

统社会关系瓦解的结果。阿普拉党的意识形态和结构与拉美其他国家的民粹主义有很多共同之处，即试图围绕民族主义和改革主义的计划建立一个多阶级的运动。阿普拉党和马克思主义左派的区别因阿亚·德拉托雷和秘鲁共产党的创始人何塞·卡洛斯·马里亚特吉（José Carlos Mariátegui）之间的辩论愈加明朗。马里亚特吉认为，资本主义和帝国主义是拉美的破坏力量，主张由无产阶级领导革命，认为农民有伟大的革命潜力。马里亚特吉认为马克思主义可以与安第斯山区的革命传统密切结合，诸如土著主义、印加式的"社会主义"、历次农民起义和劳工运动。阿亚·德拉托雷则强调拉丁美洲的历史和现状具有不同于欧洲的特点，应该走印第安美洲自己的道路。他认为拉美国家落后和贫困的主要根源是外部敌人——帝国主义；适用于印第安美洲的是既非社会主义亦非资本主义的"第三种制度"，即应建立一个有广泛基础的由"被剥削"阶级，包括农民、工人和激进中等阶级分子组成的人民联盟（"阿普拉"），打倒帝国主义，建立一个激进的民族主义的反帝社会。与马里亚特吉不同，他认为，拉丁美洲的工人阶级人数不够多，政治觉悟也不够高，所以不能单独胜任反帝工作。工人阶级也不一定是帝国主义的主要受害者，出口区的工资实际上比传统地区还要高，而有些中等阶级甚至受到更野蛮的剥削和虐待。[1] 在阿亚·德拉托雷的领导下，阿普拉党发展迅速，其力量很快超越了新兴的共产党。阿普拉党对社会稳定的冲击促使秘鲁的精英阶层抱成一团，在军方的支持下，阻止阿普拉党上台执政。1931 年后，阿普拉党被迫进入长期的半地下状态，这又进一步加强了党内的威权倾向和话语体系的半宗教色彩。阿普拉党被镇压，使旧的寡头政治力量的瓦解和民众融入政治体制变得更加遥遥无期。

尽管如此，从 20 世纪 30 年代起，秘鲁不同类型的政府也不能

---

1 〔英〕莱斯利·贝瑟尔主编《剑桥拉丁美洲史》第 5 卷，第 646—648 页。

完全无视那些处于政治体制的外缘、没有选举权利的民众了。40—60 年代，民众运动以各种方式对政府决策施加影响，推动了国家与社会之间的互动。例如，1945—1948 年何塞·路易斯·布斯塔曼特－里维拉（José Luis Bustamante y Rivero）政府在阿普拉党的支持下采取措施，实行新的干预主义的发展政策；在 1948—1956 年曼努埃尔·奥德利亚（Manuel Odría）执政期间，经济政策回归到自由主义，但是政府有意识地争取工人阶级的支持；1963—1968 年的费尔南多·贝朗德（Fernando Belaúnde）政府面对阿普拉党的反对，试图以温和的民族主义和有限的土地改革计划争取公共舆论的支持。到 60 年代，城市化、教育和大众媒体、交通和通信的发展带来的要求激进变革的压力，迫使寡头集团做出让步。

1968 年，胡安·贝拉斯科·阿尔瓦拉多（Juan Velasco Alvarado）领导军事政变，建立了左翼的军人政府。贝拉斯科政府试图发挥国家在调节社会集团冲突中的作用，削弱传统寡头集团的经济和政治势力，缓解民众的压力。军政府在很多方面诉诸民粹主义的策略。贝拉斯科指责文人政客和政党在推动社会结构变革方面的无能，使国家的发展受到阻碍。在很多方面，他得到阿普拉党的支持。贝拉斯科政权一举结束了政党的政治活动，通过"全国动员社会系统"（Sistema Nacional de Apoyo a la Movilización Social, SINAMOS）[1] 自上而下地建立自己的社会基础，试图在工人和农民中间建立政府控制的社团组织作为民众参与政治的渠道。贝拉斯科政府推行拉美其他国家的经典民粹主义政府早已实施的进口替代工业化政策，旨在建立一个更加多样化的、独立的经济体系。此外，贝拉斯科政府构建了一种民族主义的意识形态，以此避免阶级冲突。贝拉斯科虽然在个人魅力方面远比不上阿亚·德拉托雷，但是低微的出身帮助他

---

1　"全国动员社会系统"的简称 SINAMOS，有人把它读作"sin amos"，即"没有主人"，强调该实体的相对独立性。参见〔美〕克里斯蒂娜·胡恩菲尔特《秘鲁史》，左晓园译，东方出版中心，2011，第 231 页。

在民众中得到较大的支持。如果说阿亚·德拉托雷领导的阿普拉党是拉美经典民粹主义运动，则贝拉斯科领导的军人政府属于"军人民粹主义"，二者之间的连续性是很明显的。[1] 贝拉斯科政府推行的发展模式也存在局限性。首先，政府在自上而下地构建一种共识和创立一种政治协调机制以取代传统政党的过程中遇到了困难。实际上，贝拉斯科政府唤醒了广大民众要求变革的愿望，但未能充分满足这种愿望，结果是刺激了民众的组织，鼓励了带有马克思主义意识形态色彩的左派的发展。其次，政府未能形成与其发展战略相适应的资本积累模式，只能依赖外债来支持大大扩张的政府支出。由此带来的经济危机致使贝拉斯科在 1975 年被更加具有保守主义倾向的军政府取代。[2]

　　1980 年，秘鲁结束军人政权，恢复代议制民主，为民主制度和民众政治参与制度化的发展创造了条件。贝拉斯科政府（1968—1975）以及此后较为保守的弗朗西斯科·莫拉莱斯·贝穆德斯（Francisco Morales Bermúdes）政府（1975—1980）时期的军人统治使秘鲁民众反对威权主义和要求更多参政机会的情绪越发强烈。各种新旧政党重新活跃，它们代表了不同的意识形态立场，反映了不同社会集团的利益。部分得益于贝拉斯科政府时期的改革，秘鲁的政治排他性被打破。1979 年宪法首次确立了普选权，反映了社会各界就政治游戏的规则达成一定的共识。从军政府向文人政府的转型涉及军人与文人之间、左派与右派之间就建立新的更加制度化的政治体制的一系列谈判。1980 年，贝朗德再次担任总统之初，各界对于秘鲁民主化的巩固抱有很广泛的乐观期待。

---

1　Cynthia McClintock, "Populism in Peru: From APRA to Ollanta Humala," Carlos de la Torre and Cynthia J. Arnson, eds., *Latin American Populism in the Twenty-First Century*, The Johns Hopkins University Press, Baltimore, 2013, p.211.

2　John Crabtree, "Populism Old and New: The Peruvian Case," *Bulletin of Latin American Research*, Vol.19, No.2, 2000, p.168.

　　但是，现实很快给这种乐观情绪蒙上了阴影。1982 年，拉丁美洲债务危机爆发，加上厄尔尼诺现象的影响，秘鲁经济陷入严重衰退，外部环境恶化，通货膨胀导致物价飞涨，实际收入暴跌。"光辉道路"游击队的暴动将秘鲁推向国家崩溃的边缘。"光辉道路"的暴动不仅反映了秘鲁农村未能解决的问题，暴露了政府应对能力的不足，而且带来了严重的经济和生命损失，打破了军方和文人之间脆弱的权力平衡。

　　在经济危机和安全危机的双重挑战面前，秘鲁传统政党表现糟糕。1980 年选举中，人民行动党（Acción Popular，AP）候选人、前总统贝朗德以 45% 的得票率当选上台。贝朗德上台后，"几乎没有采取任何措施来扭转或深化之前军政府实施的改革"。[1] 贝朗德似乎对秘鲁民众的疾苦无动于衷，在卡通漫画中，他被描绘为坐在云雾之中的人。在经济政策上，他在口头上赞成新自由主义，但实际上仅在最低限度上推行自由市场改革，并且与国际货币基金组织不和。在安全问题上，他最初对"光辉道路"的潜在危险估计不足，使之"在官方的忽视下迅速扩大了其影响力"。[2] 后来他又支持采取大规模的军事镇压行动，由此导致数千名平民死亡，"光辉道路"得到的支持反而增强。无论在经济还是安全方面，贝朗德政府都遭到严重的失败，支持率严重下降。1985 年总统选举中，老牌民粹主义政党阿普拉党获胜，其候选人阿兰·加西亚以 53% 的得票率当选总统。这是阿普拉党第一次上台执政。

　　阿兰·加西亚是阿亚·德拉托雷的忠实信徒。1979 年，阿亚·德拉托雷去世，阿兰·加西亚继任阿普拉党的最高领导人。在 1985 年的竞选中，阿兰·加西亚竭力改变阿普拉党内部不和、派系林立的形象。党的口号由"只有阿普拉党能拯救秘鲁！"改为"我

---

1 〔美〕克里斯蒂娜·胡恩菲尔特：《秘鲁史》，第 237 页。

2 〔美〕克里斯蒂娜·胡恩菲尔特：《秘鲁史》，第 238—239 页。

奉献给所有秘鲁人！"和"政府是为每个人服务的！"在就职演说
和后来的文章和演说中，阿兰·加西亚批评国际金融机构和美国，
号召所有秘鲁人团结一致"建立一个民族主义的、民主的和人民的
政府，为一个消除非正义、剥削和不幸的自主和自由的社会确立基
础"。[1]他年轻、精力充沛、口若悬河，是一个典型的克里斯马式的
政治领导人。但是，与其他一些国家的民粹主义者不同，他从未破
坏自由民主的原则。他在执政期间，不仅没有加强中央政府的权
力，反而实现了各地区自主选举地方政府的目标。虽然他在执政的
前两年得到很高的支持率，但他从未试图修改宪法使自己获得连
任。然而，作为总统的阿兰·加西亚与阿普拉党的关系通常很紧
张。由于深受阿亚·德拉托雷的影响，阿兰·加西亚更加关注自己
在民意测验中的支持率。他的华丽言辞和在总统府阳台的演讲有意
识地模仿民粹主义传统，试图绕开阿普拉党，在自己和民众之间建
立一种直接的亲善关系。他力图动员特定的民众群体，特别是农民
和城市非正规部门的从业者，来提高政府的支持率，这一做法也是
由来已久的民粹主义的风格。[2]

　　阿兰·加西亚的经济政策与传统的经典民粹主义如出一辙。在
就职演说中，他将拉美的债务危机归咎于帝国主义和美国，并宣
布秘鲁偿还外债的上限不得超过出口收入的10%。这一立场激怒了
国际金融机构和美国里根政府。秘鲁政府推行扩张性的财政政策，
推动进口替代工业化。但是，1987年，秘鲁的外汇储备枯竭，阿
兰·加西亚匆忙做出决定，对银行实行国有化，此举严重打击了国
内外投资者。1988年，秘鲁GDP下降超过8%，1989年下降12%，

---

1　Cynthia McClintock, "Populism in Peru: From APRA to Ollanta Humala," Carlos de la Torre and
　　Cynthia J. Arnson, eds., *Latin American Populism in the Twenty-First Century*, The Johns Hopkins
　　University Press, Baltimore, 2013, p.217.

2　John Crabtree, "Populism Old and New: The Peruvian Case," *Bulletin of Latin American Research*,
　　Vol.19, No.2, 2000, p.170.

两年的时间内，通货膨胀率上升到 2000% 以上。1989 年，实际最低工资只有 1980 年的 23%。1990 年，秘鲁的人均国民收入下降到 1960—1962 年的水平。七八十年代，秘鲁人均 GDP 下降的幅度在整个拉美地区仅次于圭亚那和尼加拉瓜。[1] 1990 年加西亚下台时，通货膨胀率高达 7000%。[2]

阿兰·加西亚认为，"光辉道路"的发展，根源在于秘鲁南部山区的贫困。因此，他放弃了单纯的军事镇压政策。1985—1987 年，他试图向该地区提供经济支持，要求军方更多地注意尊重人权。但是，出于各种原因，特别是 1986 年发生政府方面屠杀"光辉道路"成员的同狱犯人事件，这一策略并不成功。1989 年，"光辉道路"游击武装人数达到 1 万人，得到全国大约 15% 的人口支持，控制了全国 28% 的市镇，渗入首都利马周围的贫民窟。根据警察报告，仅在 1989 年和 1990 年，就发生了 6000 次暴乱，导致 7000 人死亡。[3]

"在很多方面，阿兰·加西亚政府可以被看作强调国家干预和发展主义的经典民粹主义的'最后喘息'。"[4] 但是，在 20 世纪 80 年代债务危机的形势下，经典民粹主义已经失去了存在的经济和社会基础。由于阿兰·加西亚政府的失败，阿普拉党的支持率从 1985 年的 53% 下降到 1990 年的 23%。在整个 90 年代，这个秘鲁第一大党几乎从政治舞台上消失了，在 1995 年选举中仅获得 4.1% 的选票，

1  Cynthia McClintock, "Populism in Peru: From APRA to Ollanta Humala," Carlos de la Torre and Cynthia J. Arnson, eds., *Latin American Populism in the Twenty-First Century*, The Johns Hopkins University Press, Baltimore, 2013, pp.218-219.

2  Katrina Burgess and Steven Levitsky, "Explaining Populist Party Adaptation in Latin America: Environmental and Organizational Determinants of Party Change in Argentina, Mexico, Peru and Venezuela," *Comparative Political Studies*, Vol.36, No.8, 2003, p.892.

3  Steven Levitsky and James Loxton, "Populism and Competitive Authoritarianism: The Case of Fujimori's Peru," Cas Mudde and Cristóbal Rovira Kaltwasser, eds., *Populism in Europe and the Americas: Threat or Corrective for Democracy?* Cambridge University Press, Cambridge,U.K.,2012, p.165.

4  John Crabtree, "Populism Old and New: The Peruvian Case," *Bulletin of Latin American Research*, Vol.19, No.2, 2000, p.170.

在 2000 年的大选中更是下降到 2%。[1]

20 世纪 80 年代，秘鲁在结束军人政权后，建立了立宪制的、以政党为基础的政治体制，但是，新的民主制度并未能满足民众的期望。在 80 年代，秘鲁社会的分裂程度不仅没有缩小，反而扩大了。事实证明，各政党无力应对国家面临的紧迫挑战，政党领导人遭到民众的公开指责。也就是说，政党和社会的联系纽带松散，在面临危机时难以维系。正是在这一危机的形势下，一种新型的民粹主义应运而生，阿尔韦托·藤森走上了政治前台。

## 二　藤森的崛起

1990 年，秘鲁举行总统大选。本来，阿普拉党执政的失败，应该为其在中下阶层支持者中的主要竞争对手左派联盟的崛起创造了条件。但是，1989 年，左派联盟内部温和派与激进派之间的长期分歧导致了这一联盟的分裂。温和派支持利马市前市长阿方索·巴兰特斯（Alfonso Barrantes）为总统候选人，认为他将以个人吸引力在中间立场和独立立场的选民中获得支持，从而扩大该联盟的支持基础。但是，联盟内的激进派认为，阿方索·巴兰特斯的民粹主义倾向是体制化的左派联盟发展的障碍，他们也反对巴兰特斯提出的通过达成多边"国家协议"来加强秘鲁脆弱的民主制、应对经济危机和"光辉道路"游击队威胁的主张。[2] 为了使激进左派边缘化，巴兰特斯从左派联盟中分离出来，作为独立候选人参与总统竞选。他提出经济复苏和政治协商的纲领，以此吸引中间派和中左派选民的支持。他认为，这批选民已经对阿普拉党失望，同时也反对另一主要

---

1　Katrina Burgess and Steven Levitsky, "Explaining Populist Party Adaptation in Latin America: Environmental and Organizational Determinants of Party Change in Argentina, Mexico, Peru and Venezuela," *Comparative Political Studies*, Vol.36, No.8, 2003, pp.892–893.

2　〔英〕莱斯利·贝瑟尔主编《剑桥拉丁美洲史》第 8 卷，第 508 页。

候选人、著名作家巴尔加斯·略萨的新自由主义"休克疗法"。然而，秘鲁选民所支持的却不是巴兰特斯这位熟悉的左派民粹主义者，而是一个新人和"局外人"——阿尔韦托·藤森。

　　藤森的确是秘鲁政坛上的"局外人"，在参与此次竞选之前，他的从政经历局限于担任秘鲁国家农业大学校长和秘鲁大学校长委员会主席。此外，他的日裔身份更加突出了其"局外人"的地位，他非常乐意接受"奇诺人"（El Chino）这一绰号。殖民地时期通过马尼拉大帆船贸易从菲律宾到达西班牙美洲的亚洲人，无论是否来自中国，都被称为"奇诺人"，在秘鲁，传统上这是对亚裔人口的一种蔑视性的称谓。[1]实际上，藤森恰是运用了巴兰特斯的竞选方案：一个没有政党义务的独立候选人，诉诸底层的、无党派的民众，强调以政治协商而非新自由主义的"休克疗法"来克服国家面临的危机。而他的竞争对手略萨提出的主张是建立自由市场机制，公开主张实行"休克疗法"，这使他失去了中下层民众的支持；另外，略萨与两大传统政党阿普拉党和基督教人民党（PPC）[2]的结盟使他在很多选民那里失去了"独立的"或"局外的"候选人的身份。在第一轮选举中，藤森得票位于略萨之后，屈居第二；但是，在第二轮选举中，藤森成功地赢得了原来支持左派和阿普拉党的选民的选票，战胜略萨，当选总统。藤森成功当选，在于他充分利用了民粹主义的政治策略。

　　首先，藤森动员了被排除在现行政治体制之外的集团和个人。由于没有一个自己的政党，与现存机构没有很强的联系，藤森只能建立一个"局外人"的联盟。于是，他动员在政治体制中被边缘化的选民，特别是福音派基督徒和非正规部门的从业者，这些选

---

1　Steve Stein, "The Paths to Populism in Peru," Michael L. Conniff, ed., *Populism in Latin America*, The University of Alabama Press, Tuscaloosa, 2012, p.128.
2　基督教人民党是一个保守政党，主要得到以首都利马为中心的精英集团以及少数城市和内地贫民的支持。

民 "有一种被长期以来照顾少数特权阶层的政治机构疏远的共同情感"。从这种策略出发，藤森任命了两位副总统竞选伙伴马克西莫·圣·拉蒙（Máximo San Román）和卡洛斯·加西亚（Carlos García），前者是秘鲁最重要的小企业联合会的主席，后者是一位有影响力的浸礼会牧师。他还任命了一位福音派基督徒担任他的政党"变革 90"（C90）的总书记，并把该党的 240 个议员候选人名额中的 50 个分配给福音派教徒。"变革 90"的几名候选人"说克丘亚语，在非正规部门谋生"。"变革 90"是藤森在选举之前从企业界和学术界的熟人中匆匆拼凑起来的"政党"。[1] 相比之下，巴尔加斯·略萨的"民主阵线"（FREDEMO）联盟的议员候选人名单"读上去就像秘鲁政治机构的名人录"。藤森在竞选中，明确无误地站在非正规部门的立场上。他许诺街头小贩合法化及创立一家银行向非正规部门提供贷款。在第二轮辩论中，他说："那些在街头上工作的秘鲁人……是我们必须尊重的劳动力。他们选择了诚实和工作而非流浪和犯罪的道路。因此，我们将承认他们的组织并……将他们融入合法的、正规的框架中，正如他们所期望的那样。"[2] 在竞选资金远远比不上"民主阵线"和其他主要政党的情形下，"变革 90"只能走群众路线。福音会牧师挨家挨户地发放藤森的竞选资料，卡车司机为利马和农村地区之间的交通提供服务，商贩在城市贫民区为藤森的竞选奔忙。

　　其次，藤森在竞选中成功地将自己塑造为一个"局外人"和"人民中的一员"。民意调查显示，新人形象和没有政党背景成为藤森最大的资本，而巴尔加斯·略萨却因与传统政党的联系被选民疏

1　Kenneth M. Roberts, "Neoliberalism and the Transformation of Populism in Latin America: The Peruvian Case," *World Politics*, Vol.48, No.1, 1995, p.95.

2　Steven Levitsky and James Loxton, "Populism and Competitive Authoritarianism: The Case of Fujimori's Peru," Cas Mudde and Cristóbal Rovira Kaltwasser, eds., *Populism in Europe and the Americas: Threat or Corrective for Democracy?* Cambridge University Press, Cambridge,U.K., 2012, pp.166-167.

远。更重要的是，作为一名劳动阶级日本移民的后裔，藤森可以将自己归入一个处于整个社会、经济和政治精英集团以外，并同这个集团相对立的普通秘鲁人阵营。他是一个贫穷的移民的儿子，通过个人半工半读摆脱贫困，这一经历在利马的穷人中引起了强烈的共鸣，因为很多人是为了改变生活处境，从农村迁入大城市的。在竞选中，藤森有效地利用了自己的非白人背景。他提出的口号是"一位像您一样的总统"，他能够自由自在地与农村、城市贫民窟和公共市场的穷人打成一片。他开着拖拉机，并戏称其为"藤森车"（Fuji-mobile），以突出自己与农村穷人的联系。藤森骑自行车，穿一件披风（poncho），说土里土气的、不合语法的西班牙语，作为"人民中的一员"，他感到自由自在。相比之下，巴尔加斯·略萨在出席竞选场合时，乘坐装甲板的沃尔沃汽车，周围都是保镖，发表长篇演讲，看上去完全是上层阶级的代表。此外，作为一名日裔秘鲁人，藤森属于秘鲁的少数种族集团。由于秘鲁社会对于白人精英集团的普遍不满，藤森的种族背景成为他的另一项资产，因为他的面貌特征、移民经历和低微出身更容易被占秘鲁人口大多数的梅斯蒂索（混血种人）和印第安人而非欧洲化的白人认同。[1] 对很多秘鲁人来说，藤森的种族出身"首先意味着他不是白人，因此是自己中的一员"。利用这一身份，藤森在竞选中经常用"奇诺人"这一绰号。藤森的副总统竞选伙伴马克西莫·圣·拉蒙是一名黑皮肤的梅斯蒂索，卡洛斯·加西亚有部分非洲血统，这使他与以白人为主体的精英阶层进一步拉开了距离，正如马克西莫·圣·拉蒙所言："我们是绝大多数秘鲁人的代表：奇诺人、乔洛人（Cholo，指混血种人）和黑人（Negro）。"在第二轮选举中，巴尔加斯·略萨得到几乎整个秘鲁精英阶层的支持，包括企业界、天主教会、媒体以及绝

---

1　Kenneth M. Roberts, "Neoliberalism and the Transformation of Populism in Latin America: The Peruvian Case," *World Politics*, Vol.48, No.1, 1995, p.95.

大多数文化和知识精英。在这种情形下，藤森的民粹主义色彩更为突出。他将秘鲁社会分为两大阵营："纯朴的人民"与"腐化的精英"。这场选举是"白人精英和普通的非白人人民之间的对决"，他作为秘鲁的"乔洛人"的代表，反对白人（blanquitos）和富人（ricos），以及富有的白人（pitucos），他宣称自己代表了"真正的秘鲁，乔洛人的秘鲁"。藤森宣布，如果巴尔加斯·略萨获胜，那将意味着秘鲁由白人统治。他还指责巴尔加斯·略萨脱离了人民，甚至不是秘鲁人。在第二轮辩论中，他攻击略萨曾在外国大学而非秘鲁大学任教。藤森的策略极为成功，而略萨难以摆脱白人、特权阶层中一员的形象。[1] 最终，藤森以 62.5% 的得票率在第二轮选举中大获全胜。略萨的选票主要来自社会上层，而藤森主要得到穷人的支持。

## 三 藤森的民粹主义实践

1990 年就任总统后，在严峻的经济和安全形势面前，藤森的政策急剧右转。实际上，他采纳了巴尔加斯·略萨及其高级顾问的立场和主张。在藤森第一届内阁的组成中，没有一名是 4 月大选中支持自己的人。藤森的右转使他与秘鲁的经济和科技精英实现了和解。到 1992 年，他已经与秘鲁社会的实际权力集团——军人、企业界、媒体、与国际金融机构关系密切的跨国技术专家结成了一种"心照不宣的同盟"。这种同盟关系削弱了他原来的"局外人同盟"。虽然"变革 90"在议会中拥有很多席位，但是藤森有意识地与"变革 90"保持距离，忽视该党议员的建议，解雇福音派教徒

---

1 Steven Levitsky and James Loxton，"Populism and Competitive Authoritarianism：The Case of Fujimori's Peru，" Cas Mudde and Cristóbal Rovira Kaltwasser，eds.，*Populism in Europe and the Americas：Threat or Corrective for Democracy?* Cambridge University Press，Cambridge,U.K.，2012，p.169.

党的总书记职务，关闭该党的总部。最有代表性的是，藤森的两位副总统——福音派教徒领袖卡洛斯·加西亚和小企业主领袖马克西姆·圣·拉蒙，成为他的最尖锐的批评者。

藤森接手的是连续三年四位数的通货膨胀率和持续衰退的经济。秘鲁的人均收入倒退到 20 世纪 50 年代的水平。为了扭转经济形势，藤森上台后，彻底推翻了阿兰·加西亚政府的经济政策，采取了一揽子的严酷的新自由主义调整措施。第一步，1990 年 8 月，政府开始实施稳定计划，控制通货膨胀。主要措施有削减价格补贴，减少社会部门和国有企业的就业岗位，提高利率和政府服务的税收，统一汇率，造成事实上的货币贬值。第二步，1991 年 2 月起，实施一系列体制性的改革，旨在以市场机制为基础重塑秘鲁经济。改革措施包括资本和劳工市场非调控化、降低和统一关税、国有企业私有化、扩大税基和减少逃税行为。第三步，实施市场改革，包括加强财经纪律，重新履行偿还外债义务，使秘鲁重新进入国际财政体系，或许这是藤森经济计划的首要目标。

在安全领域，与前两任政府相比，藤森政府也更为成功。其中最有标志性的事件是，1992 年 9 月，"光辉道路"的创始人、领导人和主要的理论家阿维马埃尔·古斯曼（Abimael Guzmán）与他的一些最紧密的追随者被捕。在此之后，尽管"光辉道路"游击队仍在高地地区拥有若干据点，但国家遭受的恐怖袭击及其引发的恐惧大大减少。[1] 此外，藤森政府对另一支游击队武装"图帕克·阿马鲁革命运动"（MRTA）也给予了致命打击。1997 年 4 月，该组织占据了日本大使官邸，秘鲁武装部队展开行动，击毙了所有的游击队员，仅有一名人质丧生。[2] 藤森政府在处理腐败和犯罪问题上也做了一些尝试和努力。

---

1 〔美〕克里斯蒂娜·胡恩菲尔特：《秘鲁史》，第 258 页。

2 Steven Levisky, "Fujimori and Post-Party Politics in Peru," *Journal of Democracy*, Vol. 10, No.3, 1999, p.85.

对于已经遭受长期衰退的经济而言，藤森政府的结构性改革是一剂苦口良药，给民众的生活水平带来了严重的影响。为了稳定物价，藤森政府取消了所有补贴和价格控制。一夜之间，面包、牛奶等基本食品价格上涨了 3 倍，生活在贫困线以下的人口迅速增加。[1] 1988—1989 年的经济危机已经使 80 万人失去工作，藤森上台后的前 8 个月，工业部门就业率再下降 13.9 个百分点，商业部门就业率再下降 21.8 个百分点。月通货膨胀率上升到 398%，随着稳定计划的实施，到 1992 年，才下降到 3%—5%，1994 年下降到 1%—2%。藤森的"休克疗法"实施后，生活在贫困状态的秘鲁人口上升到总人口的 54%，未充分就业或失业的劳动力占总劳动力的比重由 1990 年的 81.4% 上升到 1990 年的 87.3%，非正规部门从业者从 1990 年占劳动力人口的 45.7% 上升到 1992 年的 57%。1990—1992 年，实际工资下降 40%，1992 年的实际工资在私营部门仅及 1980 年水平的 33%，在国有部门仅及 9%。长期以来的收入不平等进一步加剧。工资占国民收入的比重从 1980 年的 46.7% 下降到 1990 年的 19.9%，相比之下，同期利润占国民收入的比重从 25.9% 上升到 49.4%，到 1992 年更是上升到 54.5%。[2]

藤森政府实施严格的经济稳定计划，特别是在收入再分配方面的倒退和经济紧缩政策，与此前拉美国家推行收入再分配政策和财政赤字政策的经典民粹主义形成了鲜明的对照。但是，在政治上，藤森继承了经典民粹主义的风格。藤森的话语体系是反精英、反建制的。然而，与经典民粹主义不同，藤森攻击的不是秘鲁传统的寡头势力，而是政治精英和现行机构，即政党、议会和司法部门。反建制是藤森作为一个政治"局外人"的一贯倾向。然而，在就任总

---

1　Steve Stein, "The Paths to Populism in Peru," Michael L. Conniff, ed., *Populism in Latin America*, The University of Alabama Press, Tuscaloosa, 2012, p.128.

2　Kenneth M. Roberts, "Neoliberalism and the Transformation of Populism in Latin America: The Peruvian Case," *World Politics*, Vol.48, No.1, 1995, p.97.

统后，特别是在 1991 年底 1992 年初议会对他的经济和安全政策提出挑战的情形下，这种反建制的倾向达到顶峰。他公开攻击议员是"徒劳的江湖骗子"、法官是"豺狼"，批评政客"不负责任的、没有实际价值的、反历史主义的、不爱国的行为，将少数集团和政党领袖的利益置于秘鲁的利益之上"。他动员公共舆论反对他所谓的"政党统治"（partidocracia），指责腐化的、效率低下的、派系林立的政党精英将秘鲁推向了经济崩溃和内战的边缘。他认为，秘鲁实行的不是民主制度，不是由人民所统治，而是一种"政党寡头制"（partyarchy），即被政党统治。"实际上我们的政府总是被少数强者控制。"[1]

藤森的民粹主义策略导致了政府的危机。"变革 90"只控制了众议院 180 个席位中的 32 个、参议院 62 个席位中的 14 个，绝大多数议员席位仍被控制在传统政党手中。司法部被控制在阿普拉党和其他传统政党手中。面对这种局面，藤森没有选择与传统政党进行协商，而是继续攻击后者，与议会和司法部门展开了一场"斗鸡博弈"（chicken game）。他越来越多地绕开议会，通过发布行政命令进行统治。议会领导人称藤森为"皇帝"，试图限制他的总统权力，甚至威胁对他进行弹劾。作为回应，1992 年 4 月，在军队的支持下，藤森发动了一场"自我政变"，关闭议会，取消宪法，清洗司法部和其他政府部门。主要的新闻记者和反对派领导人的电话被监控，并遭到骚扰和死亡威胁。前总统阿兰·加西亚被迫流亡国外。[2] 通过这场政变，藤森成为 1980 年以来第一位成功打破宪政秩序的拉美政府首脑。[3] 藤森争辩说，这场政变是建立"真正的""独特的"民主

---

1　Steven Levitsky and James Loxton, "Populism and Competitive Authoritarianism: The Case of Fujimori's Peru," Cas Mudde and Cristóbal Rovira Kaltwasser, eds., *Populism in Europe and the Americas: Threat or Corrective for Democracy*? Cambridge University Press, Cambridge U.K., 2012, p.170.

2　Steven Levisky, "Fujimori and Post-Party Politics in Peru," *Journal of Democracy*, Vol. 10, No.3, 1999, p.79.

3　John Crabtree, "Populism Old and New: The Peruvian Case," *Bulletin of Latin American Research*, Vol.19, No.2, 2000, p.173.

制度的一步。根据他的说法，政变前的制度不是民主的，而是"政党统治的独裁制度"，原来的政府"假定是人民的，但实际上是被政党统治、为政党利益服务的政府"。因此，政变不是"民主制度的中断，而是腐败链条的中断"。他后来进一步解释说："我只剩两种选择，即捍卫少数人的利益还是大多数人的利益，显然，我选择了大多数人。"[1] 藤森是从服务于大多数人的结果的角度来看待民主制度的。如果符合大多数人的利益，即使违背自由民主制度的程序，也仍然是民主的。

不管藤森如何看待民主，他的民粹主义政策策略显然是成功的。他以反精英的立场赢得了总统选举。就职之后，面对由传统政党控制的议会和司法机构，他没有选择协商，而是公开采取了针锋相对的立场。由于秘鲁民众对于传统政党和政客的普遍不满和敌意，藤森的这种立场为他赢得了广泛的支持。秘鲁民众对于1992年的总统政变普遍持欢迎态度。民意测验显示，超过80%的民众支持解散议会，90%的民众支持对司法部门的改组。政变后，藤森的支持率从53%上升到81%。绝大多数秘鲁人接受藤森对这一事件做出的解释，即这不是一场"政变"，而是一次"人民起义"。根据1992年在利马举行的一次民意测验，51%的人认为这场政变是"民主的"，只有33%的人认为这场政变是"独裁的"。[2] 在这种形势下，反对派无力抵制藤森的政变。

不管采取何种形式，民粹主义总是诉诸批判现行体制和取悦普通民众。民粹主义者将社会从根本上区分为两大同质的、对立的阵营，即"纯朴的人民"和"腐化的精英"，主张政治应该是民众普

---

1　Steven Levitsky and James Loxton, "Populism and Competitive Authoritarianism: The Case of Fujimori's Peru," Cas Mudde and Cristóbal Rovira Kaltwasser, eds., *Populism in Europe and the Americas: Threat or Corrective for Democracy?* Cambridge University Press, Cambridge, U.K., 2012, p.171.

2　Steven Levitsky and James Loxton, "Populism and Competitive Authoritarianism: The Case of Fujimori's Peru," Cas Mudde and Cristóbal Rovira Kaltwasser, eds., *Populism in Europe and the Americas: Threat or Corrective for Democracy?* Cambridge University Press, Cambridge, U.K., 2012, p.173.

遍愿望（general will）的表达。[1] 但是，在不同的时期和不同的历史条件下，"人民"和"精英"所代表的社会集团是不断变化的。在拉丁美洲的经典民粹主义时代，"人民"的主体是城市劳工和平民，尤其是城市有组织的劳工，"精英"主要是以地主和出口商人为代表的传统的寡头势力；而在 20 世纪 90 年代的新自由主义改革时期，在藤森那里，"人民"的主体是非正规部门的从业者，"精英"除了传统的政党和政客，还包括任何有组织的利益集团，其中包括经典民粹主义者所动员起来的工会组织。与经典民粹主义不同，在藤森的多阶级联盟中，有组织的劳工不占重要地位。虽然藤森在与巴尔加斯·略萨第二轮竞选总统过程中得到了秘鲁主要工会组织的支持，但是工会组织的自主性以及与左派联盟的联系，使得他们与藤森的联盟是极不牢固的。当藤森上台后右转，并推行新自由主义的经济调整政策之后，有组织的劳工马上站到藤森的对立面。但是，工会组织也无力抵制藤森的经济政策，他们组织的三次全国性罢工都失败了。原因在于，在秘鲁长期的经济危机形势下，工人被大量解雇，失业率持续上升，劳动力市场的非正规化愈加突出，工会组织力量因此被大大削弱。参加工会的工人占劳动力的比重从 80 年代的18% 下降到 1995 年的 7.8%，秘鲁最主要的工会组织秘鲁工人总联合会（CGTP）陷入瘫痪。[2] 在利马市，超过一半的经济活跃人口在非正规部门谋生，私营部门中 49% 的工资劳动者与雇主签署的是临时劳动合同。也就是说，秘鲁的经济结构性调整使得劳动力市场碎片化和原子化了，有组织的劳工越来越不能代表多样化的劳动者的利益，也不再是民众政治运动的中坚力量。因此，藤森在推行经济调整的过程中，降低工资、减少公私部门的就业岗位、推行削弱劳

---

1　Cas Mudde and Cristóbal Rovira Kaltwasser, *Populism: A Very Short Introduction*, Oxford University Press, Oxford, 2017, pp.6-7.

2　Steven Levisky, "Fujimori and Post-Party Politics in Peru," *Journal of Democracy*, Vol. 10, No.3, 1999, p.82.

工集体权利的劳工法等措施伤害了劳工的利益，但是他能够应对来自工会组织的挑战，因为后者在政治上被大大削弱了。事实上，藤森在政治支持上更加依赖新兴的小业主和非正规部门的劳动者，而非有组织的工人。非正规部门的从业者人数是参加工会的工人人数的近 5 倍，他们的阶级身份模糊，他们的政治忠诚更易于被操纵，他们缺乏自主的组织能力，在国家无力提供公共服务的情况下，这一人群日益倾向于以个人化的而非集体化的渠道来追求自身利益。藤森提出的努力工作、自立、效率的口号在他们当中引起共鸣，给藤森带来了巨大的政治支持。

1992 年政变后，藤森以一种高度专制的风格执政，有意识地削弱或根除对自己权威的制度化制衡。对于这种政治模式，学术界从不同的角度进行了研究。

阿根廷政治学家吉列尔莫·奥唐奈称之为"委任制民主"（delegative democracy）。他指出，"委任制民主"不尊重公民权利和民主程序，而是基于以下的理念，即无论是谁，只要赢得了选举，他就获得了民众的授权，根据自己对民众意愿和利益的解释进行统治，不受制度的限制，只受制于单纯的权力关系。总统的政策与他在竞选中提出的许诺无关，也跟自己与在选举中支持他或她的组织或协会达成的协议无关。"总统被认为是国家的化身，也是国家利益的监护人和界定者。"在经济危机导致民主的制度化受到限制的环境下，为了"拯救国家"，他或她求助于新自由主义的技术专家制定和推行所需要的经济疗法。由于政府需要将国家从危机中拯救出来，其行为并不总是尊重民主机构和程序，也并不总是与反对派协商。[1]

斯蒂文·列维茨基和詹姆斯·洛克斯顿把这种政治模式称为"竞争性威权主义"（competitive authoritarianism）。"竞争性威权主

---

1 Guillermo O'Donnell, "Delegative Democracy," *Journal of Democracy*, Vol.4, No.1, 1994, pp.55-69.

义"是一种复合政体，正常的民主程序被看作获取权力的基本途径，但是在职者滥用职权、扭曲游戏场规则，致使反对派参与竞争的能力被严重削弱。这种政体之所以是竞争性的，在于反对派力量认真地（在某些情况下成功地）凭借选举争取政权。但是，竞争明显是不公正的。在职者使国家机构，诸如司法部门、安全部门、税收机构和选举机构政治化，并调动这些机构针对反对派。于是，虽然对政府提出批评者没有像在 20 世纪 70 年代很多拉美国家独裁统治期间那样遭到暴力性镇压，但他们仍面临各种各样的骚扰，包括被监视、威胁，以诽谤、税务违规或腐败等罪名被"合法地"指控，被政府支持的暴民袭击，以及有时被逮捕或流放。而且，在职者滥用国家资源以及拉拢私人媒体使得政府和反对派利用财政资源与主要媒体的途径受到不公正的扭曲。在这种环境下，选举——即使在技术上是透明的——无可避免地是不公正的。用豪尔赫·卡斯塔涅达的话来说，就像"一场足球赛，球门柱的高度和宽度不同，一支球队包括 11 名球员，另加裁判员，另一支球队只有 6 名或 7 名球员"。斯蒂文·列维茨基和詹姆斯·洛克斯顿认为，"竞争性威权主义"在后冷战时代普遍出现。在其他地区，如撒哈拉沙漠以南的非洲和前苏联国家，"竞争性威权主义"脱胎于一党专制，而在拉美，"竞争性威权主义"通常是民主制度衰败的结果。[1]

　　无论是"委任制民主"，还是"竞争性威权主义"，其实都是对拉丁美洲民主制外表下的威权主义政治体制的描述，值得注意的是，这种威权体制与民粹主义有着割不断的联系。按照西方代议制民主的标准来衡量，它是威权主义的，但是，在特定的时期和环境下，它又在很大程度上具有民众基础。或者说，这是某种形式的民众威权主义。藤森的执政经历就生动地体现了这一特点。一方面，1992 年"自我政变"后，藤森政府的威权倾向日益显著；另一方

---

1　Steven Levisky and James Loxton，"Populism and Competitive Authoritarianism in the Andes，" *Democratization*，Vol. 20，No.1，2013，pp.107-109.

面，藤森并没有放弃其民粹主义的政治风格。相反，藤森政府通过一系列措施，尤其是有针对性的社会政策，赢得了民众的支持。

1992 年"自我政变"后，在国际压力下，藤森放弃了公开的独裁统治。1992 年底，秘鲁举行了制宪会议（CCD）选举，1993 年就新宪法举行了全民公决，1995 年举行了总统选举。制宪会议除了负责起草新宪法，还在 1995 年议会选举之前承担议会的职能。秘鲁表面上恢复了民主制的形式，但本质上依旧是威权主义。藤森利用制宪会议产生前 7 个月的"体制真空"加强总统权力。在没有监督和制衡的情况下，政府签署了几百项法令，根据这些法令，政变后对司法部门和其他政府机构的清洗被合法化，提高了国家情报局（SIN）的地位和作用。1992—1995 年，藤森利用自己的政治支持以全民投票的方式强化威权统治。他的"变革 90/ 新多数"联盟在新的制宪会议选举中获得绝对多数席位，这使他控制该机构单方面地强加了一部新宪法，扩大了总统权力，并决定举行新的总统选举。1995 年，藤森以 64% 的选票击败了联合国前秘书长佩雷斯·德奎利亚尔，获得连任。凭借支持自己的政治联盟在议会的多数，藤森"垄断了几十年来秘鲁闻所未闻的权力"。藤森的情报顾问、国家情报局局长弗拉迪米罗·蒙特西诺斯（Vladimiro Montesinos）利用国家情报局刺探反对派和媒体，贿赂和恐吓数百名政府官员、议员、法官、军官、媒体人、反对派政治家。司法和税收部门变成针对反对派政治家、企业家和独立媒体的"指控机构"。政府通过操纵债务和司法偏袒、对国家广告的战略性运用以及大规模的贿赂手段，控制了绝大多数媒体机构。到 90 年代末，秘鲁 5 家私人电视台中的 4 家每月从国家情报局领取资金，12 家小报纸每月获得政府的 200 万美元资金，刊发国家情报局传真过来的文章。[1]

---

1　Steven Levitsky and James Loxton, "Populism and Competitive Authoritarianism: The Case of Fujimori's Peru," Cas Mudde and Cristóbal Rovira Kaltwasser, eds., *Populism in Europe and the Americas: Threat or Corrective for Democracy?* Cambridge University Press, Cambridge, U.K.,2012, p.176.

　　虽然藤森在政治上的威权统治逐步强化，但是仍维持较高的政治支持率。除秘鲁民众对于传统政治家和政客的失望之外，藤森的民粹主义策略发挥了重要的作用。如上所述，上台之初，藤森的民粹主义主要表现在攻击传统的"政党统治"。由于经济衰退，在实行新自由主义经济紧缩政策的过程中，他没有资源来缓解稳定政策带来的社会代价并维持其政治基础，只能以非物质的方式来动员民众。然而，1993 年后，藤森的策略开始缓慢地发生变化。随着经济恢复增长和政府税收改革的推行，以及秘鲁与国际金融机构关系的恢复，藤森政府开始增加社会开支。政府在社会紧急救助计划中的支出在 1991 年和 1992 年仅有 100 万美元，1993 年增加一倍。1991 年，政府设立国家补偿和发展基金（Fondo Nacional de Compensación y Desarrollo，FONCODES），旨在支持地方基础设施建设和消除贫困。到 1993 年底，该基金启动了 1 万个小型计划，涵盖农业、保健、教育、卫生、营养、交通和促进小型企业发展等领域，以提供公共服务，创造就业机会。一个新的住房基础设施项目（PRONAVI）也开始扩大住房建设。藤森频繁地访问贫困社区，主持公共项目的奠基仪式。1994 年初，秘鲁国有电话和电报部门实行私有化，出售给一家西班牙财团，售价 20 亿美元，远超政府曾经预计的价格。利马一家报纸讽刺地评论说，这是阿塔瓦尔帕的"赎金"。[1] 这笔资金相当于秘鲁年度出口收入的一半以上，或者秘鲁流通货币总量的 240% 以上。虽然企业界要求将这笔资金用于减少税收，国际货币基金组织要求用于偿还外债，防止引发通货膨胀，但是，藤森坚持将相当一部分资金用于社会计划，发动了一场新的"反贫困战争"。征得国际货币基金组织的同意后，藤森将社会紧急救助支出扩大 2 倍，达 4.5 亿美元。此外，藤森又从其他地方争取资金，最终获得 8.76

---

1　〔美〕克里斯蒂娜·胡恩菲尔特：《秘鲁史》，第 260 页。阿塔瓦尔帕是印加帝国最后一位国王，西班牙殖民者皮萨罗将其俘虏后，向他勒索了巨额赎金。但获得赎金之后，仍将其绞死。

亿美元的社会投资支持。藤森的总统办公室直接负责国家补偿和发展基金、住房基础设施项目、食品救助项目（PRONAA），许诺在1995 年总统选举之前通过住房和公共建筑计划创造 100 万个新的就业岗位。藤森宣布，再斥资 4 亿美元，修建 3.1 万套住房，在 1994年每天修建 1 所学校，在 1995 年每天修建 2—3 所学校。他还为公共部门的就业者设立特别的奖金，将公共卫生和教育部门的最低工资提高 1 倍，私营部门的最低工资提高 83%。[1]

　　特别值得注意的是，这些社会计划支出实施的时间和方式显示出明显的政治目的。在 1995 年选举之前，藤森突然大幅度增加社会开支，媒体大肆报道他在贫困社区出席公共工程奠基仪式的新闻。秘鲁的电视和报纸上到处是藤森身着印第安披肩、头戴羊毛帽，前往偏远的安第斯社区或城市贫民窟主持公共工程、向学校和诊所发放电脑等物品、向印第安农民发放印有他本人照片的挂历等的形象。[2]此外，社会开支的扩大还有助于将权力和资源集中在总统手中。主要的减贫计划皆由总统办公室直接负责，政府其他部门的社会开支被大大削减，地方政府的财政自主性受到严重限制。藤森政府社会开支的资金来源于国际金融机构和出售国有企业的短期所得，而非通过不顾通货膨胀的风险扩大货币发行量的赤字政策，这与传统的经典民粹主义有所不同。但是，藤森的社会计划带有一种直接的、高度个人化的色彩，在很大程度上旨在以物质利益换取政治支持，这与传统经典民粹主义又是一致的。然而，一旦经济形势发生变化，这种策略是难以维持的。1997—1998 年，厄尔尼诺现象再度来袭，引起新一轮农业危机。与此同时，亚洲金融危机的爆发，使得来自亚洲的新投资被切断。秘鲁的经济增长率接近于零，信贷紧

1　Kenneth M. Roberts,"Neoliberalism and the Transformation of Populism in Latin America: The Peruvian Case,"*World Politics*, Vol.48, No.1, 1995, pp.103-104.

2　Steve Stein,"The Paths to Populism in Peru,"Michael L. Conniff, ed., *Populism in Latin America*, The University of Alabama Press, Tuscaloosa, 2012, p.129.

缩，失业率上升。[1]

根据 1993 年宪法，藤森不得参加 2000 年的选举。但是，1996年，藤森控制的议会通过了"真正解释法"，宣布藤森的第一任期是根据旧宪法选举产生的，因此，根据新宪法，不应算作一个任期，藤森可以参加 2000 年大选，寻求再次连任。这一解释法"被绝大多数宪法专家看作是荒谬的"，但是，当宪法特别法庭通过投票宣布该法律"不适用"的时候，政府对此置之不理，随后议会弹劾了三位曾参与投票的法官。反对派请求举行公民投票确定总统连任事宜，但未成功。最后，政府组成一个国家选举委员会，确定藤森有资格作为总统候选人参与 2000 年的大选。2000 年的大选是极不公平的。反对派候选人受到国家情报局的监视，他们的竞选集会受到国家情报局支持的暴民骚扰。国家情报局控制的媒体对反对派候选人发起了一场"肮脏战争"，指责后者从事恐怖活动，是同性恋者。选举结果，藤森战胜主要对手亚历杭德罗·托莱多，获得连任。

2000 年 7 月，藤森宣布就职，开始其第三个任期。但是他的权力和地位开始在一桩桩丑闻中崩溃。弗拉迪米罗·蒙特西诺斯利用国家情报局掌握秘密情报和档案材料的权力操纵政治家和官员。2000 年 9 月，一份泄露的录像带显示蒙特西诺斯收买了一名国会议员，旨在让对方帮助掩盖其向哥伦比亚游击队出售武器的行为。后来陆续揭露出蒙特西诺斯侵吞了数亿美元存在瑞士银行。在与"光辉道路"作战期间，他还支持军队用最残酷的手段镇压无辜农民。最终，蒙特西诺斯被判入狱。11 月，藤森在参加一个国际会议后转道日本，基于父母是日本公民要求获得居留权，并给国会发传真，辞去总统职务。[2]

---

1 〔美〕克里斯蒂娜·胡恩菲尔特：《秘鲁史》，第 260 页。

2 〔美〕克里斯蒂娜·胡恩菲尔特：《秘鲁史》，第 261 页。

通过对藤森民粹主义的分析，我们可以得出如下结论。

第一，由于自殖民地时期以来秘鲁不同的阶级、种族和地区之间的严重撕裂，国家整合的进程一直困难重重，民主政治体制的发展严重滞后，由此为民粹主义的产生提供了肥沃的土壤；而作为一种政治现象，民粹主义通常在危机时期、在深刻的社会转型时期最为充分地展现出来。20 世纪初寡头政治的危机特别是 30 年代资本主义世界经济危机的冲击，催生了以阿普拉党为代表的经典民粹主义；而与 80 年代的债务危机和 90 年代的新自由主义改革相伴的则是藤森的新民粹主义。在特定的历史条件下，新民粹主义与新自由主义之间存在相互补充、相互促进的关系。

第二，20 世纪 90 年代新自由主义改革时期的民粹主义在不同的拉美国家间存在明显的差异和特性。在阿根廷、墨西哥，主要体现为传统的民粹主义政党适应新的形势，在党的政治基础、执政理念和经济社会政策方面的调整。在拉美国家中，阿根廷的正义党、墨西哥的革命制度党较为成功地完成了这种转变。而在秘鲁，传统的民粹主义政党阿普拉党则因未能及时转型而逐步衰弱，取而代之的是藤森个人化的民粹主义，以民粹主义领袖的个人魅力动员广大无组织的民众，战胜传统的政党和政客，取得政权。如上文所述，无论在竞选期间还是在执政之后，藤森对于组建自己的政党一直毫无兴趣。除了秘鲁外，在委内瑞拉，传统的民主行动党也未能与时俱进地实现转型，从而为个人化的民粹主义，即查韦斯主义的产生创造了条件。虽然藤森和查韦斯在经济和社会政策上完全对立，但两人在政治风格上则异曲同工。

第三，作为一种政治现象，民粹主义没有一种特定的意识形态和与之相关的经济社会政策，在拉丁美洲，既有 20 世纪 30—60 年代以进口替代工业化、收入再分配、民族主义等为特征的经典民粹主义，也有 90 年代以贸易自由化、私有化、经济非调控化等为特征的新自由主义的民粹主义，还有 21 世纪以反全球化、推行"社会主义"为特征的左翼民粹主义。正如保罗·塔格特所指出的，"民粹主义是一种阵发性的、反政治的、空心化的、打着危机旗号的变色龙"。[1]

在拉美国家，乃至世界其他很多国家，民粹主义不会消失，只要出现适宜的条件，它就会卷土重来，只是表现形式会发生变化。在秘鲁，藤森之后，另一位激进的民粹主义领袖奥良塔·乌马拉在2006年的总统选举中，提出"埋葬政治精英、建立'真正'民主"的口号，动员底层民众。但是，此后他的立场逐步变得温和，2011年，乌马拉再次参加大选并成功当选，民粹主义的色彩逐步淡化。在今后秘鲁的政治发展中，民粹主义是否会再次产生，又以何种形式出现，值得我们跟踪关注。

---

1 〔英〕保罗·塔格特：《民粹主义》，第6页。

# 第七章　阿根廷民粹主义政党的转型与新自由主义改革

　　20 世纪 90 年代，在拉丁美洲国家从国家主导的进口替代工业化发展模式向市场主导的新自由主义发展模式转变的过程中，作为一种政治动员和政治代表机制的民粹主义不仅没有消失，反而凭借新自由主义改革出现了复兴，这是继 30—60 年代经典民粹主义之后的第二波民粹主义高潮。但在不同的国家，这种民粹主义的"新自由主义化"表现为不同的形式。[1] 在有的国家，政治"局外人"异军突起，凭借个人魅力吸引民众支持，攻击传统政治体制，取得政权，上台之后推行新自由主义改革，如秘鲁的藤森、巴西的科洛尔。但在其他国家，在

---

1　Jolle Demmers, Alex E. Fernandez Jilberto and Barbara Hogenboom, eds., *Miraculous Metamorphoses: The Neoliberalization of Latin American Populism*, Zed Books, London, 2001.

新的挑战面前，传统的民粹主义政党在政治基础、执政理念等方面
主动实现转型，不仅在选举中取得政权，而且在上台后推行新自由
主义改革的过程中，维持着较高的支持率。阿根廷的正义党、墨西
哥的革命制度党就是这种成功转型的代表。本章即以阿根廷正义党
为研究对象，着重考察促使正义党转型的内外环境、正义党的组织
结构对转型的影响、转型后正义党的性质变化以及执政理念和政策
等问题。搞清这些问题，无论是对于理解 20 世纪阿根廷的现代化进
程，还是对于探讨作为一种当代重要政治现象的民粹主义，都是很
有价值的。

## 一　阿根廷的经典民粹主义和正义党的发展

在 20 世纪的拉丁美洲国家中，阿根廷的民粹主义运动不仅声
势浩大、影响深远，而且具有自身的显著特性，其中最重要的是，
民粹主义政党一直是动员民众参与政治的工具，而劳工阶层从一开
始就是而且一直是民粹主义领导人争取的主要对象。阿根廷的第一
个民粹主义政党是成立于 1890 年的激进党（激进公民联盟，Union
Civica Radical，UCR），该党的领导人伊波利托·伊里戈延为阿根廷
早期最著名的民粹主义政治领袖。激进党的领导人主要来自上层社
会精英，但政治基础主要是在 19 世纪末 20 世纪初出口经济繁荣过
程中产生的中产阶级，同时积极地争取劳工阶层的支持。[1] 1916 年，
激进党在总统选举中获胜，伊里戈延就任总统。但是，这次选举中
伊里戈延仅获得极微弱的多数选票，因此，上台后，为了扩大群众
基础，他将目光投向了人数迅速增长的本土劳工阶级。为此，他在
一定程度上容忍工人罢工。1916 年和 1917 年，海运工人联合会为
争取提高工资举行了两次罢工。政府采取不干预立场，罢工取得了

---

[1]　Joel Horowitz, "Populism and Its Legacies in Argentina," Michael L. Conniff, ed., *Populism in Latin American*, University of Alabama Press, Tuscaloosa and London, 1999, p.23.

胜利。此外，在 1921 年和 1922 年，他迫使议会通过了劳工法。但是，他对劳工的支持不是出于意识形态的理念，而是出于获取选票的需要。一旦工人罢工影响到国家的出口收入以及政府与中上层阶级的联盟，即对工人进行毫不留情的镇压。1919 年 1 月，一家为本国工业生产钢铁的工厂的工人为改善劳动条件、提高工资举行了罢工。伊里戈延政府派军队镇压，几百名工人丧生，造成了阿根廷历史上有名的"悲惨的一周"。

1929 年，资本主义世界经济危机爆发，沉重打击了阿根廷的经济。1930 年，军人发动政变，伊里戈延政府被推翻。阿根廷最初的民粹主义试验宣告结束，但留下了深远的历史遗产。尤其是伊里戈延争取劳工阶级支持的做法，此后被另一著名的民粹主义领袖胡安·多明戈·庇隆利用到了极致。

世界性的经济危机迫使掌权的阿根廷土地寡头集团采取进口替代工业化政策，而富有讽刺意味的是，这一政策不仅削弱了土地寡头集团本身的力量，而且导致了城市劳工阶级的迅猛增长。1935—1943 年，阿根廷制造业部门的蓝领工人从 41.8 万人增长到 75.6 万人，几乎增长一倍。工人人数的增加主要来自内地向沿海大城市，特别是向布宜诺斯艾利斯的大量移民。1936—1941 年，阿根廷工会会员几乎增长了 1/5，达到 44 万人。虽然这个数字仅占城市经济活跃人口的 12%，但是，工会组织已经从最初的交通运输行业扩散到制造业和服务业。然而，出于自身偏见，以及通过选举舞弊有效地控制政权，上层精英对广大劳工阶层的政治潜力视而不见。同时，左翼政党如社会党和共产党也没有认识到这种变化所产生的政治影响。到 1943 年，很多工会领导人对于得不到来自左翼政党的支持深感沮丧。[1]

1943 年 6 月，一个秘密的军官协会"联合军官团"组织发动了

[1] Joel Horowitz, "Populism and Its Legacies in Argentina," Michael L. Conniff, ed., *Populism in Latin American*, University of Alabama Press, Tuscaloosa and London, 1999, pp.27-28.

一场军事政变，夺取政权。军政府建立伊始，就有一些军官认识到处理劳工问题的迫切性。他们召集工会领袖，了解他们的诉求。这些军官的真实动机尚不清楚，但是很可能是试图阻止共产主义的蔓延，解决导致社会不稳定的问题。作为"联合军官团"的重要成员，1943 年 10 月，庇隆被任命为劳工部部长。他以劳工部为平台，争取工人阶级的政治支持。庇隆劝说工会领袖与政府合作。他不仅鼓励工人组织起来，而且支持劳工部在劳资谈判中站在工人一边。因此，工人工资的实际水平及在国民收入中所占比例皆有提高。例如，1943—1945 年，非熟练工人的实际工资增长了 17%，熟练工人的实际工资增长了 10%。[1]庇隆还创立了国家的社会保障体系，养老金、意外伤害和健康保险、带薪年假、工厂安全规程、最低工资和最长工时的法律都得到了扩展和执行。[2]由雇主缴纳的工人养老金保险直到 1955 年庇隆被推翻前一直在增加。1944 年前，工会组织主要集中在布宜诺斯艾利斯。此后，劳工部积极鼓励其他地区的劳工建立工会。例如，布宜诺斯艾利斯的电话工人试图在其他地区建立本行业的工会，但一直阻力重重，未能成功。然而，1944—1945 年，13 个电话工人工会在全国各地建立起来，其中一些是在政府的直接协助下建立的。庇隆在改善工人福利的同时，也加强了对劳工组织的控制。1943 年，军政府颁布工团条例。根据这一条例，工人组织必须得到政府的支持和监督。1945 年，又颁布职业协会法。根据这一法律，只有官方认可的工会和雇主协会才有权签署雇佣合同，在每一个经济部门，只能存在一个雇主协会和一个工会，禁止罢工和停工（业主为抵制工人的要求而停工）。[3]任何与共产党有密

---

1　Miguel Murmis y Juan Carlos Portantiero, *Estudios sobre los orígenes del peronismo*, Siglo Veintiuno Argentina, Buenos Aires, 1971, p.106.

2　〔美〕霍华德·J. 威亚尔达、哈维·F. 克莱恩：《拉丁美洲的政治与发展》，刘捷、李宇娴译，上海译文出版社，2017，第 85 页。

3　Alberto Spektorowski, "The Ideological Origins of Right and Left Nationalism in Argentina, 1930–43," *Journal of Contemporary History*, Vol.29, No.1, 1984, p.173.

切联系的工会只能被迫转入地下。纺织、肉类包装、钢铁等行业的一些重要工会组织被解散。尽管如此，庇隆与工会组织的联系为他在劳工阶级中赢得了巨大的政治支持。

庇隆的社会政策遭到了军队和土地寡头中一些力量的强烈反对。1945 年 10 月 9 日，陆军最高司令部撤销了他的职务，并将他监禁。但是这场政变的组织者内部产生分裂，并且目标不明，而庇隆的支持者迅速动员起来。尽管对庇隆仍抱有矛盾的态度，但工会领导人确信，庇隆的对手肯定会取消庇隆曾给予工人的待遇。因此，10 月 17 日，工会领导人组织工人在布宜诺斯艾利斯的"五月广场"举行几十年来规模最大的集会，要求释放庇隆。工人几乎控制了整个城市，惊慌失措的政变者只好将庇隆释放。10 月 17 日的经历进一步加强了庇隆与劳工之间的政治联系纽带。

1946 年 2 月，阿根廷举行总统选举。庇隆作为劳工党（Partido Laborista）的候选人参与竞选。劳工党是 1945 年由工会领导人参照欧洲社会民主党的模式建立的一个独立政党，在选举中作为劳工阶级的代表，推动社会改革。劳工党与有组织的工人之间的联系为庇隆的竞选和争取工人阶级的选票提供了一个强有力的组织基础。但是，仅靠大城市里劳工党和工会组织的支持还不够，庇隆要想赢得大选，还必须争取到国家边缘地区的选票。劳工党控制的工会系统可以在内地相对不太落后地区的首府城市建立组织体系，但是无法争取地方城镇和农村地区的选民。这些地区的选票依然由当地考迪罗控制的选举机器操纵。为此，在内地各省，庇隆采取措施，将地方保守的领导人纳入他的政治阵营，不仅包括省政府的领导人，还有控制农村地区和小城镇的选举机器的地方政党人员。"革新委员会"（Junta Renovadora）是激进党内部一个由内地省份的领导人控制的保守派别，在选举中支持庇隆。各省保守党领导人组成的独立党（Partido Independiente）也支持庇隆。这两个选民集团，加上一些地方考迪罗帮助建立的选举联盟，使得庇隆的支持者超出了劳工党控制的地理范围。[1] 通过这种方式，在 1946 年的大选中，庇隆建立了全国性的选举联盟。在大城市，他主要依靠来自有组织的劳工的支持；在内地城镇和农村地区，他将现存的各省选举机器拉拢到劳工党的选举阵营之内，从而为他争取到大量农村和小城镇居民的选票。这是他能够在这次大选中获胜的基础。

　　庇隆就任总统后不久，1946 年 5 月，劳工党被解散，代之以"民族革命统一党"（Partido Unico de la Revolución Nacional），庇隆成为该党无可争议的领袖。其忠诚者和密友占据了这个新的政党的关键位置。1949 年 7 月，该党召开全国代表大会，更名为庇隆主义党。作为一个新的全国性政党，庇隆主义党的建立为庇隆主义者在全国各地成立选举机构创造了条件，同时也在庇隆主义者联盟内部形成了一种力量平衡机制。在大城市地区，劳工组织凭借其不断发展的群众动员能力，成为庇隆主义者选举机器的主要组织者。1946 年庇隆上台后，工会组织几乎完全控制了大城市地区庇隆主义党领导人的产生。而在工业部门的劳工和工会会员很少的内地，选民的动员依然依靠地方的政治考迪罗。20 世纪 40 年代，工业部门的工人主要集中在大布宜诺斯艾利斯城市地区，以及罗萨里奥、科尔多瓦等新兴的工业城市。全国其他地区依然维持着传统的社会结构，地方考迪罗父权主义的政治控制依然占据主导地位。只有将这些保守的地方政治势力纳入庇隆主义者联盟，才能使庇隆主义党成为一个全国性的政党。因此，庇隆主义党的政治基础由两部分组成，一是城市有组织的劳工，二是国家边缘地区由地方考迪罗所控制的各种各样的选民。庇隆主义党内部结构中这两大不同的支柱形成了一种相互制衡的态势。

　　在 1946 年的选举中，支持庇隆的选票主要来自工业化、城市化

---

1　Edward L. Gibson, "The Populist Road to Market Reform Policy and Electoral Coalitions in Mexico and Argentina," *World Politics*, Vol. 49, No. 3, 1997, pp.343-344.

程度最高地区的劳工阶级。庇隆上台后，大力推动进口替代工业化的发展，1945—1949 年，经济年增长率接近 6%，工业生产增长了25%，同期就业率提高了 13 个百分点。在庇隆政府的容忍下，工人通过罢工争取到了更高的工资和更好的劳动条件。1945—1948 年熟练工人和非熟练工人的实际工资分别增长了 22% 和 30%。大多数产业工人享受到医疗补偿、产假、带薪假期和免受任意解雇的权利。[1]工人给予庇隆政府强有力的支持。然而，1949 年后，经济增长速度放慢，物价上升。食品、房租价格上涨，工人向政府施加压力，要求提高工资，以弥补其生活费用的上涨。1952 年，通货膨胀率达到30%，生活费用增加 73%，工资只增加 35%。[2]与此同时，在庇隆主义党内部，到 1954 年，内地经济和社会落后地区的保守力量增长，而经济发达的城市地区的力量相对减弱。[3]1955 年，军人发动政变，庇隆政府被推翻。此后，在军人的控制下，阿根廷政府的"去庇隆化"政策对劳工阶级造成了沉重的打击，工会力量严重削弱。1964年 7 月，庇隆主义党更名为正义党（Partido Justicialista, PJ）。到1973 年庇隆回国再次参加大选时，正义党在农村欠发达地区的支持率远高于大城市。

## 二　正义党的革新

20 世纪 80 年代，与拉美其他国家一样，阿根廷陷入了严重的债务危机，进入"失去的十年"。经济危机引起了阿根廷社会结构的变化。1954—1985 年，在所有工资劳动者中，工业部门劳动力

---

1　〔美〕乔纳森·布朗：《阿根廷史》，左晓园译，东方出版中心，2010，第 200 页。

2　Demetrio Boersner, *Relaciones Internacionales de América Latina*, *Breve Historia*, Editorial Nueva Imagen, México, D.F., 1982, p.269.

3　Edward L. Gibson, "The Populist Road to Market Reform Policy and Electoral Coalitions in Mexico and Argentina," *World Politics*, Vol. 49, No. 3, 1997, p.346.

比重从 23% 下降到 13%，其中 1976—1983 年，工业部门的劳动力减少了 33%。1947—1960 年，制造业部门吸收了 41% 的新增劳动力，但是，1970—1980 年，该比例下降到 7%，相比之下，在金融业和服务业部门，该比例从 33% 上升到 86%。而且，统计资料显示，在布宜诺斯艾利斯，增长最迅速的职业部门是自谋职业者，比重从 1960 年的 11% 上升到 1980 年的 18%。这种社会结构的变革产生了相应的政治后果。工会组织受到劳动力日益发展的原子化和个人化的职业结构的冲击。"简言之，如果参加庇隆主义工会的蓝领工人的儿子变成了出租车司机，可以想象，他们的政治选择将发生相应的变化。"[1] 也就是说，城市内部服务业、非正规部门的就业人口的增加，制造业部门就业人口的减少，削弱了庇隆主义者联盟的群众基础。非正规部门的低收入人群和受教育程度较高的白领工人与传统的以制造业蓝领工人为主体的工会组织之间存在隔阂。此外，20 世纪五六十年代以后，大量农村人口向城市的流动也削弱了内地偏远地区正义党的选民基础。

　　1982 年，在国内严重不满、马岛战争之后在国际上极度孤立的困境中，阿根廷军政府下台，留下了一个背负巨额外债、经济严重衰退、收入分配高度集中的烂摊子。阿根廷进入了在最恶劣的经济环境下民主转型的时期。在 1983 年 10 月举行的大选中，激进党候选人劳尔·阿方辛当选为总统，正义党遭到了自 1945 年成立以来首次选举失利。选举结果使阿根廷人大为吃惊，更令正义党领导人难以置信。但是，回顾来看，这一结果应是在情理之中的。上述结构性的经济和社会变革表明，无论在城市还是在农村地区，民粹主义的物质基础大大削弱，正义党传统的组织能力严重下降，这是正义党在选举中失败的根本原因。两年后，正义党在 1985 年的中期

1　Hector E. Schamis, "From the Perón to the Kirchners: 'Populism' in Argentine Politics," Carlos de la Torre and Cynthia J. Arnson, eds., *Latin American Populism in the Twenty-First Century*, The Johns Hopkins University Press, Baltimore, 2013, p.162.

议会选举中再遭惨败，得票率下降到 35% 的历史最低点。对于正义党而言，1983 年和 1985 年选举中的失败带来的一方面是羞辱和沮丧，但另一方面也促进了党内"庇隆主义者革新派"（Renovación Peronista）的崛起和正义党的转型。

除了来自外部的挑战和压力，正义党的内部结构特点为转型提供了有利条件。正义党组织弱常规化的本质（weakly routinized nature）为该党提供了一定程度的战略灵活性，这一特点正是许多劳工政党所不具备的。正义党是一个具有广泛群众基础的政党，在劳工和低收入群体中拥有很高的支持率。1993 年，正义党的党员有 385 万人，党员投票率为 54.2%，高于二战后奥地利、德国和瑞典的社会民主党。正义党的地方分支机构密集，与工会和其他社会组织保持着广泛的联系。但是，正义党在组织结构上又是高度非官僚化的（nonbureaucratic），党与民众的联系几乎完全是非正规的，党内的规则和程序极度不稳定和易变。正义党的前身劳工党不过是庇隆的竞选工具。庇隆上台后成立的民族革命统一党和后来的庇隆主义党曾多次被自上而下地改组，从未形成稳定的内部结构。1955 年庇隆政府被推翻后，庇隆主义党陷入一种非中心化的半无序状态，缺乏一个有效的权威结构和被普遍接受的游戏规则。党内工会领袖和各省领导人试图将党的制度常规化，但被流亡在外的庇隆阻止。例如，冶金工人工会领袖奥古斯托·班德尔（Augusto Vandor）等人建立一个制度化的劳工政党的尝试，就被庇隆破坏。1974 年，庇隆在第二次执政任内去世，1976 年，军人发动政变，推翻以庇隆夫人伊莎贝尔·庇隆为总统的政府，建立了军人政权（1976—1983）。在此期间，正义党再次陷入无序状态。这主要体现在以下三个方面。第一，党内层级之间的流动性很强。由于没有遴选机制、稳定的职业路径和任期保障，正义党的最高领导并非通过党内一级一级的层级晋升而来，例如，伊莎贝尔·庇隆和何塞·马里亚·维森特（José María Vicente）分别在 1974 年和 1984 年就任党的主席，二人此前从未在党内担任任何职务。1983 年后，正义党的四位执行主席都在四年任期结束之前被迫离职。党内这种非官僚化的层级体制使得领导层的频繁更替成为可能。例如，1985 年，党的全国委员会（National Council）执行委员会超过 80% 的成员被更换，1987 年，超过 90% 的成员被更换。第二，虽然全国委员会名义上是党的日常最高权力机构，但实际上，它在党内从未被公认为最终决策部门。实际权力掌握在控制关键性资源的人，特别是公职人员手中。由于没有一个有效的领导部门和责任规范，正义党的领导权是高度个人化的。第三，最重要的是，正义党与工会的关系也是弱常规化的。虽然工会在庇隆提高权力地位的过程中发挥了关键性作用，但是工会参与正义党活动的规则和程序是很不规范的。庇隆去世后，虽然工会在党内拥有实际支配地位，但是工会领袖没有采取措施确定工会参与党内活动的规则。[1]

　　1983 年前，正义党与工会的关系主要以两大非正式的、结构松散的机制为基础："62 组织"（62 Organizations）和"三分之一制度"（tercio）。"62 组织"的功能是在正义党领导层中充任工会组织的非正式代表。1957 年 9 月，在劳工总联合会（Confederación General de Trabajo，CGT）会议上，由 43 个庇隆主义者工会和 19 个共产主义者工会组成的联盟控制了劳工总联合会，从而形成了所谓"62 组织"。60 年代初，"62 组织"成为工会在庇隆主义运动内部的代表，拥有提名工会会员作为党的候选人和领导职位的非正式权力。在六七十年代，虽然"62 组织"被普遍认为是正义党的"劳工支部"，但是它在党内的角色从未被制度化。"三分之一制度"源于庇隆主义的法团主义传统，将党的候选人和领导职位平均分配给"政治的""妇女的""劳工的"三个分支，各占三分之一。虽然这

---

1 Steven Levitsky, "Organization and Labor-Based Party Adaption: The Transformation of Argentine Peronism in Comparative Perspective," *World Politics*, Vol.54, Iss.1, 2001, pp.39-42.

种安排在 1983 年前一直在执行，但从未被写进党的章程，没有约束力。例如，1983 年，图库曼和门多萨的正义党领导人拒绝执行这一原则，只是在全国"62 组织"领导层施加强大压力之后才被迫将工会会员纳入党的领导人和候选人名单。在工会力量比较薄弱的省份，如科连特斯和圣地亚哥 - 德尔埃斯特罗，政党领袖完全不理会"三分之一制度"。[1] 总之，在 1983 年民主转型开始后，劳工在正义党内部的地位是强有力的，但这种地位是非制度化的，没有一种正规的结构或稳定的原则程序保证工会在党内的代表权，保证工会会员进入党的领导层。工会在正义党内的参与权依赖于一套松散的、有争议的、非正式的标准。这就为党内权力分配的改变提供了有利条件。

1983 年，正义党在选举中失败后，党内出现了一个革新派，由城市政客、各省领导人和工会内部的"25 小组"（Group of 25）组成。"庇隆主义者革新派"主要有两个目标：一是将党的选民基础扩大到中产阶级和独立投票人；二是推动党内民主化，以直接选举取代"三分之一制度"来选择党的领导人和候选人。1983 年大选中，虽然正义党在总统选举中失败，但是赢得了 12 个省长、几百个市长、几千个市议会议员席位。这些新当选的政客以其控制的省、市资源，在工会框架范围之外，建立起自己的庇护关系网络。这些网络为革新派在正义党内提供了组织基础。80 年代中期，革新派对工会在党内的特权地位提出了挑战。

1985 年和 1987 年，革新派试图控制"62 组织"，但未成功。于是，他们拒绝承认"62 组织"提名工会会员为正义党议员候选人的非正式权力，将这一权力授予支持革新派的"25 小组"。也就是说，他们将"25 小组"视为正义党的劳工支部，取代"62 组织"的

---

1　Steven Levitsky, "From Labor Politics to Machine Politics: The Transformation of Party-Union Linkages in Argentine Peronism, 1983-1999," *Latin American Research Review*, Vol. 38, No.2, 2003, pp.13-14.

地位。1988 年，支持梅内姆的工会在正义党内成立了另一劳工分支——"支持梅内姆为总统的劳工圆桌会议"。这些新的组织的出现结束了"62 组织"在正义党内代表劳工的垄断权，使之成为党内若干劳工派别中的一个。

革新派还对"三分之一制度"提出了挑战。革新派领导人要求正义党"废除荒谬的劳工比例制"，实行党内直选。1986 年，党的全国领导层命令各省支部实行"三分之一制度"，遭到革新派控制的支部的拒绝。例如，党的领导层派一名代表前往门多萨，"以保证劳工和妇女在党内的制度性参与"，当地的革新派对此置之不理。在 1987 年 11 月举行的正义党大会上，党内直选制度得以通过，"三分之一制度"被彻底废除。[1]

经过上述组织体制的革新，工会在正义党内的参与机制被扫除，工会对正义党的影响急剧下降。1983 年，工会领导人担任党的执行主席，并在党的全国委员会执行委员会中占据 37.5% 的席位。到 1995 年，这一比重下降到 12.5%。劳工在党的立法决策部门的席位从 1983 年的 29 个下降到 1997 年的 5 个，尽管其间总的席位大幅增加。工会对党的策略、政策的影响力也大大下降。据《号角报》（*Clarín*）报道，90 年代初，劳工在正义党领导层中"几乎是一个看客"。一名劳工领袖说，在全国大会会议上，工会成员发言反对梅内姆政府的经济政策，但没有人听。90 年代末，在很多工会领导人看来，正义党更多地与大企业而非与劳工总联合会站在一起。也就是说，经过革新，正义党经历了一个"非工会化"（deunionization）的过程。

"非工会化"为正义党根据国家经济的非工业化导致的社会结构变革重新规划其选民基础创造了条件。在 1987 年的议会中期选举

---

1　Steven Levitsky, "From Labor Politics to Machine Politics: The Transformation of Party-Union Linkages in Argentine Peronism, 1983–1999," *Latin American Research Review*, Vol. 38, No.2, 2003, p.16.

中，摆脱了工会组织的控制、获得行动自主权的革新派积极行动，充分利用媒体、民意测验等现代竞选技术，在独立选民和中产阶级选民中寻求支持，效果显著。与此同时，在城市贫民区，正义党的庇护关系网络成为在非正规部门的低收入群体中争取支持的工具。选举结果，正义党获得了 41% 的选票，激进党仅获得 37% 的选票，而在 1985 年中期选举时，两党的得票率分别为 34% 和 43%。在省长选举中，正义党不仅保住了 1985 年已经赢得的那些省份，而且从激进党掌握的 7 个省中夺去 5 个，从而控制了 22 个省中的 17 个。正义党反败为胜，是上述革新与转型成功的体现。"选举结果对于庇隆主义革新派来说意义特别重大……他们在没有工会公开支持的情况下赢得了选举。"[1]

## 三　正义党执政下的新自由主义改革

正义党在群众基础发生变化的同时，其经济和社会政策也出现了根本性改变，从庇隆时代主张推动工业化、民族主义、收入再分配立场转向推行新自由主义的市场改革。

1989 年，阿根廷举行总统选举。正义党推出的候选人是卡洛斯·梅内姆。梅内姆是一个叙利亚移民的儿子，曾担任拉里奥哈省省长。他喝马黛茶，留着 19 世纪著名的考迪罗胡安·曼努埃尔·德·罗萨斯式的连鬓胡子，发誓要将罗萨斯的遗体从英国运回阿根廷安葬。梅内姆具有民粹主义政客克里斯马式的个人魅力，极度自信。当选总统后，他曾说："我是国家的总统，我和马拉多纳踢球，我的人生还有什么别的可追求的？"[2]担任省长期间，他扩大了

---

1　〔英〕莱斯利·贝瑟尔主编《剑桥拉丁美洲史》第 8 卷，第 188 页。

2　Carlos de la Torre, "Populism in Latin America," Cirstóbal Rovira Kaltwasser, Paul Taggart, Paulina Ochoa Espejo and Pierre Ostiguy, eds., *The Oxford Handbook of Populism*, Oxford University Press, Oxford, 2017, p.199.

拉里奥哈省的官僚机构，以赤字开支开展了多项公共项目。显然，这是经典民粹主义惯用的经济政策。梅内姆在民意测验中遥遥领先，选民认为这位庇隆派的候选人一旦当选，将会提高工人工资，采取赤字性支出，并且保持国家对经济的控制。[1]选举结果，梅内姆获得47%的选票，成功当选为总统。

　　然而，出人意料的是，1989年7月，梅内姆就任总统后，一反经典民粹主义的传统，推行了彻底的新自由主义经济改革。为消除财政赤字，削减政府开支，梅内姆政府采取措施，解雇政府雇员，对效益低下的国有企业实行私有化，对经济实行非调控化，让市场力量来自行决定价格和工资水平。1990年1月和3月，政府采取进一步措施，稳定银行业和削减开支。7月，政府颁布了新的法令，向进口商品开放市场，降低对国内工业的补贴和市场保护力度。同时，对几十家国有企业实行私有化。绝大多数公共服务部门被私有化，主要卖给西班牙和法国公司。1990年，政府对国家电话公司和航空公司进行了拍卖。梅内姆上台第一年，经济调整没有带来明显的复兴迹象，相反，降低通货膨胀率和减少国家经济作用的措施直接导致了经济停滞，工业继续处于萎缩和萧条状态。1991年3月，多明戈·卡瓦略（Domingo Cavallo）被任命为经济部部长，并宣布实行新的更加激进的经济政策。为了控制通货膨胀，政府发行新货币"新比索"（peso nuevo），以取代奥斯特拉尔，新比索与美元等值。为了树立公众对于此次货币改革的信心，政府允许新比索与美元之间自由兑换，同时，限制中央银行发行货币弥补政府赤字。为了保证工资与价格稳定，卡瓦略削减政府开支60亿美元，措施是解雇政府和公共部门的职员，削减在健康、教育、福利、养老金等领域的开支。

　　到90年代末，梅内姆政府的新自由主义改革取得了一定的成

---

1　〔美〕乔纳森·布朗：《阿根廷史》，第249—250页。

效。通货膨胀得到了控制，1996 年和 1997 年的通货膨胀率不到 1%。改革得到了美国和国际货币基金组织的赞许，根据布雷迪计划，美国和国际货币基金组织向阿根廷提供了为期 35 年的 210 亿美元的贷款。但同时，阿根廷失业率上升，贫困加剧。为削减开支，政府解雇了几千名政府雇员。在公共部门私有化过程中，大量雇员被解雇。根据政府统计数字，1991 年，阿根廷失业率为 6.9%，到 1995 年上升到 18.6%，是阿根廷历史上的最高水平，生活在贫困线以下的人口从 1993 年的 13% 上升到 1996 年的 20%。[1]

在实行新自由主义改革的同时，梅内姆利用政府权力和资源，继续推进 80 年代开始的对正义党的革新与改造，并使之服务于新自由主义的经济改革。上台伊始，梅内姆就积极寻求大企业领导人对其经济政策的支持。在经济政策的制定和推行过程中，政府与大企业的合作达到了前所未有的高度。最受青睐的是业务多样化的、具有国际竞争力的大公司，而传统的面向国内市场的非多样化的、单一部门的公司，即民粹主义联盟的传统支柱遭到冷落。上台第一年，梅内姆就任命本格与伯恩公司（Bunge y Born）的高管担任政府的经济部部长。本格与伯恩公司是阿根廷唯一的跨国公司，也是庇隆主义运动的老对手。金融体系的自由化、国内市场的开放、国有企业的私有化，给具有国际竞争力的、资本雄厚的公司和金融集团带来了经济机会，加剧了资本的集中。

与此同时，劳工阶级被分裂和削弱。改革过程中，为了降低劳工成本，扫除劳工对市场化改革的阻力，民粹主义政府长期以来维持就业和工资水平、保护劳工在劳动力市场上的谈判地位和政治地位的传统被放弃，政府通过法令限制罢工、限制集体谈判、控制工资增长，在私营部门雇用和解雇工人更加灵活。但是，并非所有部门的劳工都是新自由主义改革的受害者。虽然总体上看劳工运动被

---

1　林被甸、董经胜：《拉丁美洲史》，人民出版社，2010，第 499—501 页。

削弱，但一些具备竞争力的、面向出口的工业部门的工人从新自由主义改革中受益。在这些部门，产生了一种新型的劳工主义，强调公司层面的劳资合作、工人持有公司的股份、雇佣关系谈判的分散化等。这些部门的劳工领袖往往被委以政府官职。[1]

梅内姆时期，即使是那些在新自由主义改革中受到伤害的劳工群体，也无力对政府的改革进行抵制。一般说来，庇隆主义工会的领导人对梅内姆政府的政策持更加激烈的批评态度。但是，如上所述，经过正义党的非工会化革新，工会领导人在正义党内的代表权大大减小。此外，正义党的庇护网络成为化解、分散民众不满的工具。在低收入地区，正义党的基层组织向居民提供某种形式的社会救助，如分发食品、药品，提供司法服务，帮助照看儿童和老人等。危机期间，例如在1989—1990年恶性通货膨胀发生之时，正义党的基层组织使用规劝和恐吓并举的手段，消除潜在的抗议和暴乱危险。[2]

另外，在梅内姆时期，重要经济决策机构的职位皆被委任给非庇隆主义者的技术专家。如上所述，经济部部长最初由本格与伯恩公司的高管担任，随后由梅内姆在担任拉里奥哈省省长时的一位密切合作者担任，然后再交给多明戈·卡瓦略。卡瓦略不是庇隆主义者，是一位坚信新自由主义理念的技术专家。中央银行行长也一直由非庇隆主义者的技术专家担任。梅内姆曾担任内地贫穷的拉里奥哈省的省长，担任总统后，他愈加依赖来自内地边缘地区的支持者。正义党传统的城市与内地农村两大支柱中，后者的重要性进一步提升。

---

1　Edward L. Gibson, "The Populist Road to Market Reform Policy and Electoral Coalitions in Mexico and Argentina," *World Politics*, Vol. 49, No. 3, 1997, pp.358-359.

2　Steven Levitsky, "From Labor Politics to Machine Politics: The Transformation of Party-Union Linkages in Argentine Peronism, 1983-1999," *Latin American Research Review*, Vol. 38, No.2, 2003, p.28.

　　总之，在梅内姆时期，在推行新自由主义改革的过程中，正义党的执政方针和社会基础都发生了重大变化。在执政方针和政策方面，面对国内严重的经济危机和国际经济全球化的形势，正义党放弃了传统的向内发展和收入再分配政策，转向市场化导向的、开放的新自由主义经济政策。在社会基础方面，传统的有组织的劳工在正义党内的代表性和影响力下降，企业界特别是效益高的具有竞争力的企业部门以及这些部门的劳工、负责经济政策制定和执行的技术专家、来自内地省份的传统政客在正义党内的影响力大大提高。正义党由一个以劳工为群众基础的政党转变为一个由庇护关系维系的政党。新自由主义改革推动了正义党的转型，正义党的转型也反过来保证了新自由主义改革的推行。尽管新自由主义改革付出了沉重的社会代价，但是，改革过程中，梅内姆政府并没有遇到强大的社会阻力，尤其没有遇到来自劳工群体的阻力。正义党一直维持较高的支持率，1987年、1989年、1991年、1993年、1995年的五次议会选举中，正义党的得票率都高居榜首。1994年，梅内姆政府得到议会支持，修改宪法，将总统任期由6年改为4年，但允许一次连选连任。1995年，梅内姆成功连任。虽然在1999年大选中正义党总统候选人爱德华多·杜阿尔德落选，但在23个省中，正义党赢得了14个省长，并且维持着阿根廷第一大党的地位。[1]

　　虽然在一定时期内依靠非制度化的庇护关系来维系的正义党取得了一定的成功，但是，庇护关系与政治腐败是一对孪生兄弟。在阿根廷新自由主义改革过程中，腐败现象愈演愈烈。"1989—1999年梅内姆时期是滥用职权、贪污腐败最严重的时期。"重大经济犯罪和政治腐败案件层出不穷。[2]尤其在中产阶级眼中，20世纪90年

1 Katrina Burgess and Steven Levitsky, "Explaining Populist Party Adaptation in Latin America: Environmental and Organizational Determinants of Party Change in Argentina, Mexico, Peru and Venezuela," *Comparative Political Studies*, Vol.36, No.8, 2003, p.891.

2 沈安:《阿根廷危机的回顾与思考》，世界知识出版社，2009，第494—509页。

代，"庇隆主义普遍意味着腐败和低效"。特别是在富裕的教育程度
最高的联邦首都，正义党的支持率一路下滑，在议会选举中得票率
从1993年的32%下降到1999年的9%。[1] 普遍的腐败加剧了阿根廷
民众特别是中上阶层民众对于政治精英的敌意，这在2001年12月
震撼全国的普遍抗议期间得到了充分的体现。

梅内姆第二任期内，阿根廷的新自由主义改革带来的各种矛盾
日益激化，经济萧条、居高不下的失业率以及政府采取的旨在削弱
劳工权利的政策，导致工人运动再次活跃。1996年8月8日，阿根
廷三大工会联合举行了总罢工。9月26日和27日的罢工使整个国
家陷入瘫痪达36小时。在政府开支削减和国有企业的私有化最为
明显的胡胡伊、内格罗河等省份，出现了"拦路者运动"，抗议者
在高速公路上设置障碍，阻断交通，以引起政府对于失业等社会问
题的关注。2001年12月，阿根廷严重的经济和政治危机终于爆发。
这次危机虽然发生在激进党任内，但危机的根源在于梅内姆政府的
经济政策。危机之后，中产阶级和贫困阶层对正义党的支持明显减
弱。2002年后，正义党再次执政，但政策发生了明显的变化。特别
是2003年基什内尔上台后，阿根廷的民粹主义由梅内姆的右翼民粹
主义转向左翼民粹主义。

在20世纪阿根廷的现代化进程中，出现了三次民粹主义高潮，
分别为20世纪初到50年代由伊里戈延的激进党开创、被庇隆发扬
光大的经典民粹主义，20世纪90年代以梅内姆为代表的右翼民粹
主义，以及21世纪以基什内尔为代表的左翼民粹主义。从20世纪
40年代起，庇隆创立的正义党一直是阿根廷最重要的民粹主义政
党。但是，正义党的群众基础、执政方针和政策是随时代的要求而

---

1  Steven Levitsky, "From Labor Politics to Machine Politics: The Transformation of Party-Union
   Linkages in Argentine Peronism, 1983-1999," *Latin American Research Review*, Vol. 38, No.2,
   2003, p.27.

变化的。20 世纪八九十年代，正义党由一个以劳工为主要基础的、主张民族主义和国家干预主义的政党，转变为一个更多地依赖中产阶级和社会底层、推行新自由主义政策的政党。这种转变在一定时期内取得了成功，其根源在于正义党一直是一个制度化程度较低的政党，这种类型的政党相对容易革新和转型。相比之下，那些制度化程度较高、组织关系较为僵硬的政党，如委内瑞拉的民主行动党、秘鲁的阿普拉党，则难以实现自身的转型，从而逐步衰弱。21世纪正义党再次上台后，政策左转，党的组织体系、群众基础有何变化，是值得我们深入研究的问题。

# 第八章　21世纪初拉美"粉色浪潮"中的民粹主义

在20世纪末21世纪初的拉丁美洲地区，左派政党候选人前所未有地在选举中获得一系列胜利。1998年，曾在六年前领导一场未遂政变的伞兵中校乌戈·查韦斯当选为委内瑞拉总统；2000年，社会主义者候选人理查多·拉戈斯当选为智利总统；2002年，前钢铁工人和劳工党领导人卢拉当选为巴西总统；2003年，中左派的正义党候选人基什内尔当选为阿根廷总统；2004年，左派"广泛阵线"候选人巴斯克斯当选为乌拉圭总统；2005年，在玻利维亚，"争取社会主义运动"推举的古柯种植者联盟领导人莫拉莱斯当选为总统，成为该国第一位印第安人总统；2006年，在尼加拉瓜，桑地诺民族解放阵线在大选中获胜，前革命领袖奥尔特加再次登上总统位置；同在2006年，独立左翼的经济学家科雷亚当选为厄瓜多尔总统；2008 年，左派拥护"解放神学"的前天主教神父费尔南多·卢戈当选为巴拉圭总统，结束了红党 62 年的统治；2009 年，前游击队运动"法拉本多·马蒂民族解放阵线"的候选人毛里西奥·富内斯当选为萨尔瓦多总统。与此同时，正在执政的左派总统或政党在委内瑞拉（2000 年、2006 年、2013 年）、智利（2006 年）、巴西（2006 年、2010 年）、阿根廷（2007 年）、厄瓜多尔（2009 年）、玻利维亚（2009 年）、乌拉圭（2009 年）获得连任。到 2009 年，2/3 的拉美人生活在某种形式的左派政府执政的政治体制中。这一波拉美现代历史上前所未有的左派崛起被形象地称为"粉色浪潮"（pink tide）。

　　在左派政党未能赢得总统大选的国家，如墨西哥、哥伦比亚、秘鲁、哥斯达黎加，左派的影响力也大为增强。在洪都拉斯这个左派政党影响很小的国家，来自中右的自由党候选人曼努埃尔·塞拉亚当选总统上台后，政策左转，并由此引发了一场军事政变。拉美左派东山再起还体现在社会和经济政策上。如上所述，在 20 世纪八九十年代，以民粹主义的风格赢得大选的候选人在上台后往往转向支持市场经济的保守立场，如阿根廷的梅内姆、秘鲁的藤森、巴西的科洛尔，但是 21 世纪之后上台的左派扩大了政府在发展、再分配和社会福利方面的作用。可以说，拉美的左转不仅体现在执政者的变化上，而且体现在政策趋向上。

　　在拉美历史上，左派通常是指受社会主义特别是马克思主义意识形态指导的政治团体，对资本主义发展模式持否定态度，强调生产资料的集体所有和计划经济，反对通过市场对商品和服务进行配置。左派内部的分歧一般在政治策略上，即通过革命的还是民主的方式来实现社会主义。但是，20 世纪末，东欧剧变、苏联解体，冷战结束，以"华盛顿共识"为指导思想的自由市场模式大行其道。在债务危机的形势下，拉美很多左派调整了自己的方针，放弃了明确的斗争目标，开始追求一种没有确定目标的社会转型，或民主的"深化"。根据斯蒂文·列维茨基和肯尼斯·罗伯茨的看法，拉美的新左派的核心目标是减少社会和经济不平等。左派政党主张运用公共权力进行有利于低收入集团的财富或收入的再分配，消除社会等级差异，提高弱势群体在政治进程中的地位。在社会经济领域，左派推行的政策目标是反对源于市场竞争和财富集中的社会不公，为穷人提供机会，提供社会保障以应对市场经济带来的风险。虽然新左派并不必然反对私有财产或市场竞争，但不接受不受调节的市场力量即可满足社会需求的观念。在政治领域，新左派主张扩大弱势群体的参与，消除将民众阶层边缘化的等级制的控制形式。[1]

需要指出的是，21世纪初拉美左派的崛起与激进民粹主义的复兴虽然交织在一起，但二者并非一回事。实际上，巴西的卢拉、智利的拉戈斯、乌拉圭的巴斯克斯等左派政治领袖是通过制度化的政党支持竞选上台的，他们不能被看作民粹主义者。而委内瑞拉的查韦斯、厄瓜多尔的科雷亚，则绕开或越过政党等中介组织，直接争取大量的无组织的民众支持。显然，他们是典型的民粹主义者。玻利维亚的莫拉莱斯崛起于自主性的社会运动，并对后者负责，因而有人认为他不是民粹主义者。但是后来，莫拉莱斯政府对民众运动实行自上而下的动员和控制，民粹主义的特点愈加明显。因此，大多数学术文献将查韦斯、科雷亚、莫拉莱斯看作21世纪拉美激进民粹主义的代表。[2]也就是说，在21世纪初的拉丁美洲，民粹主义左派只是左派的一个组成部分，尽管是非常重要的组成部分。民粹主义左派与非民粹主义左派既有共同性，也存在差异。本章的目的

---

1  Steven Levitsky and Kenneth M. Roberts, "Latin America's 'Left Turn': A Framework for Analysis," Steven Levitsky and Kenneth M. Roberts, eds., *The Resurgence of Latin American Left*, The Johns Hopkins University Press, Baltimore, 2011, pp.4–5.

2  Carlos de la Torre, "Populism in Latin America," Cristóbal Rovira Kaltwasser, Paul A. Taggart, Paulina Ochoa and Pierre Ostiguy, eds., *The Oxford Handbook of Populism*, Oxford University Press, Oxford, 2017, pp. 199–200.

是，在拉美左派崛起的大背景下，探讨民粹主义左派产生的根源、特点以及影响。

## 一　拉美左派东山再起

虽然 20 世纪 90 年代拉美经济逐步稳定并恢复增长，但是，到 21 世纪初，拉美国家依然被严重的贫困、不平等和社会排斥困扰。2002 年，2.21 亿人口，即本地区人口的 44%，依然处于贫困状态，而且拉丁美洲仍是世界上收入分配最不平等的地区。当然，贫困和不平等与左派在政治上的成功并没有必然的联系，保守政党经常通过庇护主义、宗教信仰，以及各种增长、秩序和安全的诉求赢得贫困人口的支持。然而，贫困和不平等的确为左派造就了潜在的选民基础，因为大量贫困的选民很容易接受收入再分配的主张。在 20 世纪八九十年代，由于通货膨胀的压力、财政危机、工会力量的削弱、意识形态的混乱，左派难以仅通过倡导收入再分配赢得强有力的政治支持。但是到 90 年代末，情况发生了变化。国家在新自由主义经济改革的过程中应对社会问题的失败，使得左派政党和运动可以将社会不平等问题"再政治化"，将收入再分配的主张再次纳入政治议程。[1]

在拉美历史上，先是由于选举权受到限制，后来是由于军人干预、排斥和镇压等机制，左派运动一直得不到以合法手段取得政权的机会。20 世纪初，试图改变财产关系的马克思主义和其他激进运动的出现，使得精英集团将左派政党，甚至是温和派政党，看作对社会经济秩序的威胁。冷战时期，左派与苏联的联系，不管这种联系是真实的还是想象中的，促使美国将左派看作潜在的威胁。在

---

[1] Steven Levitsky and Kenneth M. Roberts, "Latin America's 'Left Turn': A Framework for Analysis," Steven Levitsky and Kenneth M. Roberts, eds., *The Resurgence of Latin American Left*, The Johns Hopkins University Press, Baltimore, 2011, pp.7-8.

反共的名义下，拉美左派甚至中左派政党通常被取缔、镇压，一旦它们取得政权，又往往被由美国支持的军人政变颠覆。但是，90 年代后，随着拉美地区军人政府"还政于民"的政治转型和国际上苏联阵营的瓦解，地缘政治环境发生了很大的变化。革命已不再是拉美绝大多数左派的主要选择，自由民主和资本主义的核心特征得到广泛接受，由此减弱了拉美的精英集团对左派政府的恐惧。与此同时，在美国看来，左派政府不再构成安全威胁，美国对拉美的独裁政府的支持减少了，拉美地区的军人干政现象急剧减少。在南锥体地区（阿根廷、智利、乌拉圭）和巴西，民主体制得到巩固；甚至在中美洲和安第斯地区，尽管民主制度依然薄弱并危机四伏，但选举政治得到维持。在拉美历史上，左派政党首次得以公开组织并参与竞选。拉美左派政党充分利用了这一开放的政治环境。即使是在"华盛顿共识"被普遍接受的 90 年代，在巴西、智利、萨尔瓦多、墨西哥、乌拉圭、委内瑞拉等国，新的中左派政党依然拥有很高的支持率。特别是在地方选举中，左派候选人当选为巴西利亚、圣保罗、圣萨尔瓦多、墨西哥城、蒙得维的亚、加拉加斯的市长。对地方政府的控制为左派提供了巩固组织和支持基础、获得执政经验、赢得声誉的机会。

持续的贫困和社会不平等为左派提供了可通过收入再分配和扩大公民权进行动员的大量潜在支持者。与此同时，稳定的民主制度则为左派政党表达社会疾苦，以要求社会和经济改革的纲领参与竞选提供了平台。收入不平等和选举竞争的制度化构成了左派政党崛起的两个长时段的结构性的、制度化的条件。而促使 21 世纪初拉美左派崛起更直接的因素则是 20 世纪八九十年代的市场改革和1998—2002 年的经济危机。

拉美政治的左转一般被看作是对新自由主义改革的抵制。随着市场经济的建立，国家从很多关键性的社会保障领域退出，这大大加深了很多拉美人的经济困难和社会不安全感。事实上，20 世纪 90

年代，整个拉美地区的社会不平等大大加剧。但是，也不能简单地说新自由主义使拉美选民转向支持左派。没有足够的证据表明，在90年代，拉美民众普遍性地反对市场导向的经济政策。虽然私有化遭到重大抵制，但是"华盛顿共识"的其他方面，如自由贸易、引进外资等，得到了广泛的支持。而且在新自由主义改革被认为效果良好的国家，特别是通过经济调整控制了恶性通货膨胀、稳定了经济的国家，推行新自由主义改革的政府都获得了连任。

1998—2002年的经济危机则是促使拉美左派政党上台的直接原因。在经历了1990—1997年的温和增长之后，90年代末，绝大多数拉美国家的经济陷入停滞和衰退。1998—2002年，拉美国家经历了经济的负增长，整个地区的贫困率和失业率大大提高。根据"拉美晴雨表"（Latinobarómetro）的调查，2002年，60%的家庭表示，在前一年中，有一个成年家庭成员处于失业状态。经济危机在两个方面有助于左派的崛起。第一，执政党的支持率下降。1998—2004年，在18个拉美国家中，有14个国家的执政党在总统选举中落败。由于这些政党多属中右派，权力更迭自然有利于左派。第二，经济衰退使民众对于新自由主义改革和"华盛顿共识"的支持减弱。根据"拉美晴雨表"的调查，到2004年，70%的受访者表达了对市场经济表现的不满。1998年后，在绝大多数拉美国家，选民不仅倾向于支持左派政党，而且支持那些提出新自由主义替代方案的候选人，这表现在1998年的委内瑞拉、2002年的巴西和厄瓜多尔、2003年的阿根廷、2004年的乌拉圭、2005年的玻利维亚大选之中。

如果说1998—2002年的经济危机促使了左派上台，国际环境的变化则进一步推动了左派的崛起。首先是2002年后全球大宗商品市场的繁荣。随着出口商品价格的上升，2004—2007年拉丁美洲经济年均增长率达到5.5%，为进入21世纪以来的最高水平。出口经济的繁荣对上台执政的左派政党是有利的，经济的增长成为2006年和2010年的巴西、2006年的智利、2006年的委内瑞拉、2007年的阿根廷、2009 年的玻利维亚、2009 年的厄瓜多尔、2009 年的乌拉圭左派政党获得连任的重要因素。出口经济的繁荣也使得执政的左派政党有条件真正推行其政策主张。在 20 世纪 90 年代，收支平衡和财政紧缩的压力曾迫使拉丁美洲的中左派政府采取保守的经济政策，但是，2002 年后，财政和贸易条件的改善给执政的左派政府带来了新的资源和政策选择的自由。经常项目的盈余和财政收入的增加减少了拉美国家政府对美国和国际金融机构的依赖，使其可以避免曾困扰以往左派和民粹主义政府的财政与外汇危机，并在社会福利方面增加投资。由此，执政的左派政府能够给选民带来物质上的利益，同时又不至于向现存的产权关系提出挑战或采取极端化的再分配措施。[1]

此外，不可忽视示范效应在拉美左派崛起中的作用。用南希·贝尔梅奥（Nancy Bermeo）的话说，"我们不能怀疑的是，人民从他国的经历中获得经验，并以此作为认知和行为的指南。这在不稳定的时期可能尤其如此。……在那时，'示范效应'有可能最为强大"。大众媒体的迅猛发展促进了这种示范效应。西方学者提出了一个概念，叫作"认知动员"（cognitive mobilization），指的是随着大众媒体的发展，民众获取的信息更加丰富，民众更加具备独立思考的能力，更加具有自我意识。他们不再接受传统的精英集团的控制，对执政集团的错误更多持批评立场。[2] 21 世纪初，查韦斯、卢拉、拉戈斯、基什内尔的成功经历改变了 20 世纪 90 年代对左派政府政策可行性的普遍怀疑态度。到 21 世纪头一个十年的后半段，左派政府已经证明自己有能力维持经济稳定、避免制度危机，甚至能

---

1  Steven Levitsky and Kenneth M. Roberts, "Latin America's 'Left Turn': A Framework for Analysis," Steven Levitsky and Kenneth M. Roberts, eds., *The Resurgence of Latin American Left*, The Johns Hopkins University Press, Baltimore, 2011, pp.10-11.

2  Cristóbal Rovira Kaltwasser, "Explaining the Emergence of Populism in Europe and the Americas," Carlos de la Torre, ed., *The Promise and Perils of Populism: Global Perspectives*, The University Press of Kentucky, Lexington, Kentucky, 2015, pp.204-205.

获得连任。这种形势在某种程度上激励了其他国家的左派政党和左派领导人参与竞选取得政权，如厄瓜多尔的科雷亚、巴拉圭的卢戈，并促使选民愿意冒险投票支持左派政党，即使在那些保守派政党长期执政的国家，如萨尔瓦多和巴拉圭。

　　21世纪初拉美左派的崛起是多重因素共同促成的。社会不平等和选举竞争的制度化可以看作长时段的、结构性的因素，20世纪八九十年代的市场改革和1998—2002年的经济危机成为左派崛起的直接因素，而2002年后国际市场上大宗商品市场的繁荣进一步推动了左派的崛起，其示范效应也促使左派崛起蔓延到更多的国家。

## 二　左翼激进民粹主义

　　21世纪拉美执政的左派政府差异是很大的，学术界对拉美左派有各种不同的分类方式，但大体上可分为激进左派和温和左派两种类型。一般认为，2000年以来在智利执政的社会党人拉戈斯和巴切莱特、2002年以后执政的巴西劳工党领导人卢拉和罗塞夫、2003年后在阿根廷执政的中左派正义党的基什内尔和克里斯蒂娜、2004年上台的乌拉圭左派"广泛阵线"的巴斯克斯属于温和左派；而1998年上台的委内瑞拉总统查韦斯和其继任者马杜罗、2005年上台的玻利维亚总统莫拉莱斯、2006年上台的厄瓜多尔总统科雷亚属于激进左派，同时又是民粹主义左派。拉美温和左派政府并未提出任何改变现行政治与经济制度的目标，它们所实行的变革主要集中于经济与社会政策方面的调整。这些政策调整是对前期新自由主义改革造成的经济脆弱性加强、社会冲突加剧等做出的反应。[1]一般来说，这些国家的左派政党和左派政治领导人也不具备民粹主义的特征。与

---

1　苏振兴：《拉美左派崛起与左派政府的变革》，《拉丁美洲研究》2007年第6期。

之相比，委内瑞拉、玻利维亚、厄瓜多尔激进左派的出现，不仅反映了拉美左派的崛起，而且标志着拉美民粹主义的复兴。卡洛斯·德拉托雷和辛西娅·J. 阿尔森指出：

> 可以推断，查韦斯、莫拉莱斯、科雷亚在历史的同一节点上出现，无论在学术界还是政策圈子，都激起了新一轮的争辩和论战。实际上，20 世纪 90 年代末和 21 世纪初，在智利、乌拉圭、巴西、玻利维亚、阿根廷、委内瑞拉这些如此不同的国家中，左派在选举中获胜的浪潮前所未有地吸引了学者和决策者对所谓左派崛起的关注，他们将在智利和巴西制度化民主制下出现的社会民主主义领导人和安第斯地区"一种影响深远的拉美政治传统的复兴"——民粹主义区分开来。[1]

查韦斯、莫拉莱斯、科雷亚继承并发扬了拉美历史上的民粹主义传统，他们认为自己正在领导一场革命，对国家的政治和文化制度进行"重建"。例如，援引 19 世纪的"解放者"西蒙·玻利瓦尔的名字和遗产，查韦斯宣称自己正领导一场"玻利瓦尔革命"，即第二次的、具有决定性的独立斗争。玻利维亚历史上第一位印第安人总统莫拉莱斯称自己站在一场增强原住民力量的文化的、民主的和后殖民的革命前列。科雷亚被他的支持者称为"公民革命"的领袖。

为什么在委内瑞拉、厄瓜多尔、玻利维亚出现了民粹主义形式的激进左派？根据卡洛斯·德拉托雷的分析，主要有以下原因。

首先是政治代表性的危机。在这三个国家，传统政党和民主的制度框架陷入了危机。在民众眼中，传统政党成了国内外精英利

---

1　Carlos de la Torre and Cynthia J. Arnson, "Introduction: The Evolution of Latin American Populism and the Debate over Its Meaning," Carlos de la Torre and Cynthia J. Arnson, eds., *Latin American Populism in the Twenty-First Century*, The Johns Hopkins University Press, Baltimore, 2013, pp.2-3.

益集团的工具。这些政党推行的新自由主义政策加剧了社会的不平等。查韦斯、科雷亚、莫拉莱斯等民粹主义领导人向选民许诺，他们将扫除腐败的政客和传统政党，实行参与式的民主，推行收入再分配政策。

其次是民众对于新自由主义政策的强烈抵制。在厄瓜多尔，1997—2005年，推行新自由主义政策的三届政府都在民众运动的抗议下被迫下台。在这种形势下，2006年，拉斐尔·科雷亚，这位从未参加任何政党的大学教授，以改变新自由主义政策、召开立宪大会、保护国家主权的纲领当选为总统。如下文所述，查韦斯、莫拉莱斯也是在委内瑞拉和玻利维亚民众对新自由主义政策严重不满的背景下上台执政的。

最后，在这三个国家，民众认为政客和新自由主义的精英集团将国家主权出让给国际货币基金组织、世界银行和美国政府。委内瑞拉改变了原来支持第三世界的外交政策，成为新自由主义和自由贸易的积极倡导者。2000年，为了遏制恶性通货膨胀，厄瓜多尔放弃了本国货币苏克雷，推行美元。玻利维亚的军方在美国的压力下推行根除古柯种植的措施，导致了严重的社会冲突和人权危机。在此形势下，查韦斯、科雷亚、莫拉莱斯许诺捍卫民族国家的利益，建立多极化世界。他们将反全球化、反对美国作为外交政策的指导思想。[1]

查韦斯、科雷亚、莫拉莱斯三个民粹主义的领导人之间存在很大的差异，但是他们上台执政，标志着拉美地区迎来了新一轮民粹主义的浪潮，是继20世纪30—60年代的经典民粹主义、90年代推行新自由主义的新民粹主义之后的第三波民粹主义浪潮。概括而言，这一波激进的左翼民粹主义具有以下共同特征。

---

1　Carlos de la Torre, "Populism in Latin America," Cristóbal Rovira Kaltwasser, Paul A. Taggart, Paulina Ochoa and Pierre Ostiguy, eds., *The Oxford Handbook of Populism*, Oxford University Press, Oxford, 2017, pp. 200-201.

第一，"革命"是通过选举而非武装斗争进行的。这些民粹主义领导人致力于永恒的竞选，以频繁地举行选举的方式取代旧的精英集团，动员支持者，巩固自己的领导权。[1]在查韦斯执政的前13年中，委内瑞拉人参与了15次不同的选举。所有这些选举，甚至是市政选举和议会选举，基本上都等同于对查韦斯政府的公民投票。科雷亚同查韦斯一样，不顾根据宪法确定的总统、议会和市政选举的时间表，用频繁举行选举来确认和巩固自己的权力。

第二，"革命"是以民主的名义进行的。但是，这些民粹主义领导人是从实质的（substantive）而非程序的含义来解释民主的。他们宣称，自己是最高形式的民主的化身，这种民主将弥补自由民主在参与权和代表性方面的"赤字"，并实现促进平等和社会公正的民主目标。对科雷亚来说，民主的公民权利本质在于社会经济领域，有赖于推动社会公正的国家政策。对查韦斯和马杜罗而言，要推动民主，就必须以直接的、参与式的新型民主取代对民众要求和疾苦反应迟钝、漠不关心的自由民主制度。而在莫拉莱斯那里，民主则意味着以旨在促进原住民政治参与的土著共同体民主来替代或补正自由民主制度。

第三，这些民粹主义领导人的政治方案不以改善或修正自由民主的"赤字"为目的。相反，在委内瑞拉、厄瓜多尔和玻利维亚，借由立宪大会起草和通过新宪法，对国家进行"重建"，为直接或半直接的公民参与建立一种广泛的机制，同时明确地阐明国家在提供社会福利方面的作用。其目标是确立另一种形式的民主，以选举为基础，但同时还基于一种新的宪政秩序，将权力向总统以及行政部门集中。其优先考虑的是由人格化的领袖领导的多数派的政治动员，而非自由民主制度所固有的对权力的监督制衡以及对基本的公

---

1　Carlos de la Torre, "Populism in Latin America," Cristóbal Rovira Kaltwasser, Paul A. Taggart, Paulina Ochoa and Pierre Ostiguy, eds., *The Oxford Handbook of Populism*, Oxford University Press, Oxford, 2017, p. 201.

民权利的尊重。由其他政府部门履行的"平行责任制"的机制以及独立的新闻自由被另一种变体，即包含频繁的选举、全民公决、投票的"垂直责任制"取代。[1]

第四，在强调实质民主的过程中，这三国政府都以减少贫困和社会不平等的名义，加强国家对经济的干预。虽然这种国家主义的收入再分配的政策并非这些政府首创，早在20世纪四五十年代的经典民粹主义时期，卡德纳斯、庇隆、瓦加斯政府的社会经济政策就集中于推行国家干预经济和收入再分配，但是，21世纪初，拥有丰富石油和天然气资源的委内瑞拉、厄瓜多尔和玻利维亚，借助于国际市场上包括能源在内的大宗商品市场的繁荣，取得了大量的外汇收入。在此形势下，一方面，政府与国内外私人资本讨价还价的砝码增加，对后者的反感度增强。在这方面，委内瑞拉的查韦斯走得最远。查韦斯政府征收了几百家国内公司，涵盖电信、建筑、农业和零售等部门。在委内瑞拉、玻利维亚、厄瓜多尔甚至阿根廷，能源部门都是国有化的重点领域。莫拉莱斯政府提高了对石油和天然气公司的税收，强迫该领域的外国公司向玻利维亚国有石油公司提供服务，受此影响的包括巴西石油公司和西班牙石油公司。莫拉莱斯政府还对铁路、电力、私人养老金和本国电话公司实行了国有化。政府对经济的干预和针对私人公司规则的不确定性，挫伤了国内外私人投资的积极性。另一方面，由于财政收入增加，这些政府的公共投资和社会开支迅速上升，社会贫困率下降，社会不平等也在某种程度上得以改善。民粹主义社会政策的优势在于，能够迅速地采取针对穷人的措施。这些社会计划提高了总统的支持率，并成为其维持政权的有效手段。但与此同时，这些社会政策在设计上存在瑕疵，如组织混乱、高度政治化、效率低下、缺乏透明度和制

---

1　Carlos de la Torre and Cynthia J. Arnson，"Introduction：The Evolution of Latin American Populism and the Debate over Its Meaning，" Carlos de la Torre and Cynthia J. Arnson, eds., *Latin American Populism in the Twenty-First Century*, The Johns Hopkins University Press, Baltimore, 2013, p.10.

度化不足等。因为这些社会计划直接由总统控制，总统往往将好处分配给自己的政治支持者，而非根据普遍的、客观的标准进行分配。一旦总统任期结束，这些计划也往往随之消失。这些社会计划的财政基础，由于严重依赖于石油和天然气的出口，显然是难以持久的。一旦石油出口下降，资金短缺，社会的贫困率会随之迅速上升。无论对20世纪四五十年代的经典民粹主义来说，还是对21世纪初的左翼激进民粹主义者而言，都是如此。

第五，民粹主义通常基于一种"纯朴的人民"和"腐化的精英"之间的二元对立划分。在区分"我们"和"他者"的过程中，民粹主义者倾向于从民族国家的角度构建一种"我们，人民"的概念，从一个关闭的边界和具有共同历史的人群中构建一个政治共同体。虽然这个独立自主的人民可能支持人类普遍意义上的团结，但它的核心是生活在特定区域的特定的人民。因此，人民被描绘为一个整体，受到特殊利益和外国势力的威胁。这就是保罗·塔格特所说的中心区域："国际主义和世界大同主义视民粹主义者为死对头，因为民粹主义者对所选择的人民边界之外的相关的人的态度是胆怯的。孤立主义和隔离主义自然倾向于民粹主义。这就是为什么民粹主义常常与种族民族主义和外交政策上的孤立主义联系在一起。"[1]而全球机构或者外国势力通常被民粹主义者归于"他者"的阵营。在某种程度上，对外国势力的指责可以被看作对现实的简单化，依此，民粹主义者求助于沙文主义的、盲目爱国的情感，提出一种颠覆理论。21世纪拉美左派民粹主义的特征之一是对新自由主义的行为体或机构——美国、国际货币基金组织、世界银行的直接攻击。这些行为体或机构被描述为一种外部势力，将其经济政策强加于拉美，不仅违背人民的意愿，而且以穷人的牺牲为代价推动全球资本主义的扩张。在对外政策方面，查韦斯、莫拉莱斯、科雷亚将自己

---

1 〔英〕保罗·塔格特：《民粹主义》，第130页。

领导的"革命"看作本大陆乃至全世界的国际政治重组运动的一部分。查韦斯说："拉丁美洲站在新的世界的前列。"莫拉莱斯宣布："我们要使玻利维亚……以其政治的、经济的、计划的、文化的和生态的倡议,成为整个世界的希望所在。"[1]虽然以前拉美民粹主义的宣言中带有强烈的民族主义色彩,但21世纪初拉美的激进民粹主义将反全球化、反新自由主义以及在某种程度上反对美国的姿态,作为其对外政策的话语和策略的核心。

　　虽然21世纪初委内瑞拉、厄瓜多尔、玻利维亚的左派政治运动和左派政权之间存在差异,但上述共同特点表明,激进的、民粹主义的左派,与以巴西、智利、乌拉圭等国为代表的温和左派相比,具有明显的不同。为什么会产生这种差异?根据斯蒂文·列维茨基、肯尼斯·罗伯茨等学者的研究,根源在于这些左翼政党产生和取得权力地位的路径不同。他们区分了两种获取权力地位的路径,一种是"制度化的"(institutional)路径,另一种是"危机－局外人"(crisis-outsider)路径。"制度化的"路径的特点是,经历了较长时间的制度化和专业化的政党渐进地融入政治体制,在政党和政治体制稳定的环境下取得权力地位,以自由民主的方式执政,推行温和的经济和社会政策。巴西、智利、乌拉圭的左派政党属于这一类型。"危机－局外人"路径的特点是,产生于政治体制之外,在政党体制和政治体制深重危机的背景下,通过反建制的诉求取得权力地位,以公民投票式的执政方式,与新自由主义模式进行更为彻底的决裂。委内瑞拉、厄瓜多尔的左派政党和玻利维亚的左派政治运动属于这一类型。[2]

1　Carlos de la Torre and Cynthia J. Arnson, "Introduction: The Evolution of Latin American Populism and the Debate over Its Meaning," Carlos de la Torre and Cynthia J. Arnson, eds., *Latin American Populism in the Twenty-First Century*, The Johns Hopkins University Press, Baltimore, 2013, p.13.

2　Steven Levitsky and Kenneth M. Roberts, "Democracy, Development and the Left," Steven Levitsky and Kenneth M. Roberts, eds., *The Resurgence of Latin American Left*, The Johns Hopkins University Press, Baltimore, 2011, pp.399-400, 404-405.

# 第九章　委内瑞拉的查韦斯主义

2013 年 3 月 5 日，58 岁的委内瑞拉总统乌戈·拉斐尔·查韦斯·弗里亚斯与世长辞。自 1998 年当选总统后，查韦斯在 2002 年、2006 年、2012 年选举中连任，先后四次当选总统，连续执政达 15 年之久。查韦斯上台执政揭开了 21 世纪初拉美左翼东山再起的序幕。2005 年，胡安·埃沃·莫拉莱斯·艾玛当选为玻利维亚总统；2007 年，拉斐尔·科雷亚·德尔加多在厄瓜多尔上台执政。查韦斯、莫拉莱斯、科雷亚，以及某种程度上阿根廷的基什内尔和克里斯蒂娜夫妇，被看作拉丁美洲左翼民粹主义的代表，他们掀起的这一波左翼执政的"粉色浪潮"，在西方主导的全球化和新自由主义大行其道的时代，不仅格外引人注目，而且引起了极大的争论。争论产生的根源，除了政治立场的不

同，还有对于民主的含义与功用、国家与市场的关系等诸多问题的
不同理解。本章认为，如果在委内瑞拉现代化进程的背景下，将查
韦斯主义作为一种政治动员和政治代表形式的民粹主义进行考察，
或许能够更为准确地认识其本质和历史地位。

## 一　从繁荣走向危机的委内瑞拉

　　1821 年前，委内瑞拉是西班牙殖民地。19 世纪初拉丁美洲独
立运动中，"解放者"西蒙·玻利瓦尔领导的武装力量战胜了委内
瑞拉和其他 5 个国家的西班牙军队。在委内瑞拉，玻利瓦尔领导的
独立革命被看作解放和国家身份的象征。但是，独立后的委内瑞
拉，考迪罗之间的内战不断，政局动荡，经济凋敝。直到 1908 年，
独裁者胡安·维森特·戈麦斯（Juan Vicente Gómez）用来自石油
资源的收入装备一支新的武装，战胜了其他考迪罗，巩固了对于国
家的控制。在石油开采兴起之前，委内瑞拉的经济基础是农业，绝
大多数人口以农业为生。20 世纪头十年，外国石油公司获得特许
在委内瑞拉勘探、开采、提炼石油之后，一个新的时代开始了。本
国的石油工人很快成为委内瑞拉新兴的工人阶级，新一代受过教育
的知识分子和他们领导的政治运动开始向独裁专制制度提出挑战。
1928 年 2 月，一批学生运动的领导人——被称为"1928 年一代人"
（Generación 1928）——在首都加拉加斯领导了一场民众示威运动。
政府派警察镇压，造成人员伤亡。[1]领导抗议运动的学生领袖有的死
于狱中，有的逃亡国外。这批学生中，一些人成为未来委内瑞拉重
要的政治领导人，如罗慕洛·贝坦科尔特。
　　1931 年，罗慕洛·贝坦科尔特发表了"巴兰基利亚计划"（Plan

---

1　Ryan Brading, *Populism in Venezuela*, Routledge, Taylor & Francis Group, New York, London, 2013, p.44.

de Barranquilla），目的在于向委内瑞拉工人、农民和流亡在外的传统自由派人士发出呼吁，要求保障民主自由，没收戈麦斯家族的财产，修改与外国石油公司签订的合同，召开制宪大会，建立一个文官执政的政府。[1] 1941 年 9 月，罗慕洛·贝坦科尔特创立了民主行动党，组织农民和产业工人加入，同时吸收正在兴起的职业中产阶级。1944 年，梅迪纳总统解散了受共产党影响的全国劳工代表大会，民主行动党趁机控制了有组织的劳工。[2] 1945 年 10 月 18 日，一个下级军官组成的秘密团体"爱国军人联盟"（Unión Patriótica Militar，UPM，成立于 1942 年）发动政变，推翻了梅迪纳政府，成立"革命执政委员会"（Junta Revolucionaria de Gobierno）。民主行动党领袖罗慕洛·贝坦科尔特担任临时总统，在 1947 年 12 月举行的总统选举中，民主行动党的罗慕洛·加列戈斯（Rómulo Gallegos）当选为总统。但是，民主行动党政府与军方的关系逐渐破裂。1948 年 11 月 24 日，军人发动政变，加列戈斯总统被推翻。民主行动党执政的这段时期被称为"三年期"（Trienio），是一个社会改革和工人、农民、学生前所未有地参与政治，政府开展广泛的社会改革的时代，也是委内瑞拉民粹主义的"繁盛期"（Heyday）。[3]

1948 年政变后，委内瑞拉经历了 10 年的军人独裁统治。1958 年 1 月，佩雷斯·希门尼斯政府被人民运动和军人政变推翻，委内瑞拉回归民主制度。选举开始前，委内瑞拉三大政党即民主行动党、独立选举政治组织委员会（Comité de Organización Política

---

1　Steve Ellner，"The Heyday of Radical Populism in Venezuela and Its Aftermath，" Michael L. Conniff，ed.，*Populism in Latin American*，University of Alabama Press，Tuscaloosa and London，1999，p.120.

2　〔英〕莱斯利·贝瑟尔主编《剑桥拉丁美洲史》第 8 卷，第 747—748 页。

3　Steve Ellner，"The Heyday of Radical Populism in Venezuela and Its Aftermath，" Michael L. Conniff，ed.，*Populism in Latin American*，University of Alabama Press，Tuscaloosa and London，1999，p.117.

Electoral Independiente，COPEI，即基督教民主党）、共和民主联盟
（Unión Republicana Democrática，URD）达成君子协定，他们将
按照民主竞选的规则进行政治竞争。大选前夕，三大政党领袖再次
聚首，签署了一项公开确认君子协定的议定书，并批准了一个最低
共同政治纲领。这一君子协定即著名的"费霍角协议"（Punto Fijo
Pact）。根据协议，各政党拒绝通过军事政变等方式获取政权，尊重
选举结果。同年 12 月，举行了总统、国会、州议会和各地市议会
议员的选举，8 个政党参加了大选。民主行动党候选人罗慕洛·贝
坦科尔特当选为总统。"费霍角协议"中做出的政治安排在 1961 年
宪法中得到确认。60 年代，民主行动党连续两届执政。1968 年，来
自独立选举政治组织委员会的拉斐尔·卡尔德拉当选为总统。从此
以后，委内瑞拉确立了一种两党轮流执政的政治结构。共和民主联
盟丧失了在"费霍角协议"中确定的权力分享机制中的影响。卡
尔德拉政府通过和解、大赦等方式，成功地将左派纳入这一政治
结构。左派同意通过和平方式表达其意识形态立场，结束游击运
动。委内瑞拉的所有政治组织都被纳入一个统一的政治体系。[1] 通
过这种安排，六七十年代，在绝大多数拉美国家发生军事政变、民
主政府被颠覆的情况下，委内瑞拉独树一帜，一直维持民主政治
体制。

　　20 世纪 70 年代后，委内瑞拉经历了一个石油收入大幅度增长
的时期。1972 年，每桶原油价格为大约 3 美元，1974 年底，上升到
超过 12 美元。1974—1978 年，石油价格相对稳定在每桶 12.21—
13.55 美元。丰富的石油收入和有效的民主体制，极大地改变了国家
的社会和政治结构。回顾来看，来自石油资源的财富对委内瑞拉新
生的民主制度产生了不利的影响。丰厚的石油收入滋生了政治恩惠

---

1　Ryan Brading, *Populism in Venezuela*, Routledge, Taylor & Francis Group, New York, London,
2013, p.45.

制度、庇护制度和腐败，新生的中产阶级从中受益。社会的各个阶层都天真地以为，石油资源将确保每个人持续不断地发财致富。玛格丽塔·洛佩斯·玛雅和亚历山德拉·潘萨瑞里指出：

> 1958年后，委内瑞拉各届民主政府构建了一种官方话语，即民主不仅意味着公民和政治权利，还代表一种使每个人从发展中受益的经济模式。以下事实同样重要，在委内瑞拉，民主的基础是国家向不同的社会部门、参与者和社会权力集团分配石油收入，以使政治游戏是非零和的（non-zero-sum），换句话说，除国库外，没人受损。这种安排促成了在20多年的时间内拉丁美洲最稳定的民主体制的巩固。[1]

1973年12月，民主行动党的卡洛斯·安德列斯·佩雷斯赢得总统大选。得益于中东地区的石油禁运和冲突，佩雷斯政府时期委内瑞拉的石油收入大幅度增加。1976年，委内瑞拉对石油工业实行国有化，进一步加强了政府对石油部门的控制，使政府的财政收入增加了170%。

来自石油美元的繁荣大大改善了委内瑞拉在国际金融市场上的融资环境，外部贷款不必担心偿还问题。丰裕的资金来源使得政府推行大规模财政支出的政策。政府增加就业机会，扩大社会救助网络和公共服务。1973—1978年，政府公共开支增长了96.9%。国民生活水平迅速提高。到1978年，只有10%的人口生活在一般贫困状态，其中，只有2%的人口生活在极度贫困状态。新一代受过教育的专业人员成为新兴中产阶级的重要组成部分。社会上普遍存

---

1　Margarita López Maya and Alexandra Panzarelli, "Populism, Rentierism and Socialism in the Twenty-First Century: The Case of Venezuela," Carlos de la Torre and Cynthia J. Arnson, eds., *Latin American Populism in the Twenty-First Century*, The Johns Hopkins University Press, Baltimore, 2013, p.242.

在一种认知，即这种美好生活的模式是无极限的。为了扩大财政支出，政府以石油收入为后盾，毫无节制地举借外债。到 1979 年，委内瑞拉的外债总额达到 90 亿美元。[1]

在 1978 年总统选举中，"独立选举政治组织委员会"的路易斯·埃雷拉·坎平斯当选总统。最初，坎平斯提出了严格的新自由主义纲领。但是，这一纲领很快就被放弃，因为在他执政之初，石油收入继续增加。伊朗革命和两伊战争使国际市场上的原油价格从 1978 年的每桶 14 美元上升到 1981 年的每桶 35 美元。坎平斯政府扩大在公共工程上的投资，并为农业和工业部门提供丰厚的补贴。政府继续大量举借外债，到 80 年代初，委内瑞拉的外债达到 240 亿美元。但这种模式终究是难以持续的，随着石油收入的下降，利率不断提高，债务问题越来越严重。国际货币基金组织强烈要求委内瑞拉采取紧缩措施，以偿还外债。在极大的压力下，1983 年 2 月 18 日，坎平斯政府宣布委内瑞拉货币玻利瓦尔贬值，确定政府控制的兑换率为 7.5 玻利瓦尔兑换 1 美元，并实行浮动汇率。这样，负有外债要用美元偿还的委内瑞拉人突然要拿出多两倍或三倍的玻利瓦尔兑换 1 美元。该措施宣布前加拉加斯谣言四起，精明的人在货币贬值前将钱迅速而神秘地汇往国外，存进美国银行。1982 年底 1983 年初，委内瑞拉大量资金外流。[2] 1983 年 2 月 18 日这天被称为"黑色星期五"，成为委内瑞拉石油经济危机的标志。此后，加拉加斯的中产阶级前往迈阿密或阿鲁巴疯狂购物的美好时光一去不复返。

经济危机的负担主要落在中下阶层肩上。根据国际劳工组织的统计数据，从 1980 年到 90 年代中期，委内瑞拉的人均收入下降了 20%。但是，最低工资的购买力下降了 2/3，低于 50 年代初期的

1　Ryan Brading, *Populism in Venezuela*, Routledge, Taylor & Francis Group, New York, London, 2013, p.45.

2　〔英〕莱斯利·贝瑟尔主编《剑桥拉丁美洲史》第 8 卷，第 780 页。

水平。根据"拉丁美洲和加勒比经济委员会"（ECLAC）的数据，1980—1999 年，城市劳动力的公开失业率（open unemployment）从 6.6% 上升到 15.4%，与此同时，就业不足（underemployment）催生了非正规部门的膨胀。到 90 年代中期，2/3 的人口处于贫困状态。与此同时，社会不平等加剧。1981—1997 年，处于收入底层的40% 人口的收入占国民收入的比重从 19.1% 下降到 14.7%，而同期处于收入上层的 10% 人口的收入占国民收入的比重从 21.8% 上升到32.8%。[1]

1984 年，民主行动党的海梅·卢辛奇就任总统。虽然社会不满不断加剧，但卢辛奇政府无动于衷，继续采取满足社会上层精英利益的政策。卢辛奇宣布，政府将拿最后一分钱来偿还外债。国际货币基金组织建议卢辛奇采取紧缩措施，控制通货膨胀。政府开支的下降，导致公共服务设施，如自来水、卫生系统、电话、电力、交通等服务恶化，同时物价持续上涨。经济危机和新自由主义改革意味着委内瑞拉政治参与者和权力集团之间的"非零和游戏"失效了。社会极端化加剧，富者更富，穷者更穷。越来越多的中产阶级跌入社会底层，精英阶层和传统政党威信扫地，腐败现象层出不穷。政党、工会等无力继续承担协调和利益分配的中介作用，随着政府开支的下降，庇护网络解体。政府雇员、学生、失业者、退休人员、非正规部门从业者的抗议运动，有时甚至是暴力性的抗议运动频繁发生。1989 年 10 月到 1998 年 9 月的 9 年中，平均每年发生720 起抗议事件，大约一天两起。[2]

---

1　Kenneth M. Roberts, "Populism and Democracy in Venezuela under Hugo Chávez," Cas Mudde and Cristóbal Rovira Kaltwasser, eds., *Populism in Europe and the Americas: Threat or Corrective for Democracy?* Cambridge University Press, New York, 2012, p.142.

2　Margarita López Maya and Alexandra Panzarelli, "Populism, Rentierism and Socialism in the Twenty-First Century: The Case of Venezuela," Carlos de la Torre and Cynthia J. Arnson, eds., *Latin American Populism in the Twenty-First Century*, The Johns Hopkins University Press, Baltimore, 2013, p.243.

1988 年 12 月，民主行动党的卡洛斯·安德列斯·佩雷斯以反新自由主义的纲领再次当选总统。选民希望他带领委内瑞拉重回 70 年代的石油繁荣时代。但是，在 1989 年 2 月 2 日的就职演说中，佩雷斯谈到今后的困难，称需要人民做出牺牲。他还提出，政府会被迫采取严厉措施，以扭转国民经济的走向。为了实现他提出的经济"一揽子"计划，政府被迫从国际货币基金组织贷款，允许玻利瓦尔贬值，缩减国家对公共交通的补贴，调高石油价格。这些措施导致通货膨胀加剧，1989—1991 年，累计通货膨胀率达到史无前例的 150%。"委内瑞拉民众原本对于佩雷斯的回归抱有不切实际的期望，以为他会给国家带来第一任总统时期的富足，现在，佩雷斯政府除采取严厉的控制措施外无所作为，使这一期望彻底破灭。"[1]

1989 年 2 月 27 日，一场被称为"加拉加索"（Carazazo）的民众抗议运动爆发。在全国几乎所有大城市，抗议民众阻断道路，洗劫商场。抗议持续了一周。政府派军队镇压，导致几百人丧生。"加拉加索"的导火线是继国内石油价格上涨 100% 之后，政府宣布提高公共交通价格。这一措施是佩雷斯政府推行的"一揽子"新自由主义经济调整计划的一部分，这一计划内容广泛，包括汇率、价格、利率、贸易的自由化，以及包含国有企业私有化的财政改革。"加拉加索"是一场自发的民众集体抗议运动，是因为政府在推行新自由主义改革的过程中，放弃对民众的社会责任，致使社会下层陷入贫困状态，从而将社会下层推向政府和政治体制的对立面。也就是说，这场抗议运动表明，民众对于精英阶层控制的政治体制强烈不满，他们要求激进的体制性变革，希望出现新的政治领导人，建立新的政治体制，代表下层人民的利益和愿望，满足民众对于食物、交通、教育、自来水、电力、就业等方面的需求。

---

1 〔美〕迈克尔·塔弗、朱丽亚·弗雷德里克：《委内瑞拉史》，黄公夏译，东方出版中心，2010，第 148 页。

## 二　查韦斯的崛起

对现实的不满也波及军队。在经济危机的影响下，"士兵的靴子、制服、住房和满足其基本需求的设备都严重供应不足……下级军官的工资下降到难以支付一辆汽车和一所住房"。[1] 1983 年 12 月，查韦斯和一批对委内瑞拉社会不平等和政治腐败不满的年轻军官成立了"玻利瓦尔革命运动 200"（Movimiento Bolivariano Revolucionario 200，MBR）。这些军官绝大多数来自由经济危机而致贫的家庭。但是，与普通民众不同，20 世纪 70 年代初，他们曾在委内瑞拉新的军事学院学习。除了接受军事训练，他们还学习过政治哲学课程和委内瑞拉爱国者尤其是西蒙·玻利瓦尔的著作，接受了民族主义思想。其中很多人，包括查韦斯，还与军队以外的激进左派团体有接触和联系。[2]

在职业活动中，这些下级军官对委内瑞拉精英阶层的颓废，以及上层奢华的消费和底层的悲惨生活之间鲜明的对比印象深刻，因而对于社会不平等和权力滥用问题极为敏感。然而，由于他们的职业养成，这些军官是民族主义者，曾经的教育经历使他们崇敬玻利瓦尔，将自己看作"解放者"军队的继承人。60 年代游击队运动活跃期间，一些左派集团渗入军队内部，对很多军人的思想产生了影响。军队内部很早就出现一些团体，他们致力于政治讨论和批评，其中一些团体甚至将自己的目标定位于推翻政府和现存体制。除了民族主义思想，很多军官还持有"国家发展主义"的观念。1952—1958 年执政的马科斯·佩雷斯·希门尼斯军事独裁政权的"新国

---

1　Ryan Brading, *Populism in Venezuela*, Routledge, Taylor & Francis Group, New York, London, 2013, p.46.

2　Kirk A. Hawkins, *Venezuela's Chavismo and Populism in Comparative Perspective*, Cambridge University Press, New York, 2010, p.16.

家理想"计划对这种观念具有一定的影响。他们认为，委内瑞拉应该以军事工业和资本货物工业为基础，建立一个强大的国家。武装力量应该成为国家权力的中心，使委内瑞拉成为一个地区内强国。来自石油出口的财政收入将为这一计划提供资金支持。1999 年查韦斯就任总统后，将军队整合为一支统一的武装力量（此举与马科斯·佩雷斯·希门尼斯的做法相同），并在 1999 年宪法中确立了军队在国家发展中的重要地位。由此可以看出"国家发展主义"观念的影响。[1]

　　"玻利瓦尔革命运动 200"成立后，与军队以外的文人左翼团体的联系逐步加强，并在意识形态方面受到后者的影响而逐步左转。最初他们接触的是在 60 年代游击队运动中受挫的左翼政党，特别是委内瑞拉革命党（PVR）的成员。委内瑞拉革命党是从著名的游击队领导人道格拉斯·布拉沃（Douglas Bravo）领导的委内瑞拉共产党（Partido Comunista de Venezuela，PCV）中分离出来的。曾在查韦斯第一届政府担任能源和矿业部部长以及委内瑞拉国家石油公司（Petróleo de Venezuela S.A.，PDVSA）总裁，在第二届政府担任财政部部长的阿里·罗德里格斯·阿拉克（Alí Rodríguez Araque）就来自委内瑞拉革命党。此外，与"玻利瓦尔革命运动 200"接触的还有若干较小的激进左派组织，它们都是武装斗争失败后革命力量分裂的产物。其中一些集团依然主张通过暴力革命取得政权。但是，很多左派集团放弃了暴力，主张通过民主程序实现社会主义的变革，包括争取社会主义运动（Movimiento al Socialismo，MAS）和激进事业党（La Causa R，LCR），它们都是在 60 年代末从委内瑞拉共产党中分离出来的。在八九十年代，通过参与选举，这两个党在地方政权层面具有很大影响力。受这两个党的影响，查韦斯领导

1　Margatita López Maya, "Venezuela: Hugo Chávez and the Populist Left," Steven Levitsky and Kenneth M. Roberts, eds., *The Resurgence of Latin American Left*, The Johns Hopkins University Press, Baltimore, 2011, p.215.

的"玻利瓦尔革命运动200"在处理公共事务过程中接受了地方分权和参与性民主的观念。[1]

"玻利瓦尔革命运动200"成立后，在秘密状态下活动，等待时机。其成员的军阶逐步晋升，人数逐渐增加，与军外的联系越来越密切。1989年，政府调动军队镇压"加拉加索"民众抗议运动，很多军官深感震惊。他们认为这是政府对民众合法的利益表达强行压制，从而站到了政府的对立面。很多军人加入了"玻利瓦尔革命运动200"。到1991年，"玻利瓦尔革命运动200"已有几百名年轻军官和来自左翼政党的成员。[2]其领导层主要是该组织的军官，其中最重要、最有个人魅力的无疑是查韦斯。

1992年2月4日，"玻利瓦尔革命运动200"发动了一场试图推翻佩雷斯政府的政变。马拉开波、巴伦西亚、马拉凯（Maracay）和加拉加斯的武装部队同时起事反对政府，有17支部队参与行动。[3]当时38岁的查韦斯是这场政变的领导人。这场政变未能推翻政府，也没有激起更加广泛的起义。10个小时后，他们被迫投降。但是，出乎意料的是，这场政变改变了"玻利瓦尔革命运动200"特别是其领导人查韦斯的命运。政变结束前，查韦斯获准在电视上发表讲话，号召其同僚放下武器。在电视直播中，查韦斯主动承担政变失败的责任，但是他坚定地宣布，变革必将到来，运动只是暂时失败。他说：

> 很不幸，此刻——现在（por ahora）我们在首都预定的目标未能达到。也就是说，在加拉加斯，我们未能在这里夺取政

---

1 Margatita López Maya, "Venezuela: Hugo Chávez and the Populist Left," Steven Levitsky and Kenneth M. Roberts, eds., *The Resurgence of Latin American Left*, The Johns Hopkins University Press, Baltimore, 2011, pp.215−216.

2 Kirk A. Hawkins, *Venezuela's Chavismo and Populism in Comparative Perspective*, Cambridge University Press, New York, 2010, p.17.

3 〔美〕迈克尔·塔弗、朱丽亚·弗雷德里克：《委内瑞拉史》，第150—151页。

权。您在这里表现出色。但是，这是反思的时刻。具有更好条件的新机会将再次出现。请，这是反思的时间，因为国家必须朝着更好的命运迈进。听指挥官查韦斯说，请您反思并放下手中的武器，因为目前我们原定的全国范围的目标不可能在此刻达到。我真诚地感谢您反抗这个体制的忠诚、勇气和意愿。而且我要对国家、对同志们说，我对玻利瓦尔军事运动承担全部责任。非常感谢！[1]

他坚定的话语，年轻、威严的形象，与传统政党陈腐的领导人形成了鲜明的对比。一时间，查韦斯及其同志成为委内瑞拉人心目中的民族英雄，成为委内瑞拉希望的象征。

这场未遂政变在委内瑞拉民众中得到广泛的支持。在传统政党中，"独立选举政治组织委员会"公开支持佩雷斯政府，但是，前总统、参议员拉斐尔·卡尔德拉间接地对政变表达了支持。在议会演说中，卡尔德拉指出，他所关注的是民众，因为在过去三十年中，政府未能确立一个有利于国家发展的制度架构，政变的根源在于佩雷斯政府推行的新自由主义改革。卡尔德拉的言辞意味着，他支持民众发动政变。面对其他政客的指责，卡尔德拉回应说："这是总统听取一切批评声音的时候，我在议会中所说的话恰是'人民'想听到的。"[2]

1992年11月27日，发生了另一场军事政变，但局面很快被佩雷斯政府控制。尽管如此，佩雷斯政府从此陷入了严重的危机。1993年5月，佩雷斯总统因腐败被弹劾，在总统任期结束前下台。议会指定历史学家拉蒙·J.贝拉斯克斯为临时总统。1993年12月，委内瑞拉举行总统选举。两名候选人——前总统拉斐尔·卡尔德拉

1 Ryan Brading, *Populism in Venezuela*, Routledge, Taylor & Francis Group, New York, London, 2013, p.50.

2 Ryan Brading, *Populism in Venezuela*, Routledge, Taylor & Francis Group, New York, London, 2013, p.49.

和安德列斯·贝拉斯克斯（Andrés Velásquez）——在竞选中脱颖而出，而这两人都不是委内瑞拉两大传统政党推举的。安德列斯·贝拉斯克斯是激进事业党候选人。激进事业党是一个小的左派政党，反对现行体制，因而在对两大政党不再存有希望的选民中具有很大吸引力。卡尔德拉是"独立选举政治组织委员会"的创始人和"费霍角协议"确立的委内瑞拉民主制度的主要缔造者之一，但他不是作为"独立选举政治组织委员会"的候选人参选。他脱离"独立选举政治组织委员会"，以新组建的"全国汇合党"（Convergencia）候选人参选。卡尔德拉的立场代表了介于激进事业党和传统的两大政党（民主行动党和"独立选举政治组织委员会"）之间的中间道路。在竞选中，卡尔德拉倡导社会公正，在经济上许诺找到一个新自由主义的替代方案，还提出修改宪法，满足地方分权、直接民主等要求。最终，卡尔德拉赢得大选，当选总统。这次选举结果具有标志性意义，自 1958 年以来，两大传统政党第一次在选举中落败，"费霍角协议"确立的两党轮流执政的模式瓦解。

但是，卡尔德拉上台后，未能履行竞选诺言。虽然最初看似结束了政治危机，安抚了军方的焦虑，但是，政府面临深重的金融和财政危机，卡尔德拉不得不争取议会中的民主行动党议员的支持，推行一揽子新自由主义调整方案。卡尔德拉将石油资源交由委内瑞拉国家石油公司的高管控制。随后，委内瑞拉国家石油公司实行了国际化措施，结果减少了对公共财政的贡献，加剧了政府的财政赤字。这种所谓的石油开放政策（Apertura Petrolera）的实施，使委内瑞拉增加了石油产量，但导致了国际市场上石油价格的下降。这种政策与委内瑞拉作为成员国之一的石油输出国组织的宗旨是相悖的。1998 年，国际市场上石油价格跌到低点，委内瑞拉经济陷入进一步的危机，国内的贫困、不平等、失业状况加剧。在此形势下，穷人和中产阶级把国家发展的希望投向了体制之外的"局外人"。根据"拉美晴雨表"1995 年的调查报告，虽然参与调查的委内瑞拉人中，60% 认为民主制度是最好的政府体制，但是，70% 的人对司法体制、78% 的人对立法机构、84% 的人对政党丧失信心。在城市中，只有 1/5 的受调查者认为选举结果是公正的，几乎一半的受调查者认为候选人之间没有什么区别。当被问及一个"铁腕"政府对国家是好还是坏的时候，78% 的受调查者给出了肯定的回答。[1] 也就是说，在民主行动党与中左的"争取社会主义运动"都接受新自由主义方案的情况下，一个民粹主义领导人崛起的舞台已经搭建就绪，这名政治体制的"局外人"将反映广大民众对传统政治体制和市场自由化的不满，动员民众推翻现行政治体制，寻求一条新的国家发展道路。这一使命和重任落在了查韦斯的肩上。

1992 年政变失败后，查韦斯被捕入狱。1994 年 3 月 27 日，卡尔德拉总统对查韦斯予以赦免，让他出狱，并且获得不受任何限制的自由活动的权利。卡尔德拉因此受到反查韦斯主义者的指责。"卡尔德拉不仅支持查韦斯的政变，而且让他自由地构建一个政治平台，以民主的方式解构卡尔德拉在 60 年代初创建的两党结构。"[2] 此后四年，查韦斯及其支持者成功地为他作为民主选举产生的总统，而非政变领导人的身份重返总统府奠定了社会政治基础。

查韦斯出狱时，"玻利瓦尔革命运动 200"只是一个由中层军官组成的秘密组织，此后，其通过吸收观点立场相近的其他社会集团力量而迅速扩大。"玻利瓦尔革命运动 200"强调，委内瑞拉的结构性危机需要根本性的解决方案。1992 年政变前，"玻利瓦尔革命运动 200"的策略是将总统、议员、最高法院法官以及政府机构内的

1 Margarita López Maya and Alexandra Panzarelli, "Populism, Rentierism and Socialism in the Twenty-First Century: The Case of Venezuela," Carlos de la Torre and Cynthia J. Arnson, eds., *Latin American Populism in the Twenty-First Century*, The Johns Hopkins University Press, Baltimore, 2013, pp.246-247.

2 Margatita López Maya, *Del Viernes Negro al Referendo Revocatorio*, Alfadil Ediciones, Caracas, 2005, pp.167-169, 转引自 Ryan Brading, *Populism in Venezuela*, Routledge, Taylor & Francis Group, New York, London, 2013, p.52。

重要成员赶下台，通过全民投票产生新的制宪大会，建立一个代表委内瑞拉穷人的制度。1994 年后，这一策略没有改变。根据玛格丽塔·洛佩斯·玛雅的研究，在"玻利瓦尔革命运动 200"的档案中，很大一部分强调召开制宪会议的必要性。这些档案还强调变革"所有的"社会结构，构建一个"原创的"和"统一的"社会。这些档案还依据"玻利瓦尔革命运动 200"的民主特性，将自身描述为一个由各种解放力量参与的充满活力的组织。所谓解放力量，指的是加入并参与"玻利瓦尔革命运动 200"发展的社会 / 政治团体或组织。玻利瓦尔是"玻利瓦尔革命运动 200"方案的载体。对玻利瓦尔来说，"民主是一种应该产生高度的幸福、社会安全和卓越的政治稳定的政府体制"。在这种"人民民主"制度中，人民是决策过程的主人公。[1]

查韦斯和他的战友们走遍全国各地，发动群众。最初，为了抗议"不合法"的体制，"玻利瓦尔革命运动 200"鼓励民众抵制选举。到 1997 年，他们改变策略，决定成立一个政党参加 1998 年的大选。1997 年 4 月，"玻利瓦尔革命运动 200"申请成为一个官方认可的政党，但被拒绝。选举委员会不准政党名称中使用"玻利瓦尔"。于是，查韦斯将新成立的政党命名为"第五共和国运动"（Movimiento V República，MVR）。[2] 新成立的"第五共和国运动"推举查韦斯为总统候选人，参与 1998 年的大选。

"第五共和国运动"的政治目标是以一个由人民建立、维护人民利益的制度结构取代"费霍角"体制。该政党要求召开制宪大会，结束腐败，改善社会服务，普遍提高工资，以及立刻建立玻利

---

1　Ryan Brading, *Populism in Venezuela*, Routledge, Taylor & Francis Group, New York, London, 2013, pp.53-54.

2　1811—1821 年，委内瑞拉独立运动期间，玻利瓦尔先后建立委内瑞拉第一、第二、第三共和国。1830 年，委内瑞拉脱离大哥伦比亚共和国，另一独立运动领导人安东尼奥·派斯建立委内瑞拉第四共和国。

瓦尔政府（Gobieno Bolívariano Ahora）。此次选举中，两大传统政党民主行动党和"独立选举政治组织委员会"皆未提出自己的候选人，而是支持其他独立候选人，试图以此阻止查韦斯当选。在选举前的一年半，查韦斯在下层民众中拥有 12% 的支持率，但在全国范围内只有 7% 的支持率，在上层中只有 2% 的支持率。1981 年的环球小姐伊琳娜·萨埃斯（Irene Sáez）的支持率遥遥领先，分别在穷人中拥有 24%、在中产阶级中拥有 42%、在上层中拥有 33% 的支持率。另一候选人恩里克·萨拉斯·罗迈尔（Enrique Salas Römer）在上层中拥有 20% 的支持率，在穷人中只有 8% 的支持率。[1] 伊琳娜·萨埃斯和恩里克·萨拉斯·罗迈尔都是以独立总统候选人的身份参选，旨在与象征腐败的"费霍角"体制脱离干系。但是在政治上，两人都属于温和派，仅主张进行表面的变革。与此不同，查韦斯则要求进行激进变革：推翻"费霍角"结构，代之以一个民众的制度结构。

在这种激进变革的感召下，其他一些政党决定支持查韦斯，与"第五共和国运动"联合组成"爱国者标杆联盟"（Polo Patrió tico）。成立于 1997 年的"大家的祖国党"（Patria Para Todos，PPT）于 1998 年 3 月加入"爱国者标杆联盟"。"大家的祖国党"是激进事业党的一个分支，曾在 1993 年的总统选举中获得 21.95% 的选票。接着，委内瑞拉共产党加入。经过内部激烈争论，选举日期之前的五个半月，委内瑞拉第三大政党"争取社会主义运动"加入"爱国者标杆联盟"。[2] 此外，一些社会组织也决定支持查韦斯。相比之下，另两位候选人的支持率迅速下降。1998 年 12 月，查韦斯以 56.2%

---

1　Kenneth M. Roberts, "Social Polarization and the Populist Resurgence in Venezuela," S. Ellner and D. Hellinger, eds., *Venezuelan Politics in the Chávez Rea: Class, Polarization and Conflict*, Lynne Rienner Publishers, Boulder, C.O., 2003, p.66.

2　Ryan Brading, "From Passive to Radical Revolution in Venezuela's Populist Project," *Latin American Perspectives*, Vol. 41, No. 6, 2014, p.55.

的得票率赢得总统大选。1999 年 2 月，查韦斯宣誓就职。委内瑞拉
的历史进入了一个新的时代。

## 三　第三条道路

在 1998 年的大选中，查韦斯竞选纲领的核心之一是许诺召开立
宪大会，重新设计委内瑞拉的民主体制。在 1999 年 2 月 2 日的就职
仪式上，查韦斯签署了第一项总统法令，就是否召开立宪大会举行
公民投票。在 4 月举行的公民投票中，虽然只有 37.8% 的符合条件
的公民参与投票，但 86.4% 的投票者赞同召开立宪大会。7 月，立
宪大会选举以相对多数的原则（即不需要获得半数以上选票，此种
方式对查韦斯的支持者有利）举行。在 131 个席位中，查韦斯的支
持者获得 121 席。根据规定，担任公职者不得担任立宪大会委员。8
月 3 日，立宪大会成立。委内瑞拉原议会两院和各州议会被解散。
12 月，新宪法草案起草完毕。12 月 15 日，经全民公决，新宪法草
案以 71.4% 的支持率获得通过，于 12 月 30 日正式生效。在立宪大
会基础上成立了一个新的委员会行使立法权，取代被解散的议会。

新宪法将国名由委内瑞拉共和国改为委内瑞拉玻利瓦尔共和
国，将玻利瓦尔的思想作为制定政策的指导思想。在政治体制方
面，新宪法将总统的任期从五年延长到六年，原规定总统不能连选
连任，新宪法规定可连选连任一次。增设副总统一职，负责政府日
常工作，副总统由总统任命。新宪法没有提到政党，而是强调公民
和市民社会在民主过程中直接的、参与性的、主人公的角色。宪法
加强了总统的权力，但同时承认以公民投票方式行使的人民主权，
其中包括在政府官员和法官的任职中期过后举行罢免选举的权利。[1]

---

1　2004 年，反对派试图利用此机制举行公民投票，罢免查韦斯，但未成功。2007 年 12 月，就
　"一揽子"宪法改革法案举行公民投票，其中包括废除总统任期限制，投票结果，宪法改革法
　案未能通过。

委内瑞拉的政治架构，由原来的行政、立法和司法三权改为五权，增设公民权和选举权；公民权由人民卫士、总检察长和总审计长组成的共和国道德委员会行使，选举权由全国选举理事会行使，全国选举理事会由全国选举委员会、公民和选举登记委员会、政治参与及资金委员会组成。将两院制的议会改为一院制，称国民议会；议员由普遍、直接和秘密投票产生，全国人口总数的 1.1% 产生 1 名代表，每州还可选 3 名代表，此外还有印第安民族代表 3 名。[1]

新宪法扩大了人权。宪法第 8 条规定保障原住民的自决权，尊重原住民的文化。第 9 条规定了环境权。第 88 条认可家务劳动是经济活动，创造附加值，家庭妇女拥有享受社会保障的权利。关于军方，宪法第 330 条规定，军人拥有投票权，但无权担任选举产生的公职。根据宪法第 331 条，对军官晋升的控制权从议会转交到军事机构和总统。在经济方面，宪法规定，委内瑞拉国家石油公司仍归国有，国家鼓励私人中小企业和农业的发展，保障所有的委内瑞拉人无偿地得到国家援助的权利。根据宪法，私有财产得到尊重，但同时规定，为了使国家能够促进社会经济发展，承认集体财产权。[2]

实际上，在很大程度上，委内瑞拉新宪法的精神延续了 20 世纪 40 年代以来形成的、在 1961 年宪法中制度化的非正统经济模式。20 世纪后半叶，随着石油收入的增加，国家对经济活动的干预倾向愈加明显。1999 年宪法在对财产权没有做重大调整的前提下承续了这一趋势。从这个意义上说，1999 年宪法的精神更加符合委内瑞拉的政治文化，而与当时在拉丁美洲大行其道的新自由主义格格不入。此外，与 1961 年宪法相似，1999 年宪法强调收入再分配和在国际事务中维护国家独立。

---

1 袁东振、徐世澄:《拉丁美洲国家政治制度研究》，世界知识出版社，2004，第 67 页。

2 Margatita López Maya, "Venezuela: Hugo Chávez and the Populist Left," Steven Levitsky and Kenneth M. Roberts, eds., *The Resurgence of Latin American Left*, The Johns Hopkins University Press, Baltimore, 2011, pp.220-221.

2001 年 9 月，查韦斯宣布"经济和社会发展计划"（Plan de
Desarrollo Económico y Social），这是一个为期六年的战略愿景。作
为该计划组成部分的"玻利瓦尔计划 2000"（Plan Bolívar 2000）是
一项绕开地方政府，动用军事人员和设备开展社会救助的计划。12
月，查韦斯又宣布了一系列的改革方案，称为"49 项法律"，内容
包括土地分配和宣传玻利瓦尔意识形态的新的公共教育课程。这些
计划绝大多数是由查韦斯一手推动实施的，市民社会、新的国民议
会甚至内阁成员皆参与甚少。

上述计划和新宪法体现了查韦斯政府政治和经济政策的基本倾
向，查韦斯称之为既非资本主义又非社会主义的"第三条道路"。[1]
这些计划的实施效果，首先体现在政治上。政治体制的改革促进了
委内瑞拉政治参与的扩大，查韦斯政府的支持率进一步上升，查韦
斯支持者控制的州的数量由 1998 年的 8 个增加到 2000 年的 16 个。
但是，这些计划在经济上的成效甚微。经济增长和投资一直处于低
水平，石油收入一般，失业率在拉美地区处于最高水平。2000 年，
以"玻利瓦尔革命运动 200"的重要成员、1992 年政变的参与者弗
朗西斯科·阿里亚斯·卡德纳斯（Francisco Arias Cárdenas）为首的
一批支持者退出查韦斯阵营。企业界很多人士也不再支持政府。在
1998 年的选举中支持查韦斯的新闻媒体开始批评政府的失败和腐
败。2002 年，查韦斯最亲密的政治顾问、80 多岁的共产主义活动家
路易斯·米基莱纳（Luis Miquilena）也脱离查韦斯阵营。到 2002 年
第一季度，查韦斯的支持率下降到 38%。[2]

面对这种严峻形势，查韦斯以理想主义的决心、激烈的言辞

---

1  Margatita López Maya, "Venezuela: Hugo Chávez and the Populist Left," Steven Levitsky and
   Kenneth M. Roberts, eds., *The Resurgence of Latin American Left*, The Johns Hopkins University
   Press, Baltimore, 2011, p.221.

2  Kirk A. Hawkins, *Venezuela's Chavismo and Populism in Comparative Perspective*, Cambridge
   University Press, New York, 2010, p.19.

和政治胆识予以回击。他利用每周电视和广播节目与民众交流，面向全国发表长篇演讲。他强化了自己的好斗言辞，猛烈抨击反对政府的新闻媒体、企业家、个人甚至外国势力。他给反对派贴上"叛徒"的标签。2000 年复活节前夕，查韦斯指责反对派为犹大，将反对政府的四家电视台称为"践踏真相、播种恐惧和担忧、为我们的孩子制造魔鬼的末日四骑士"（源自《圣经·新约》）。他多次改组内阁，撤换副总统，清洗异见者。[1]

　　查韦斯认为，委内瑞拉国家石油公司被支持旧的政党体制的腐败的技术人员控制。2002 年 4 月，在一次电视节目中，查韦斯公开宣布解雇委内瑞拉国家石油公司的高级管理人员，由此引发了反对派组织的一系列抗议，抗议者支持公司的原领导层。4 月 11 日，在首都加拉加斯，有 100 万人参加的示威游行将抗议活动推向了高潮。示威最初是和平进行的，但是反对派领导人煽动示威者围攻总统府。示威者抵达总统府时，遭到支持查韦斯的武装人员的阻止，一些蒙面的狙击手开始向人群射击。在混乱的交火中，有大约 20 人丧生。武装部队总司令拒绝执行查韦斯调集更多的军队且宣布戒严的命令，并要求查韦斯辞职。经过紧张的谈判，查韦斯同意辞职，并被送往附近的一所兵营，军方领导层将政权移交给一个由反对派成员组成的文人委员会。一时间，看上去查韦斯主义走到了尽头。但是，形势突变。过渡政府的总统开始签署命令，显示出威权倾向，而军方对于由谁领导这场政变无法达成一致意见。与此同时，关于查韦斯并未真正辞职的消息广泛传播，促使大批查韦斯的支持者在总统府和首都的重要地点聚集，忠于查韦斯的武装力量重新组织起来，夺回了首都的重要政府机构。为了结束进一步的政治混乱，军方同意查韦斯复职。4 月 12 日，查韦斯回到总统府。查韦斯度过了

---

1　Kirk A. Hawkins, *Venezuela's Chavismo and Populism in Comparative Perspective*, Cambridge University Press, New,York, 2010, p.20.

一场最严重的政治危机。

政变过后，查韦斯试图与反对派和解，但反对派拒绝与政府对话。于是，查韦斯下令撤销参与政变的军官的职务。私营媒体受到更多的威胁和暴力袭击。11 月底，一些持不同政见的军官宣布辞职，并在加拉加斯东部的中心广场设立总部，作为反对派动员的另一据点。12 月 2 日，反对派组织了为期两个月的全国性总罢工，公开要求就查韦斯是否继续担任总统举行公民投票。查韦斯拒绝退让，命令军队在支持他的贫困社区分发食品和基本的生活必需品。直到 2003 年 2 月初，罢工才结束。

2002 年 4 月的政变和 2002 年底 2003 年初的全国总罢工一方面带来了严重的经济损失，另一方面也改变了查韦斯对于国家和社会建设的构想，促使他所领导的玻利瓦尔革命运动更为激进。

2002 年，委内瑞拉的 GDP 比上年下降 8.9%，2003 年，GDP比上年下降 7.8%。石油工业生产方面，2002 年产值比上年下降14.8%，2003 年产值比上年下降 1.9%。2003 年，失业率达到 18.9%，2004 年达到 15.1%。政府解雇了 1.8 万名委内瑞拉国家石油公司的雇员，其中 60% 属于中高层管理人员，造成了难以替代的人力资本损失。罢工之后，政府进一步加强了对生产活动的干预。2003年，为了迅速恢复经济活动，应对政治对抗带来的社会危机，政府提出了"内生发展核心"（Núcleo de Desarrollo Endógeno，NUDE）计划。

内生发展模式的思想源于著名的依附论学者奥斯瓦尔多·松克尔。[1] 自 1991 年以来，松克尔就在"拉丁美洲和加勒比经济委员会"倡导他所谓的"来自内部的发展"（development from within）。但是，松克尔提出这一主张的目的是克服拉美国家进口替代工业化

---

1　参见〔美〕奥斯瓦尔多·松克尔《关于拉美发展战略的一些观点》，黄红珠编译，《拉丁美洲研究》1994 年第 5 期。

模式的衰竭带来的挑战。他特别提出，通过发展本地技术进步的能力，刺激以增加生产为基础的增长动力。但是，查韦斯政府的"内生发展核心"计划被设计为一种生产单位，旨在为严峻的社会问题提供一种与参与性民主原则相一致的解决方案，例如，提供职业培训以使民众能够抓住工业和农业部门的就业机会。这些计划的目的在于发展社会经济，刺激参与，经济上的适应性和可行性是第二位的。[1]

为了将"内生发展核心"计划付诸实施，2003 年下半年起，查韦斯政府开始实施一系列综合社会计划——"使命计划"（Misiones），包括提供辅导教育、基本食品、职业培训，以及向经济合作社提供发展信贷等。[2] 为此成立了大批以共同体为基础的专业组织，包括在每个市镇成立了几十个共同体水委员会、本地计划委员会，还有6000 多个城市土地委员会，拥有 160 万名会员，负责评估土地申请和授予地契。查韦斯政府的很多"使命计划"是与健康、教育、营养和其他社会需求相关的，同样以民众的广泛参与为特征，由地方委员会评估共同体的需求并负责管理政府的资助，这些资助金额占GDP 的 3.5%。最早的"使命计划"是第一个和第二个"罗宾逊计划"（Robinson Missions），旨在消除文盲，使成年人完成基本教育。由 300 万名参与者组成的大约 6500 个地方健康委员会负责进入社区计划（Barrio Adentro Mission），惠及几乎一半的成年人口。该计划的目的是通过提供预防性药品使贫困人口得到基本的健康保障，该计划主要由来自古巴的医生负责实施。得到政府资助的食品使命计划，被称为"梅卡尔使命"（Mercal Mission），惠及更高比例的成

1　Margatita López Maya, "Venezuela: Hugo Chávez and the Populist Left," Steven Levitsky and Kenneth M. Roberts, eds., *The Resurgence of Latin American Left*, The Johns Hopkins University Press, Baltimore, 2011, p.223.

2　Kirk A. Hawkins, *Venezuela's Chavismo and Populism in Comparative Perspective*, Cambridge University Press, New York, 2010, p.22.

年人口，具体做法是在社区分发和以打折的、可接受的价格销售食品。在公共民意测验中，71.6% 的受访者表示曾得益于该计划。此外，200 万名学生参与了初级、中级学校和大学的新的教育"使命计划"。[1]

2002 年后委内瑞拉石油收入的大幅度提高，为上述计划的实施提供了物质基础。2001 年底，每桶石油价格仅为 20 美元，2003 年中期，上升到 30 美元，2004 年底，更是超过 50 美元。石油价格上升的外部因素是 21 世纪初世界经济衰退的结束，以及中国、印度等发展中国家对能源需求的上升。此外，1999 年，查韦斯政府与石油输出国组织其他成员国就限制石油产量达成共识。委内瑞拉的石油产量没有达到 2002—2003 年全国总罢工之前的水平，但石油价格的上涨弥补了产量下降的损失，2004 年以后，政府的石油收入充足，财政宽裕。[2] 与此同时，政府对资源的控制权进一步集中。2003 年，查韦斯政府成立特别的基金，直接由总统控制，不受公共监督。2006 年，委内瑞拉财政部部长宣布，委内瑞拉石油公司贡献了大约 45 亿美元的财政收入，约占 GDP 的 3% 或正常预算的 10%。[3]

在政治上，查韦斯领导的政治运动巩固了对政府部门的控制。2004 年 5 月，国民议会通过"最高法院组织法"（Ley Orgánica del Tribunal Supremo de Justicia），加强对司法的控制。最高法庭法官人数由 20 人增加到 32 人，同时规定国民议会能以简单多数提名新的最高法庭法官，在某些情况下，国民议会能以简单多数审查和撤换

---

1  Kenneth M. Roberts, "Populism and Democracy in Venezuela under Hugo Chávez," Cas Mudde and Cristóbal Rovira Kaltwasser, eds., *Populism in Europe and the Americas: Threat or Corrective for Democracy?* Cambridge University Press, New York, 2012, p.151.

2  Kirk A. Hawkins, *Venezuela's Chavismo and Populism in Comparative Perspective*, Cambridge University Press, New York, 2010, p.23.

3  Margatita López Maya, "Venezuela: Hugo Chávez and the Populist Left," Steven Levitsky and Kenneth M. Roberts, eds., *The Resurgence of Latin American Left*, The Johns Hopkins University Press, Baltimore, 2011, p.224.

最高法庭法官。5 名在任法官预计自己可能会因新法律的通过而被撤换，主动辞职。这样，查韦斯新提名了 17 名法官，从而保证他在最高法院拥有多数支持。

根据 1999 年宪法，国家选举委员会（Consejo Nacional Electoral，CNE）本是一个由国民议会经 2/3 多数支持通过的 5 名非党派的成员组成的委员会。但是实际操作中，此后几年，国家选举委员会成员通常是由最高法院而非相应的立法部门的委员会控制的。最初，查韦斯曾有意识地保持国家选举委员会内部党派倾向的平衡，但是到 2005 年，国家选举委员会完全由支持查韦斯的成员控制。

为了动员民众参与，推动经济和社会改革，与企业界和媒体界的精英阶层相抗衡，从 2001 年开始，在低收入社区成立的以共同体为基础的民众组织"玻利瓦尔社团"（Bolivarian Circles），与政府合作推动实施教育、健康、营养等社会"使命计划"。在 2002 年反查韦斯的政变中，"玻利瓦尔社团"组织的抗议运动对扭转局面，使查韦斯重返总统府发挥了重要作用。到 2003 年，政府宣布，委内瑞拉组成了 20 万个"玻利瓦尔社团"，成员达 220 万人。[1]

上述经济社会政策的实施和政治控制的加强，特别是政府通过石油收入改善民生的措施，使查韦斯政府的支持率明显上升，最突出地表现在 2004 年罢免总统的公民投票中。根据 1999 年宪法第 27 条，总统任期过半后，如有 20% 以上的选民申诉，即可就是否罢免总统举行公民投票。经过努力，反对派征得了足够的选民签名，并得到国家选举委员会的认可。最初的民意测验显示反对派占据优势，但是，到投票前夕，"使命计划"正在轰轰烈烈地开展，查韦斯的支持率稳定在 50%—60%。与此同时，"玻利瓦尔社团"成了为查韦斯争取支持的重要工具。2004 年 8 月 15 日，公民投票举

1　Kenneth M. Roberts, "Populism and Democracy in Venezuela under Hugo Chávez," Cas Mudde and Cristóbal Rovira Kaltwasser, eds., *Populism in Europe and the Americas: Threat or Corrective for Democracy?* Cambridge University Press, New York, 2012, p.151.

行。投票结果，反对罢免查韦斯的占 59.09%，支持罢免查韦斯的占
40.63%。[1] 随后在 10 月举行的州和地方选举以及 2005 年的议会中期
选举中，反对派两遭失败。

## 四 "21 世纪社会主义"

2006 年 12 月，查韦斯在总统选举中再次当选，开始了第二个
总统任期。此次选举中，查韦斯得到了超过 700 万名选民的支持，
获得 63% 的选票。2004 年以来强劲而持续的经济增长和不断增加的
社会开支，对查韦斯赢得这次大选起了重要的作用。国际市场上石
油价格上升，政府获得了充足的财政收入。在连续 20 年的经济停滞
之后，委内瑞拉的贫困率和极端贫困率、失业率逐年下降。表 9-1
显示了 2003—2006 年委内瑞拉的社会经济状况。

表 9-1　2003—2006 年委内瑞拉社会经济状况

| 年份 | 失业率（%） | 生活在贫困线以下的家庭（%） | 生活在极端贫困线以下的家庭（%） | 人类发展指数 |
|------|-----------|------------------------|---------------------------|-----------|
| 2003 | 18.00 | 55.1 | 25.0 | 0.775 |
| 2004 | 15.25 | 47.0 | 18.5 | 0.778 |
| 2005 | 15.00 | 37.9 | 15.3 | 0.772 |
| 2006 | 10.50 | 32.0 | 9.7 | 0.784 |

资料来源：Margatita López Maya，"Venezuela: Hugo Chávez and the Populist Left," Steven Levitsky and Kenneth M. Roberts, eds., *The Resurgence of Latin American Left*, The Johns Hopkins University Press, Baltimore, 2011, p.225。

需要指出的是，委内瑞拉经济上的成就几乎完全依赖于石油收
入。根据委内瑞拉中央银行的数据，2006 年，石油出口产值占委
内瑞拉全部出口总值的 89%。同年，委内瑞拉国家石油公司收入的

---

1　Ryan Brading, *Populism in Venezuela*, Routledge, Taylor & Francis Group, New York, London, 2013, p.78.

68% 上缴政府，公司仅保留 32%。石油部门贡献了委内瑞拉 GDP 的 14%。在经济增长的基础上，查韦斯进一步将玻利瓦尔革命推向激进化。

2005 年 1 月，在巴西阿雷格里港召开的第五届世界社会论坛上，查韦斯宣布放弃"第三条道路"，提出建设"21 世纪社会主义"。他说："我日益坚信的是，我们需要越来越少的资本主义，越来越多的社会主义……资本主义需要通过社会主义道路来实现超越。超越资本主义模式的道路在于真正的社会主义。" 2 月 25 日，在加拉加斯举行的第四届社会债务峰会开幕式上，查韦斯再次指出，委内瑞拉的"革命应该是社会主义性质的，否则就不是革命"，"这一社会主义应该是 21 世纪的社会主义"。2005 年以来，查韦斯多次表示，"我是 21 世纪的社会主义者"，"社会主义是我国人民和人类唯一的解决办法"，"解决目前世界上存在的问题，依靠资本主义是行不通的，而是要靠社会主义"。[1]

实现"21 世纪社会主义"也是查韦斯在 2006 年大选中提出的口号之一。但是，在查韦斯那里，"21 世纪社会主义"这一概念的含义是很模糊的，包含了团结、友爱、自由、平等、公正等观念。查韦斯说，其确切含义难以确定，因为"生产模式向新生的社会主义的转变是必须建立在日常基础之上的事情"。在这个意义上，这一概念看上去类似拉克劳所说的"空洞能指"（empty signifier），即一种典型的民粹主义话语。也就是说，这是一个空洞的概念，每个人都可以根据自身特定的尚未满足的要求和期望来理解。拉克劳说，这种概念越是缺少内涵，就越好。因为这样就可以吸收民众期望表达的更为广泛的含义，反映他们的痛苦和希冀。[2]

---

1　徐世澄：《委内瑞拉查韦斯"21 世纪社会主义"初析》，《马克思主义研究》2010 年第 10 期。

2　Margatita López Maya，"Venezuela：Hugo Chávez and the Populist Left，" Steven Levitsky and Kenneth M. Roberts，eds.，*The Resurgence of Latin American Left*，The Johns Hopkins University Press，Baltimore，2011，p.226.

　　但是，在选举结束后，查韦斯开始更为具体地表达"21世纪社会主义"的内容。在大选获胜之后几周内的三次演讲中，查韦斯阐述了他所预计的革命性的社会转型的含义、策略和机构。从中我们可以看到经济政策上一种更为强烈的国家中心趋向，以及削弱宪法中确立的自由主义机构的明显趋势。与此同时，对政治参与进行限制，使其局限于微观层面公共政策的管理。由此可以看出，2006年后，查韦斯提出和实施的"21世纪社会主义"更加强调国家对主要经济部门的控制，主张建立新型的共同体组织和地方政府形式。为了加速这些转型，2006年以来，查韦斯政府在政治、社会和经济政策上推行了一系列重大的改革。

　　1999年宪法第203条允许国民议会授予政府行政部门在一定时间内制定解释法律的权力，查韦斯认为这是"所有法律中的母法"。为此，政府向国民议会提出了"授权法"计划，要求政府在一年半的时间内在10个公共管理领域获得立法权力。这一要求获得国民议会一致批准。除了政府提出的10个公共管理领域，国民议会还增加了一个领域，即石油部门。"授权法"的提出和获得议会批准，引起了争论。有人认为，此举是违宪行为，立法部门权力的削弱和行政部门权力、总统权力的增强，表明查韦斯放弃了参与性民主的原则。[1]

　　查韦斯认为，政党数目过多，是委内瑞拉建设"21世纪社会主义"的一大障碍，因此必须将所有的左派组织和政党合并成一个全新的、统一的社会主义政党。为此，2006年12月，查韦斯宣布成立委内瑞拉统一社会主义党（Partido Socialista Unido de Venezuela，PSUV）。查韦斯劝说所有在大选中支持他的政党和组织合并到新党中。他自己领导的"第五共和国运动"于2006年12月18日率先宣布解散，加入即将成立的新党。在2006年12月大选中支持查

1　Margatita López Maya, "Venezuela: Hugo Chávez and the Populist Left," Steven Levitsky and Kenneth M. Roberts, eds., *The Resurgence of Latin American Left*, The Johns Hopkins University Press, Baltimore, 2011, pp.227-228.

韦斯的其他一些政党和组织，如"人民选举运动""我们必胜独立运动""委内瑞拉人民团结""图帕马罗运动""民族共同体独立人士""社会主义同盟"等，也先后合并到统一社会主义党。不过，在大选中支持查韦斯的另外三个政党，即委内瑞拉共产党、"大家的祖国党"、"争取社会民主运动"，拒绝合并到统一社会主义党。[1] 2008 年初，委内瑞拉统一社会主义党正式成立。

　　从 2005 年开始，在查韦斯政府的推动下，委内瑞拉成立了公社委员会（Consejos Comunales，CC），与选举产生的地方市镇政府平行，独立存在，以促进地方民主参与。根据 2006 年通过的《公社委员会法》，城市中每 200—400 户家庭、农村中每 10—20 户家庭、印第安人聚居区每 10 户以上家庭可以成立社区委员会。委员会所有重要决定都必须经过集体讨论和多数票通过，公民集会必须有本社区 30% 以上的成年人出席。到 2007 年底，委内瑞拉共建立了 3.3 万个公社委员会，有 800 多万人参与。[2] 公社委员会通过地方公民会议做出计划，成立分委员会负责监督不同领域计划的实施，并直接从中央政府获取资金支持，用于地方基础设施、住房等发展计划的建设。公社委员会以及其他草根民众组织的成立为委内瑞拉民众的社会和政治参与提供了一种机制。值得注意的是，这种机制提供的参与机会不仅面向查韦斯支持者，其他政党的支持者或无党派倾向的民众也同样可以参加公社委员会会议。但是，由于公社委员会从政府获得经济支持，因而被反对派指责为受政府庇护的组织，被查韦斯的政党机构控制。[3] 这种指责不无道理。2009 年 1 月，在就宪法改革举行公民投票之际，根据政府要求，公社委员会停止了其他所有

1　徐世澄：《委内瑞拉统一社会主义党的成立及特点》，《当代世界社会主义问题》2010 年第 4 期。
2　方旭飞：《试析查韦斯执政 14 年的主要成就和失误》，《拉丁美洲研究》2012 年第 6 期。
3　Kenneth M. Roberts，"Populism and Democracy in Venezuela under Hugo Chávez，" Cas Mudde and Cristóbal Rovira Kaltwasser，eds.，*Populism in Europe and the Americas：Threat or Corrective for Democracy？* Cambridge University Press，New York，2012，p.152.

活动，全力以赴地为查韦斯的方案争取支持。在政府官员的压力下，公社委员会的发言人必须成为委内瑞拉统一社会主义党的成员。[1]

"授权法"的通过、委内瑞拉统一社会主义党的成立以及以公社委员会为代表的地方共同体组织的成立，极大地扩大了政府和总统的权力，强化了国家对社会的管控。与此同时，立法和司法部门的权力大大减少，对政府的监督制衡能力大大下降。查韦斯总统在电视节目《总统，您好》（Aló Presidente）上对议员和法官发布命令的情况变得很常见。查韦斯甚至放言："我就是法律，我就是国家。"让人不由得联想起法国国王路易十四，而这"看上去与委内瑞拉当前的现实并非相去甚远"。查韦斯抓住反对派抵制 2005 年议会选举的机会，在 5 年时间里，对国民议会直接签署指令，从而摧毁了立宪制度的最后残余。[2]

一方面，在政治上将权力集中在总统手中；另一方面，加强国家对经济的控制。在 2007 年 1 月的就职演说中，查韦斯令人吃惊地宣布，他打算对电信电力公司、石油工业部门中的外国投资实行国有化，取消中央银行的自主权。此前，查韦斯也曾发布一些激进的决定，但往往并未真正付诸实施。这一次，他决心全力推进，置强烈的国际批评和新一波国内抗议于不顾。政府通过的新的社会与经济发展六年计划，即"西蒙·玻利瓦尔国家计划"（Proyecto Nacional Simón Bolívar），要求对国家制度进行进一步的改革，例如取消总统的任期限制，完全取消私营经济，以中国取代美国作为委

1 Margarita López Maya and Alexandra Panzarelli, "Populism, Rentierism and Socialism in the Twenty-First Century: The Case of Venezuela," Carlos de la Torre and Cynthia J. Arnson, eds., *Latin American Populism in the Twenty-First Century*, The Johns Hopkins University Press, Baltimore, 2013, p.257.

2 Margarita López Maya and Alexandra Panzarelli, "Populism, Rentierism and Socialism in the Twenty-First Century: The Case of Venezuela," Carlos de la Torre and Cynthia J. Arnson, eds., *Latin American Populism in the Twenty-First Century*, The Johns Hopkins University Press, Baltimore, 2013, p.258.

内瑞拉石油的主要出口对象。[1]

2007 年 8 月，查韦斯提出宪法改革计划，内容包含 33 条，经过国民议会短短两个月的讨论后，增加到 69 条。其中最重要的条款是，总统不受限制地连选连任，总统任期由六年增加到七年。其他条款内容包括：在紧急情况或灾难发生时，授予总统特别权力出于战略目的设立特别区域，任命特别官员，以保护主权和领土；增加启动各种民众参与机制所必需的签名比例，从而使这些机制启动的实际可能性大大减少；授予总统特别权力，只要总统认为有必要，即可任命副总统，人数不受限制。建议修改草案还提出了五种财产权形式：直接和非直接社会财产、公共财产、混合财产、私人财产、集体财产。国家对产权的"认定"将取代之前的"保证"。这一条款隐含变更财产权关系的意图。

这些建议表明，无论在经济方面还是在政治方面，查韦斯决心将玻利瓦尔革命激进化。宪法改革方案导致了委内瑞拉国内矛盾的激化。反对派自不待言，即使在查韦斯阵营内部，一些组织和个人也表达了怀疑和批评立场。11 月，劳尔·巴杜埃尔（Raul Baduel）将军对宪法改革方案提出公开批评，他指出，如果该方案获得批准，将意味着推翻宪法的"政变"，他呼吁选民反对宪法修改计划。在 12 月 2 日就宪法修改计划举行的全民公决中，反对修改宪法的有4521494 票，占全部选票的 50.65%，支持修改宪法的有 4404626 票，占全部选票的 49.35%。宪法修改计划未获通过。反对票和支持票的比例仅差 1.3 个百分点，弃权票大约占 44%。如果与 2006 年大选相比，此次全民公决中，支持查韦斯的选票减少了 14 个百分点（从63% 下降到 49%）。支持查韦斯的选票减少了 300 万张，但支持反对派的选票也仅仅增加了 21.1 万张。这是查韦斯遭遇的一次重要政治

---

1　Kirk A. Hawkins, *Venezuela's Chavismo and Populism in Comparative Perspective*, Cambridge University Press, New York, 2010, p.25.

挫折。但是，这一结果与其说是反对派的胜利，不如说是查韦斯阵营内部的失败，因为在全民公决中，相当一部分选民待在家中，拒绝参与。[1]

查韦斯第二任期开始以来的激进左转，促使反对派克服内部分裂，团结一致地开展抵制行动。2006年12月，查韦斯身着戎装，在一个军事基地宣布，决定关闭加拉加斯广播电视台（RCTV）。2007年5月，该电视台的特许牌照到期，政府拒绝延期，其被迫关闭。这家私营电视台积极地参与了2002年试图推翻查韦斯的军事政变，因此该电视台的关闭在国内外普遍被看作是查韦斯的报复行为。企业界、人权组织甚至一些政府支持者在全国各地举行了和平的甚至是暴力的抗议示威。2007年后，政府还进行了一些军队改革，如成立军事预备力量，建立民兵组织；武装力量成员在敬礼时被要求高呼新政府的口号"祖国、社会主义或死亡"，这些做法在军队内部引起了不满。不仅劳尔·巴杜埃尔将军公开站出来批评政府，还有越来越多的军官要求提前退休。

宪法改革计划的失败也在查韦斯阵营内部引起了激烈的争论。例如，在公民投票期间，政府发动的民众动员使得大城市的交通、电力等陷于瘫痪。低收入阶层和中产阶级遭受难以控制的通货膨胀带来的困难，加之基本生活必需品的缺乏，他们越来越多地站到反对政府的一边。在大城市，在公民投票中投反对票的比例明显高于其他地区。

为了恢复政府的支持率，查韦斯采取了一些措施。2007年12月的最后几天，查韦斯签署了广泛的大赦法案，使绝大多数在2002年和2003年参与叛乱活动的人免于司法指控。他还对内阁进行了改组，提高政府在安全治理、食品供应、住房、通信等工作中的效

1 Margatita López Maya, "Venezuela: Hugo Chávez and the Populist Left," Steven Levitsky and Kenneth M. Roberts, eds., *The Resurgence of Latin American Left*, The Johns Hopkins University Press, Baltimore, 2011, pp.228-229.

率，因为这些问题的解决直接关系到投票结果。查韦斯还宣布，决定恢复加拉加斯广播电视台、复兴"爱国者标杆联盟"。他说，各个团体都必须受到欢迎，需要发动一场反对派系主义和极端主义的战争，"因为革命需要变得更加开放"。2008 年 1 月，在向国民议会所做的年度报告中，查韦斯对宪法改革计划的失败做出了解释。他说，作为国家首脑和革命领袖，自己的表现是积极的，但作为政府首脑，做得不够好。[1]

2008 年 11 月的州长和市长选举中，绝大多数支持查韦斯的候选人获得胜利。2009 年 2 月，一项宪法修正案经公民投票获得通过。该修正案规定，废除对总统和所有选举产生的官员连选连任的任何法律障碍。经过这两次胜利，查韦斯认为，政府已经克服了 2007 年宪法改革失败带来的困难。

但是，2008 年全球金融危机爆发，给委内瑞拉的经济和财政带来了不利的影响。2008 年底，向委内瑞拉石油工业提供商品和服务的供应商开始抱怨委内瑞拉政府推迟支付款项。委内瑞拉国家石油公司宣布推迟海外扩张计划，包括在厄瓜多尔、尼加拉瓜和古巴的炼油厂，并将 2009 年的投资计划减少 40%。在此形势下，2009 年 3 月，政府推出反危机计划，内容包括：调整 2009 年的预算，将每桶石油的参考价格从 60 美元降为 40 美元，预估石油日产量从 330 万桶减少到 310 万桶；财政支出削减 6.7%；4 月 1 日开始，附加税从 9% 提高到 12%；对高级官员的工资进行限制，最低工资提高 20%。但是由于通货膨胀，最低工资的实际购买力下降。2009 年，委内瑞拉 GDP 下降 3.3%，通货膨胀率上升 25 个百分点。2010 年 1 月，政府宣布货币贬值，确立本币对美元的两套汇率系统：第一套系统中，本币贬值 20%，适用于政府进口、药品和食品；第二套系统中，本

---

1　Margatita López Maya, "Venezuela: Hugo Chávez and the Populist Left," Steven Levitsky and Kenneth M. Roberts, eds., *The Resurgence of Latin American Left*, The Johns Hopkins University Press, Baltimore, 2011, p.232.

币贬值 100%，适用于私人进口。在社会政治领域，继续推进对战略性部门的国有化，增加土地的征收，以创立政府所谓的"新的社会主义生产模式"；进一步加强中央政府权力，削减地方政府权力；加强对新闻媒体的控制，关闭了 34 家广播电台。2009 年，国防部前部长劳尔·巴杜埃尔等反对派人士被捕。

2010 年第四季度后，委内瑞拉经济摆脱了世界经济衰退的影响，出现复苏，2011 年 GDP 增长 4%，2012 年前两个季度 GDP 分别增长 5.6% 和 5.4%。通货膨胀得到有效抑制，2012 年 1—7 月累计通胀率为 8.6%，仅为 2011 年同期的一半；2011 年 6 月至 2012 年 7 月，累计通胀率为 19.4%，5 年来首次降至 20% 以下。[1] 贫困人口占总人口的比重从 1999 年的 50.4% 降至 2011 年的 26.7%，赤贫率从 20.3% 下降到 8.5%，失业率从 1999 年的 20% 降至 2011 年的 7%。[2] 经济和社会形势的好转提高了查韦斯的支持率。2012 年 10 月 7 日，委内瑞拉再次举行总统选举，查韦斯获得 55.26% 的选票，第四次当选总统。新的六年任期从 2013 年 1 月 10 日起至 2019 年 1 月 10 日。但是，2011 年 6 月查韦斯被确诊患有癌症后，身体状况持续恶化。2013 年 3 月 5 日，查韦斯因病去世，副总统尼古拉斯·马杜罗继任总统。

## 五　作为民粹主义的查韦斯主义

查韦斯主义是 21 世纪拉丁美洲左翼民粹主义的代表，它是拉丁美洲和委内瑞拉特定历史条件下的产物。1998 年，查韦斯当选总统时，委内瑞拉正处于深重的社会危机之中。由于此前各届政府推行的新自由主义经济调整政策，经济停滞、失业、治安恶化、腐败

---

1　袁东振：《查韦斯再度连任委内瑞拉总统：挑战与影响》，《拉丁美洲研究》2012 年第 6 期。
2　徐世澄：《查韦斯大选获胜的原因及面临的挑战》，《拉丁美洲研究》2012 年第 6 期。

严重削弱了 1958 年以来建立的民主政治的根基。1989 年的"加拉加索"事件后，在传统政党的支持下，"民主"国家对民众抗议实行野蛮镇压，实业家、社会组织和广大民众彻底放弃了对统治集团的支持。也就是说，两大传统政党的瓦解，为新兴政治家的崛起和经济政治方案的实施提供了广阔的空间。

查韦斯以典型的民粹主义风格赢得了委内瑞拉民众的支持。在意识形态上，查韦斯主义将民族主义、社会主义和个人魅力型的政治动员方式糅合在一起。正如霍金斯所言，查韦斯以一种高度道德化的、摩尼教式的（Manichean）措辞，将政治解读为善恶势力之间的"宇宙之争"。在 1999 年的就职演说中，查韦斯说，国家正面临危机，"我们有两种选择：或者为这一革命力量开辟道路，或者被革命力量碾过"。[1] 祖科特将查韦斯主义看作某种形式的"传教士式的政治"，一名克里斯马式的人物"领导一群上帝的选民组成一个道德共同体，对抗拥有无上权力的、阴谋的敌人，并投身于一个救赎和得救的使命"。[2] 虽然这种二元对立的政治意识形态一直延续，但是其两极构成，即敌和友、"人民"和"寡头"的认定则随时间和情势而不断变化。最初，查韦斯将"敌人"主要界定为他在 1992 年发动的那场不成功的政变所试图推翻的政治机构。他尤其谴责两大传统政党民主行动党和"独立选举政治组织委员会"的领导人的腐败、顽固、自私，认为他们使委内瑞拉的代议制民主成为一场闹剧。他甚至说，在这些政客的统治下，委内瑞拉正变为一个法西斯独裁性质的、威权主义的、镇压性的国家。然而，就任总统后，查韦斯将矛头转向了委内瑞拉权力精英的其他方面，包括公开站在其对立面的新闻媒体。查韦斯一直对美国以及与其相联系的委内瑞拉

---

1　Kirk A. Hawkins, *Venezuela's Chavismo and Populism in Comparative Perspective*, Cambridge University Press, New York, 2010, p.55.

2　José Pedro Zúquete, "The Missionary Politics of Hugo Chávez," *Latin American Politics and Society*, Vol. 50, No. 1, 2008, p.92.

的社会精英利益集团持批评立场，将美国看作试图颠覆玻利瓦尔革命的幕后力量。

从一开始，查韦斯即以革命的姿态挑战传统的政治制度，但是他回避以马克思主义的阶级分析来划定敌我阵营。在查韦斯看来，委内瑞拉社会的根本对立不在于劳工和资本家之间，而在于被统治者和统治者、被剥削者和剥削者之间。中产阶级更多地属于人民的、被剥削的阵营。也就是说，委内瑞拉存在两极：极少数剥削者和绝大多数被剥削者。虽然查韦斯并未将所有的资本部门划入剥削者阵营，但是与全球资本主义利益绑定在一起的垄断性部门无疑属于掠夺普通民众的贪婪的精英势力。最初，这种政治斗争的二元概念并未与社会主义相联系。在早期阶段，民族主义，而非社会主义或马克思主义，是查韦斯的意识形态的主要来源。查韦斯频繁地援引玻利瓦尔和 19 世纪的民族英雄，将自己的民粹主义运动的救赎性特征与委内瑞拉历史上争取民族独立和地区一体化的斗争联系在一起。在他的话语体系里，政治对手属于与帝国主义相联系的卖国势力。在这种意识形态建构中，查韦斯主义站在国际资本和全球新自由主义的对立面，但没有拒绝接受资本主义和资本家本身。实际上，在经济政策上，查韦斯上台后，倡导的是一种"人道的"混合经济，同时吸收了资本主义和社会主义发展模式的因素，建立不受垄断控制的市场和致力于培育包括公共部门与私人部门的本国生产的发展主义国家。这种立场使他在初期赢得了企业界内部试图从资源丰富的石油国家中受益的"局外人精英"的支持。虽然查韦斯相信国家应当促进中小私人生产部门的发展，但是他拒绝对社会服务部门和国家石油公司实行私有化，坚持战略性的经济部门应该被控制在国家手中。[1] 与此同时，在社会领域进行收入再分配，消除贫困

---

1　Kenneth M. Roberts, "Populism and Democracy in Venezuela under Hugo Chávez," Cas Mudde and Cristóbal Rovira Kaltwasser, eds., *Populism in Europe and the Americas：Threat or Corrective for Democracy?* Cambridge University Press, New York, 2012, p.146.

和社会不平等。在政治领域，推行参与式民主，将"自由主义的代表性制度与直接民主机制结合起来"。[1] 在查韦斯早期的话语体系中，其并没有承诺以未来的社会主义选择来取代新自由主义，而是力图寻求介于资本主义和社会主义之间的"第三条道路"，正如 20 世纪四五十年代阿根廷的民粹主义领袖庇隆那样，致力于内向型的、国家主导的资本主义发展。实际上，这种发展战略与 20 世纪 80 年代末期转向新自由主义发展模式之前委内瑞拉两大传统政党推行的以石油收入为基础的食利型国家主义有着类似之处，尽管查韦斯与这两大传统政党在政治上势不两立。[2]

2006 年以后，在政治和经济上经历了一系列的挑战后，查韦斯政权逐步稳固，加上当时国际石油价格的上涨，政府收入增加，查韦斯主义转向激进，提出构建"21 世纪社会主义"的主张。在继续推行收入再分配的社会政策的同时，进一步扩大政府对经济的干预，更多的部门被国有化。在政治上，建立一个更加集权的政府机构，权力愈加集中到总统查韦斯手中，政府的威权特色更加显著。各部门之间的分权制衡、完全竞争性的自由选举不复存在，国家、政府、政党以及自上而下建立的参与性社会组织之间的界限难以区分。公民权和政治权被削弱。[3]

2008—2009 年的国际金融危机及其对国际油价的影响给查韦斯社会主义计划的可行性蒙上了阴影。这场危机再次暴露了委内瑞拉这种依赖于石油出口的单一经济的脆弱性。这使人们回想起 20 世

1 Margatita López Maya, "Venezuela: Hugo Chávez and the Populist Left," Steven Levitsky and Kenneth M. Roberts, eds., *The Resurgence of Latin American Left*, The Johns Hopkins University Press, Baltimore, 2011, p.236.

2 Kirk A. Hawkins, *Venezuela's Chavismo and Populism in Comparative Perspective*, Cambridge University Press, New York, 2010, p.83.

3 Margatita López Maya, "Venezuela: Hugo Chávez and the Populist Left," Steven Levitsky and Kenneth M. Roberts, eds., *The Resurgence of Latin American Left*, The Johns Hopkins University Press, Baltimore, 2011, p.236.

纪 70 年代，卡洛斯·安德列斯·佩雷斯政府凭借石油出口的繁荣，提出了"伟大的委内瑞拉"计划，但是随着石油收入下跌，该计划崩溃。查韦斯政府在建设"21 世纪社会主义"的过程中，最致命的弱点似乎是缺少建立一个多样化的、生产性经济的有效策略。尽管查韦斯赢得了 2012 年的总统选举，但 2013 年查韦斯去世后，随着国际市场上石油和原材料价格的变化，委内瑞拉石油收入下降，经济衰退，贫困率迅速上升，2015 年，委内瑞拉贫困率高达 45%，比 1998 年查韦斯当选总统时还高出 3 个百分点。继任的马杜罗政府面临极其严峻的挑战。

# 第十章 玻利维亚：莫拉莱斯的民粹主义

2005 年 12 月，玻利维亚总统大选举行，"争取社会主义运动"候选人胡安·埃沃·莫拉莱斯·艾玛在第一轮选举中赢得 53.7% 的选票，当选为总统，并于 2006 年 1 月宣誓就职。莫拉莱斯的当选，在玻利维亚历史上具有重要的转折性意义。他不仅是玻利维亚第一位印第安人总统，而且是 20 世纪 80 年代玻利维亚恢复民主制以来历次选举中得票最多的总统候选人。此后，他又在 2009 年、2014 年的选举中，两次连任总统。2019 年 10 月，玻利维亚最高选举法院宣布，执政党"争取社会主义运动"候选人、现任总统莫拉莱斯再次在总统选举中获胜，当选下届总统。但是，11 月 10 日，因总统选举中出现违规行为，玻利维亚总统莫拉莱斯迫于各方压力宣布辞职。

2005—2019 年担任总统期间，莫拉莱斯及其执政党"争取社会主义运动"在玻利维亚进行了一场独特的左翼民粹主义的实践。与委内瑞拉的查韦斯、厄瓜多尔的科雷亚一起，莫拉莱斯成为南美激进左派的代表。本章对莫拉莱斯及其领导的"争取社会主义运动"从创立到执政的进程，莫拉莱斯政府的政治、经济和社会政策进行初步探讨，着重分析其民粹主义的实质与特色。

# 一　1952 年革命

莫拉莱斯所领导的"争取社会主义运动"根植于玻利维亚持久的政治传统，同时又为这一传统增添了新的因素。在 20 世纪玻利维亚的现代化进程中，最为重要的事件当数 1952 年的革命。这场革命是玻利维亚历史的重要转折点，其遗产对此后的政治发展产生了深刻的影响。因此，考察 1952 年革命的成就和局限性，有助于理解20 世纪末 21 世纪初玻利维亚的政治发展。

玻利维亚是南美洲中部的内陆国，面积 109.8 万平方公里，人口 1142.7 万，其中，印第安人占 54%，印欧混血种人占 31%，白人占 15%。殖民地时期，玻利维亚被称为上秘鲁，是著名的波托西银矿所在地。白银生产带来了大量财富，使之成为西班牙美洲帝国最富裕的地区之一。1825 年，其脱离西班牙获得独立，以南美"解放者"玻利瓦尔的名字命名了这个新共和国——玻利维亚。

独立以后，玻利维亚陷入了长期的经济低迷和政治动荡，并多次与邻国发生战争。1879—1883 年，爆发了以秘鲁和玻利维亚为一方、智利为一方的太平洋战争，秘鲁和玻利维亚战败。玻利维亚丧失了盛产硝石的矿区领土，成为内陆国家。此后，锡成为玻利维亚的主要出口产品。战后，保守党和自由党先后执政，直到 1920 年新成立的"共和联盟"（1920—1934 年执政）上台，打破了两党对政治的垄断。与此同时，大庄园主大肆侵吞印第安人的土地，引发印

第安人的武装反抗。1927 年爆发了著名的印第安人反对大庄园主的
"查扬塔起义"（Chayanta Uprising），波及 9 个省份，起义军超过 1
万人。[1]无论哪个统治集团上台，都对印第安人的反抗进行严酷镇压。

　　1932 年，玻利维亚与巴拉圭之间又爆发了查科战争。战争中，
玻利维亚军方迫使从高地地区征调的印第安人前往炎热、潮湿的低
地地区作战，而这些印第安人对玻利维亚国家并无认同感。此举只
能增加印第安人社会的不安定因素。战败之后，"历届政府的主要任
务是设法推卸自己的责任，不是压制批评就是相互指责"。[2]社会各
阶层对统治集团不满，要求社会变革的思想和运动不断蔓延，传统
政党名誉扫地。30 年代世界性的经济危机引起的生活困难进一步激
化了社会矛盾。1936 年 5 月 17 日，大卫·托罗（David Toro）上校
和格尔曼·布希（German Busch）上校发动政变，接管政府，"使玻
利维亚进入了一个由年轻的查科战争军官领导的政府时期"。[3]这些
年轻的军官在玻利维亚实行了一场所谓的"军事社会主义"改革。
1936 年 6 月，组建劳工部；12 月，召开了新的劳工联合会——"玻
利维亚工人工会联合会"第一次全国代表大会。1937 年 2 月，执政
委员会颁布法令规定，各企业雇用的工人中至少要有 85% 为玻利维
亚人，并下令规定了最低工资和薪金标准。[4] 3 月，将美孚石油公司
收归国有，创建了玻利维亚标准石油公司。1938 年，召开制宪会议，
制定了宪法。宪法对个人财产权实行限制，"财产已经不再是个人权
利中不可剥夺的一部分，而是一种社会公共权利，这种社会权利的
合法性是由社会公众决定的。同时，国家要为个人的经济福利、保
护妇女儿童的合法权益和提供广泛的义务教育负责"。1938 年宪法

---

1　〔美〕托马斯·E. 斯基德莫尔、彼得·H. 史密斯、詹姆斯·N. 格林：《现代拉丁美洲》，第
　　192 页。
2　〔英〕莱斯利·贝瑟尔主编《剑桥拉丁美洲史》第 8 卷，第 521 页。
3　〔美〕赫伯特·S. 克莱恩：《玻利维亚史》，董小川译，商务印书馆，2013，第 174 页。
4　〔英〕莱斯利·贝瑟尔主编《剑桥拉丁美洲史》第 8 卷，第 523 页。

是一部相当激进的宪法。"军事社会主义时代的出现标志着 1880 年以来的传统政治体制的终结，也见证了玻利维亚社会开始由公众参与较少的传统共和政体向以一种阶级政治为基础、底层阶级参与国家政治生活成为主要斗争形式方向转变的过程。"[1]

在此形势下，左翼和劳工力量进入政坛，组建了三大政党——左派革命党（Partido de la Izquierda Revolucionario，PIR）、托派的革命工人党（Partido Obrero Revolucionario，POR）以及"民族主义革命运动"（Movimiento Nacional Revolucionario，MNR）。左派革命党成立于 1940 年，由倾向马克思主义的社会学家何塞·安东尼奥·阿尔塞（José Antonio Arze）创立。该党的口号是"按照马克思和恩格斯的学说恢复真正的社会主义制度"，组织了劳工联盟，争取农民的支持，主张矿山国有化并促进国家工业化。革命工人党成立于 1920 年，"把托洛茨基的目标作为自己的目标"，激烈地反对美国，主张用激进的方法进行土地、经济和社会改革。[2] 在革命工人党的激进领袖胡安·莱钦（Juan Lechín）的领导下，锡矿工人组建了玻利维亚矿工联盟（Federación Sindical de Trabajadores Mineros Bolivianos，FSTMB）。"民族主义革命运动"成立于 1940 年，是由一些大学生和知识分子创立的，主要来自城市中产阶级。其领导人是经济学教授维克托·帕斯·埃斯登索罗（Victor Paz Estensoro），曾在"军事社会主义"的布希政府担任总统顾问。

40 年代晚期，农民起义席卷了整个农村，得到玻利维亚矿工联盟、革命工人党和"民族主义革命运动"的支持。第二次世界大战

---

1　〔美〕赫伯特·S.克莱恩：《玻利维亚史》，第 181 页。关于玻利维亚的"军事社会主义"实践，较权威的研究参见 Herbert S. Klein, "David Toro and the Establishment of 'Military Socialism' in Bolivia," *Hispanic American Historical Review*, Vol. 45, No. 1, 1965, pp. 25-52; Herbert S. Klein, "German Busch and the Era of 'Military Socialism' in Bolivia," *Hispanic American Historical Review*, Vol. 47, No. 2, 1967, pp. 166-184。

2　〔美〕罗伯特·巴顿：《玻利维亚简史》，辽宁第一师范学院外语系翻译组译，辽宁人民出版社，1975，第 345—346 页。

后，锡价下跌迫使矿主削减工资，引发了大规模的劳工运动。1942年，军队在卡塔维（Catavi）矿区屠杀罢工工人，进一步激化了矿工对政府的敌意。1949 年，在埃尔南·西莱斯·苏阿索（Hernán Siles Zuazo）的领导下，民族主义革命运动领导了一场武装起义，但被镇压。次年，民族主义革命运动又在拉巴斯的工人中领导了武装劳工罢工，也被政府镇压。随后，民族主义革命运动转向通过选举取得政权。1951 年大选中，民族主义革命运动领袖维克托·帕斯·埃斯登索罗以 53% 的得票率当选总统，但是军方宣布大选结果无效。民族主义革命运动在激进的工人、农民和中产阶级的支持下再次举行起义，取得政权。[1] 1952 年玻利维亚革命是 20 世纪拉美地区发生的五次重要革命之一。[2]

1952—1964 年，在民族主义革命运动进行"民族革命"期间，一共有三届政府。1952—1956 年，埃斯登索罗担任总统；1956—1960 年，埃尔南·西莱斯·苏阿索担任总统；1960—1964 年，埃斯登索罗再次上台。1964 年发生军事政变，民族主义革命运动政府被推翻。在此期间，民族主义革命运动政府在以下方面进行了改革。

第一，实行普选。废除选民应具有读写能力的要求，给予文盲、妇女乃至士兵选举权。特别是，广大印第安人农民得到了选举权，选民数量从 20 万人上升到 100 万人。[3]

第二，实行矿业国有化。在对矿主进行补偿的前提下，对矿业实行国有化，并建立了国有的玻利维亚国家矿业公司（Cooporación Minera de Bolivia，COMIBOL），政府获得了外国冶炼厂的有效控制权，进而能够从根本上控制锡价。尽管随着朝鲜战争的结束，世界

————————

1 〔美〕托马斯·E. 斯基德莫尔、彼得·H. 史密斯、詹姆斯·N. 格林：《现代拉丁美洲》，第193—194 页。

2 另外四次革命是 1910 年墨西哥革命、1944 年危地马拉革命、1959 年古巴革命、1979 年尼加拉瓜革命。

3 〔美〕赫伯特·S. 克莱恩：《玻利维亚史》，第 198 页。

市场上对锡和钨的需求下降，但国有化的矿业有几年的时间还是盈利的。[1] 1952 年 4 月，玻利维亚矿工联盟组建了玻利维亚总工会（Confederación Obrera Boliviana, COB），旨在推动提高工资、改善工作条件和整体的政策改良。[2] 1952—1987 年，胡安·莱钦一直是玻利维亚总工会的总书记。在他的领导下，玻利维亚总工会成为左翼的、激进的政治力量，而且建立了全国性的工人民兵队伍。

第三，实行土地改革。在乡村高原地区，农民开始通过武力或在玻利维亚总工会的指导下成立农民联盟，接管中型和大型庄园。在此形势下，政府颁布了土地改革法令，没收所有大庄园主的土地，并以 25 年的补偿债券的形式赔偿给土地所有者，并保证将这些大庄园的土地通过他们的工会和社区分给印第安人，前提条件是个人无权将这些土地出售。[3] 约有 1/4 的可耕地被依法分配。政府还通过农业信贷、合作社和技术援助帮助农民发展生产。到 1964 年，约有 2.5 万名农民加入了 300 多个合作社。

比较而言，玻利维亚民族主义革命运动的改革措施是比较激进的。例如，在矿业国有化的同时，还建立了"工人监督制"，这比墨西哥卡德纳斯政府的石油国有化更为激进。土地改革也只有同时期的墨西哥、苏联和中国能够与之媲美。然而，"矿产的国有化、大庄园制度的覆灭以及政府资源大量转移给社会福利的规划"，对国民经济和政府收入产生了致命的影响。接管矿产使政府的财政资源枯竭，土地改革又使农村减少了对城市的粮食供应，因此，为防止饥荒，必须大量进口粮食。为解决这些问题，政府采取的措施是扩大货币发行量，结果 1952—1956 年玻利维亚的通货膨胀在当时为世界之最，生活必需品的花费上涨了 20 倍，年通货膨胀率高达 900%。

---

1　〔英〕莱斯利·贝瑟尔主编《剑桥拉丁美洲史》第 8 卷，第 547 页。

2　〔美〕托马斯·E. 斯基德莫尔、彼得·H. 史密斯、詹姆斯·N. 格林：《现代拉丁美洲》，第 194 页。

3　〔美〕赫伯特·S. 克莱恩：《玻利维亚史》，第 200—201 页。

货币贬值的最大受害者是城市中产阶级。城市中产阶级本来是民族革命运动的核心和支持者，而现在他们开始大规模地背弃政府。[1]

城市中产阶级开始大规模地加入玻利维亚社会主义长枪党（Falange Socialista Bolivian，FSB）。该党成立于 1937 年，受西班牙长枪党的影响，最初主张建立独裁政府，后来转向民主和左倾。到此时，该党成为右翼政党，依靠社会上层和中产阶级的支持，试图颠覆政府。民族主义革命运动党内也发生分歧：一个是以埃尔南·西莱斯·苏阿索为代表的右翼中产阶级；另一个是以胡安·莱钦领导的玻利维亚总工会，是党内的左翼；此外，还有一个党内的温和派，接受各种社会改革，却要求政权维护中产阶级的利益。

在经济压力下，政府决定向美国寻求援助。由于危地马拉和圭亚那建立了激进的政权，美国政府认为，支持玻利维亚民族主义革命运动是避免玻利维亚落入共产主义阵营的唯一办法。美国向玻利维亚提供食品，为道路建设提供资金，美国石油公司受邀到玻利维亚进行石油勘探。但是，美国和国际货币基金组织要求玻利维亚实行经济紧缩政策，控制通货膨胀，取消国家干预。迫于经济形势，1957 年，埃斯登索罗接受了美国的"稳定计划"。在西莱斯总统任内，通过该计划的实施，货币币值得到了稳定，政府赤字下降，但付出了沉重的社会代价。为了控制通货膨胀，政府停止了对矿工的食品补贴，限制工资增长，自然引起了左翼工会的反对。1960 年埃斯登索罗再次就任总统时，在经济问题上与副总统莱钦发生了严重分歧。1964 年，埃斯登索罗修改宪法，使自己连选连任。莱钦从民族主义革命运动退出，建立了新的政党——左翼民族主义革命党。1964 年 11 月，军队发动政变，罢免了新当选的埃斯登索罗。

1952 年革命是由代表中产阶级利益的政党民族主义革命运动领导的，这些出身中产阶级的改革者渴望打破传统的寡头集团对玻利

---

1 〔美〕赫伯特·S.克莱恩：《玻利维亚史》，第202页。

维亚政治的控制，但是革命以强烈的民族主义和民众情感动员了广大的工人和农民群众的参与。也就是说，虽然革命的领导层主要来自中产阶级，但组建了一个跨越阶级界限的进步联盟；它诉诸强烈的民族主义话语，但缺乏一种明确的意识形态。埃斯登索罗以一种典型的"我们"／"他者"的二元对立的民粹主义话语动员民众。在普选后首届玻利维亚议会上，他说："政治斗争发生两极分化：民族主义革命运动和反动势力。前者是革命的真正代表，是全国绝大多数人的真正代表，是历史发展的必然产物；后者是寡头集团的急先锋，旨在复辟地主—矿主统治。"[1] 如上所述，玻利维亚革命政府推行了激进的结构性改革，特别是实行普选、矿业国有化和土地改革。通过这些改革措施，此前被排除在政治参与之外的民众被动员起来。他们一方面支持民族主义革命运动政府，另一方面又要求更加激进的社会变革和更多的政治参与。但是再分配政策引发的财政危机又使政府无力满足这些民众的要求。在美国政府和国际货币基金组织的压力下，政府只得推行不受民众欢迎的经济紧缩政策。这导致革命联盟分裂，为右派颠覆政府创造了条件。[2] 由此可见，1952—1964年玻利维亚民族主义革命运动政府的经济社会政策及其面临的困境以及最后的结局，与此前的阿根廷庇隆政府和同时期的巴西政府极为相似。可以说，这次革命是一种比较典型的经典民粹主义的实践。

## 二　玻利维亚的新自由主义改革和民众抗议运动

与同时期的巴西、阿根廷、智利一样，1964—1982年，军队成为玻利维亚政治的主宰。虽然军方也偶尔允许举行选举，但是，军

---

1　〔英〕莱斯利·贝瑟尔主编《剑桥拉丁美洲史》第8卷，第548页。

2　John Crabtree, "From the MNR to the MAS: Populism, Parties, the State, and Social Movements in Bolivia since 1952," Carlos de la Torre and Cynthia J. Arnson, eds., *Latin American Populism in the Twenty-First Century*, The Johns Hopkins University Press, Baltimore, 2013, pp.275-276.

方对选举进行常规性的干预，阻止进步倾向的候选人当选。在此期间，玻利维亚经济衰退，社会动荡。主要出口产品锡在世界市场上价格下降，使危机进一步加剧。1982年，军方返回军营，玻利维亚举行了自由公正的大选，埃尔南·西莱斯·苏阿索当选为总统。但是当时世界市场上锡价跌过底价，1985年通货膨胀率达到60000%，因无力治理而深感挫败的西莱斯提前下台。在1985年举行的大选中，1952年革命的领导人、78岁的前总统埃斯登索罗再次担任总统。

如上所述，1952年是玻利维亚历史的一个转折点，1985年是另一个转折点。1952年，民族主义革命运动领导的革命导致了玻利维亚社会经济结构的变革；1985年，同一个政党在同一位领导人埃斯登索罗的领导下，全面否定和抛弃了1952年革命的政策和立场。再次当选的埃斯登索罗一上台，就提出了新经济政策。按照新自由主义的原则，减少国家干预，开放经济。采用"休克疗法"，控制通货膨胀，稳定经济。在毕业于哈佛大学的经济学家杰弗里·萨克斯（Jeffrey Sachs，1986—1990年担任玻利维亚总统顾问）的设计下，政府关闭了11家亏损的国营矿山，解雇了几千名矿工，将大量国有企业私有化，急剧削减公共服务，增加税收。玻利维亚最大的锡矿被关闭，引发了矿工和政府之间的严重冲突。矿工工会举行全面罢工，几千人前往首都拉巴斯抗议游行。政府宣布实行紧急状态，逮捕了几百名劳工领袖，并向矿区派驻军队，出动了坦克和飞机。最后，在教会的协调下，政府和矿工举行谈判，根据达成的协议，政府释放被捕的工会领导人，对失业的矿工实行补偿等。但是，政府的新自由主义经济政策没有改变。

在政治领域，1985年后，玻利维亚三大政党控制政权长达20多年。最早成立的政党是民族主义革命运动。其次是革命左派运动党（Movimiento de la Izquierda Revolucionaria，MIR），成立于1971年，海梅·帕斯·索莫拉（Jaime Paz Zamora）是该党的领袖，在 1989 年当选总统。第三大党民族主义者民主行动党（Acción Democrática Nacionalista，ADN）是军政府时期的独裁者乌戈·班塞尔（Hugo Banzer）于 1979 年创立的。1997 年，乌戈·班塞尔当选总统，后于 2001 年因身体原因辞职，2002 年去世，副总统豪尔赫·基罗加接任总统。各党执政时间见表 10-1。

表 10-1　1985—2017 年玻利维亚各党执政时间

| 时间 | 总统 | 政党 | 得票率（%） |
| --- | --- | --- | --- |
| 1985—1989 年 | 维克托·帕斯·埃斯登索罗 | 民族主义革命运动 | 30 |
| 1989—1993 年 | 海梅·帕斯·索莫拉 | 革命左派运动党 | 22 |
| 1993—1997 年 | 贡萨洛·桑切斯·德·洛萨达 | 民族主义革命运动 | 36 |
| 1997—2001 年 | 乌戈·班塞尔 | 民族主义者民主行动党 | 22 |
| 2001—2002 年 | 豪尔赫·基罗加 | 民族主义者民主行动党 | |
| 2002—2003 年 | 贡萨洛·桑切斯·德·洛萨达 | 民族主义革命运动 | 22 |
| 2003—2005 年 | 卡洛斯·梅萨 | 无 | |
| 2005—2006 年 | 爱德华多·罗德里格斯 | 无 | |
| 2006 年— | 埃沃·莫拉莱斯 | 争取社会主义运动 | 54 |

资料来源：Robert R. Barr, *The Resurgence of Populism in Latin America*, Lynne Rienner Publishers, Boulder, London, 2017, p.81。

　　无论哪个政党上台，都继续推行新自由主义的经济政策。1993 年大选中，贡萨洛·桑切斯·德·洛萨达在四位候选人中，以 36% 的得票率脱颖而出。在有古巴领导人菲德尔·卡斯特罗、危地马拉诺贝尔和平奖得主里戈韦塔·门楚出席的就职典礼上，他宣布将为国家的穷人服务，许诺实行收入再分配。但是，他的经济政策核心还是根据国际货币基金组织和世界银行的要求，实行国有企业私有化。上台后一个月，政府就解雇了 1 万名国有部门的工人，由此引发了一场由玻利维亚总工会领导的总罢工和示威游行，导致整个国家陷入瘫痪数周之久。

新自由主义的经济改革取得了一定的效果，通货膨胀得到抑制，经济开始恢复增长。到 2001 年豪尔赫·基罗加担任总统时，玻利维亚的年均经济增长率达到 4%。但同时，外债也达到 4.94 亿美元。更为严重的是，贫困化加剧。1997 年，玻利维亚的人均 GDP 只有 800 美元，在拉美地区仅高于海地。同时，由于收入分配严重不均，78% 的城市家庭生活在贫困线以下，其中 40% 的家庭收入不能满足最基本的生活需要。2001 年，玻利维亚有 500 万人口（占全部人口的 60%）处于贫困状态；婴儿死亡率达 57‰，在西半球居第二位；人均预期寿命 64 岁，居西半球倒数第三位；失业率高达 12%。无疑，新自由主义改革并未给国家带来繁荣和稳定的发展。甚至支持自由贸易的英国《经济学人》杂志都承认："市场经济，无论给未来带来了什么许诺，都没有给穷人带来繁荣。"[1]

在此形势下，玻利维亚的民众对于新自由主义政策以及坚持推行新自由主义的政党日益不满。在民众看来，这些政党将国际货币基金组织等外国集团利益置于本国民众的需求之上。由于三大政党在新自由主义政策上的趋同，玻利维亚政党体系的代表性严重下降，由此产生的政治真空为新的政治组织的出现创造了条件，其中最为引人注目的是原住民政党的建立。玻利维亚的原住民占全部人口的 60%，他们珍视集体身份和利益，要求更多的自主权以及对本地资源更多的控制权，但是在传统的政党体系下，他们的诉求得不到表达。因此，原住民运动和政党的迅猛兴起，正是玻利维亚传统的政党体系代表性危机的结果。

早在 1989 年的总统选举中，卡洛斯·帕伦克（Carlos Palenque）就对传统政党提出了挑战。他领导的"祖国良心党"（Conciencia de Patria，CONDEPA）得到了艾玛拉（Aymara）原住民的大力支持，

---

1 Benjamin Keen and Keith Haynes, *A History of Latin America*, 2nd Edition, Houghton Mifflin Harcourt Publishing Company, Boston, New York, 2009, p.546.

获得了 12.2% 的选票。在 1993 年的总统选举中，他又获得了 14% 的选票。在这次选举中，马科斯·费尔南德斯（Max Fernández）以新成立的团结公民同盟（Unión Civica Solidaridad, UCS）提名的候选人身份参选，获得 13.7% 的选票。值得注意的是，在竞选中，这两位候选人都采用反建制的话语，与选民建立公民投票式的直接联系，寻求非正规部门的劳动者和被边缘化的社会团体特别是原住民的支持，体现了典型的民粹主义政治风格。[1]但是，在 90 年代，这两个政党一直维持着小党的地位。莫拉莱斯领导的"争取社会主义运动"也是在这一背景下兴起的，而且比上述两个政党更为成功。

玻利维亚的社会下层民众一直抗议新自由主义经济和社会政策，并且取得了一定的胜利。例如，在 2002 年，成功地抵制了政府将玻利维亚国家矿业公司部分私有化的计划。但是，最引人瞩目的是 1999—2000 年在科恰班巴（Cochabamba）爆发的水战争和 2003 年在埃尔阿托（El Alto）爆发的气战争。

1999 年，玻利维亚政府决定对科恰班巴的自来水设施实行私有化，国际财团图纳里自来水公司（Aguas del Tunari）作为唯一的投标方，经过与政府的闭门谈判，双方签署协议，由该公司接管科恰班巴的自来水供应。接管之后，该公司立即将自来水的价格提高 200%，由此引起了民众的极大愤怒。以奥斯卡·奥利维拉（Óscar Olivera）为首的公民组织——"捍卫水和生命同盟"成立，负责协调抗议运动。2000 年 1 月开始，成千上万的中下层民众走上街头抗议，与班塞尔总统派来的维持秩序的 1200 名保安力量发生冲突。水战争由此爆发。

其实，水价并非抗议者唯一的甚至并非最主要的诉求。在科恰班巴，大约 40% 的人口其实享受不到自来水的供应，但是这些人

---

1　Robert R. Barr, *The Resurgence of Populism in Latin America*, Lynne Rienner Publishers, Boulder, London, 2017, p.90.

也加入抗议运动。他们反对的是政府以普通民众为代价对自然资源实行的私有化和商业化政策。因此，这场抗议反映的是"对于显然不合理的私有化交易的愤怒，这一交易将科恰班巴的所有地表和地下水资源交给财团控制"。奥斯卡·奥利维拉指出，民众反对的是给错误的一方带来利益的交易。他们为了"水不被私有化而战，为了（水）公司不落入跨国公司之手而战，为了（作为公共资源的）水系统不会变成跨国公司的财产而战，他们为了农民的'传统和习惯'（usos y costumbres）而战"，尽管这些人享受不到自来水供应。"水就是生命"成为无所不在的抗议口号，但有更多的口号超出了水的范围，如"权力属于传统用户，水万岁，处死私有化者！"值得注意的是，抗议者的愤怒不是指向外国公司，而是指向将本国资源交给外国公司控制的政府。抗议者的另一关切是类似水资源私有化的这类交易进行的方式，即其中涉及的政府腐败问题。[1]水战争的范围迅速扩大，其他社会群体加入其中，并提出了自己的要求。首先是当地的警察举行了罢工，要求提高工资。随后，抗议蔓延到教师、大学生、非正规部门的劳动者之中。

2003年，政府计划与另一家外国财团太平洋液化天然气公司（Pacific LNC）签署协议，由后者通过穿过智利的管道，将玻利维亚的天然气出口到北美。20世纪90年代和21世纪初，玻利维亚发现大量油气资源，天然气储量居南美第二位。2003年，天然气成为玻利维亚居第一位的出口产品。尽管如此，玻利维亚的能源消费量很低，人均用电量不到南美地区平均值的25%，人均能源消费只有南美平均值的一半。这一状况产生的原因是基础设施的落后，75%的农村人口和20%的城市人口用不上电。根据政府与外国财团达成的协议，开发玻利维亚天然气资源的外国公司获得了极大的优惠：它

---

1　Robert R. Barr，*The Resurgence of Populism in Latin America*，Lynne Rienner Publishers，Boulder，London，2017，pp.92-93.

们仅需向玻利维亚支付 18% 的矿区使用费和 12% 的税（依据在"坑"的天然气资源的价值）。与其他国家的类似协议相比，这些费用明显太低。无疑，在民众看来，政府又在以本国普通公民为代价开发天然气资源，为外国公司谋取利益。如同科恰班巴的水战争一样，玻利维亚民众又掀起了一场捍卫本国资源的气战争。

这场抗议运动始于埃尔阿托和拉巴斯，一段高速公路被切断，导致的的喀喀湖（Lake Titicaca）附近一组游客被困。政府组织的营救活动导致 6 人死亡，并引发了更大规模的抗议。各种各样的社会集团参与其中。虽然没有一个统一的领导人，但抗议运动迅速蔓延到全国，使整个经济活动陷于停顿。随着抗议运动的升级，除了社会底层成员，很多中产阶级也加入进来。他们不仅要求保护国家的天然气资源，还要求总统辞职。政府派军队镇压，甚至将坦克开上街道。10 月，与保安部队的冲突导致几十名抗议者丧生。在此形势下，总统桑切斯·德·洛萨达提出就油气政策举行全民投票，但为时已晚。10 月 17 日，无计可施的总统选择了辞职，后流亡美国。最后，这场气战争导致了大约 70 人死亡，政府瘫痪。接任总统的卡洛斯·梅萨许诺修改油气法律，成立制宪会议修改宪法，就油气出口政策举行全民投票。2004 年，就是否将矿区使用费和税率提高到所开采的天然气价值的 50% 举行了公民投票，并获得通过。随后，议会据此修改油气法律。经过长时间拖延后，议会通过的法律规定，矿区使用费维持在 18%，仅将税率提高到 32%。这一决定引发了激烈的争论，特别是遭到盛产油气的东部地区的强烈反对。原住民、劳工等社会团体要求对油气资源实行全面国有化。梅萨总统允许该法案通过，但是没有签字。民众再次举行抗议活动，国家陷于瘫痪。2005 年 6 月，面对 50 万名抗议者，梅萨总统步其前任后尘，提前辞职。

1985 年以来，玻利维亚各届政府推行的新自由主义改革，不仅没有解决，反而加剧了社会的贫困化，遭到民众的普遍反对，来自底层民众的抗议运动此起彼伏，传统政党彻底丧失了代表性和群众基础，新的社会运动和政治组织应运而生，其中最为突出、最为成功的是莫拉莱斯领导的"争取社会主义运动"。

## 三 "争取社会主义运动"的崛起

"争取社会主义运动"最初是在热带科恰班巴的查帕雷（Chapare）地区种植古柯的农民（cocaleros）组织中孕育产生的。

在安第斯原住民文化中，种植和消费古柯（咀嚼古柯叶、发酵制茶等）是传统生活的一部分。几个世纪以来，玻利维亚和其他安第斯国家的原住民就通过咀嚼古柯叶来缓解饥饿或高原地区生活带来的不适。这种消费古柯的方式与毒品无关。20世纪八九十年代，随着新自由主义的经济调整，大量失业人群加入古柯生产行业。例如，由于锡矿被大批关闭，很多失去生计的矿工来到查帕雷地区，用他们的失业补偿金购买一小块土地，种植古柯。古柯叶产量迅速提高，玻利维亚成为世界第二大古柯叶生产国，有大约50万人以古柯经济为生。除本地消费外，古柯还是可卡因的原料。20世纪70年代以来，在美国等发达国家吸食可卡因成为一种时尚，给玻利维亚的可卡因生产带来了机会，玻利维亚成为世界第二大可卡因生产国。美国为了全面禁止毒品，要求玻利维亚政府配合美国，颁布和实施古柯种植禁令。在新自由主义改革的过程中，有赖于美国经济援助的历届玻利维亚政府对美国唯命是从。1985年，民族主义革命运动政府就颁布了21.060号最高法令，将消除古柯作为工作重点。[1]美国派军队、提供军事装备支持玻利维亚根除古柯的行动。玻利维亚议会并未授权外国军队进入本国，所以此举严重侵犯了玻利维亚主权。1989—1993年执政的海梅·帕斯·索莫拉总统秘密同意美国

---

1 杨志敏主编《回望拉丁美洲左翼思潮的理论与实践》，中国社会科学出版社，2018，第179页。

向玻利维亚军方提供援助，打击毒品贩运。1993—1997 年的贡萨洛·桑切斯·德·洛萨达政府颁布了"零选择"计划，要求全面销毁多余的古柯。在古柯农的强烈抗议下，他被迫停止计划的实施。1997 年后，乌戈·班塞尔和豪尔赫·基罗加推出了所谓的"尊严计划"，打算在 5 年内彻底清除非法的古柯种植，并在美国的支持下成立了"远征特遣部队"，独立于军队和警察系统。该军事力量犯下了许多严重侵犯人权的罪行。[1]

依赖于古柯种植维持生存的玻利维亚的原住民强烈反对美国和玻利维亚政府根除古柯的措施。他们采取阻断道路、游行示威、静坐、占地等方式进行抗议。莫拉莱斯领导的"争取社会主义运动"最初就是在科恰班巴的查帕雷地区以讲克丘亚语为主的古柯种植农工会的基础上成长起来的。这些工会组织产生于 20 世纪 60 年代，但是到 80 年代，随着大量讲克丘亚语的高地印第安人的流入，其力量增强，立场也更加激进。埃沃·莫拉莱斯也是在这个时期从外地移居到此地的。1959 年 10 月 26 日，莫拉莱斯出生于玻利维亚西部奥鲁罗省一个贫穷的艾马拉印第安人家庭，父母均为普通农民。80 年代，因发生严重的旱灾，生活困难，他随全家迁移到科恰班巴的查帕雷地区，成为一名古柯种植农，并加入当地的农民工会组织，开始了政治生涯。[2] 这些新来的移民大多是因政府的新自由主义改革而失去生计的工人和农民，其中包括曾参与劳工运动的锡矿工人。到 90 年代初，统一的古柯种植农工会已成为玻利维亚最强大的、最有战斗力的劳工运动组织。而且，他们在很大程度上取得了对玻利维亚最大的农民工会的控制权。在古柯种植农工会的领导下，该农民工会考虑组建一个政党参与选举。1995 年 3 月，为了参与第二

1　Robert R. Barr, *The Resurgence of Populism in Latin America*, Lynne Rienner Publishers, Boulder, London, 2017, p.88.

2　莫拉莱斯的自传详细叙述了其在就任总统之前的人生历程，参见〔玻〕埃沃·莫拉莱斯·艾玛《我的人生——从奥利诺卡到克马多宫》，王萍等译，南开大学出版社，2018。

年的市政选举，一个农民组织委员会成立了"捍卫人民主权大会"
（Asamblea por la Soberanía de los Pueblos，ASP）。但是，该组织的领
导人未能按时进行政党登记，于是他们借用了一个濒临消亡的左派
政党——团结左派（Izquierda Unida，IU）的名义参选。1997 年，作
为查帕雷和卡拉斯科（Carrasco）地区的代表，莫拉莱斯当选为议
员。在议会中，莫拉莱斯因激烈地抨击美国的毒品政策而闻名全
国。他也因此在 2002 年被逐出议会，这使他的声望更加卓著。[1] 团
结左派 / 捍卫人民主权大会内部领导层存在分歧，莫拉莱斯及其支
持者决定退出，在 1998 年单独成立了一个新的政党——"捍卫人民
主权政治组织"（Instrumento Político por la Soberaníade los Pueblos，
IPSP）。为了进行注册，参与竞选，"捍卫人民主权政治组织"接手
了一个濒临消亡的左派政党——"争取社会主义运动"。这就是莫拉
莱斯领导的"争取社会主义运动"的由来。[2]

最初，"争取社会主义运动"在选举中表现并不出色。1999 年，
它获得了 9 个市长职位和 80 个市政委员的席位（其中一半来自科
恰班巴以外的地区）。但是，它仅仅赢得科恰班巴地区全部选票的
7.8%，赢得全国范围内选票的 3.3%。然而，出乎意料的是，2002 年
大选中，它一下子赢得了全国选票的 20.9%。作为"争取社会主义
运动"的候选人第一次参选总统的莫拉莱斯得票率居第二位，比民
族主义革命运动候选人贡萨洛·桑切斯·德·洛萨达的得票率仅仅
低 2 个百分点。2005 年的大选中，莫拉莱斯一举赢得了 53.7% 的选票，
当选总统，得票率比居第二位的候选人豪尔赫·基罗加高出 25 个百
分点。执政以后，"争取社会主义运动"在多次选举中的得票一直遥

1　Marten Briene，"A Populism of Indignities：Bolivia Populism under Evo Morales，"*Brown Journal of World Affairs*，Vol. 23，No.1，2016，p.79.

2　Raúl L. Madrid，*The Rise of Ethnic Politics in Latin America*，Cambridge University Press，New York，2012，pp.53-54.

遥领先。2009 年的大选中，莫拉莱斯获得了 64.2% 的选票。[1]

对于莫拉莱斯及其领导的"争取社会主义运动"迅速崛起的原因，国内外学者从不同的角度进行了很多研究。在此强调的是，莫拉莱斯和"争取社会主义运动"的民粹主义政治策略，在通向政权的道路上起到了至关重要的作用。

莫拉莱斯的民粹主义风格有一个发展的过程。民粹主义是一种自上而下的动员模式，为各种结构性的变革争取支持，将新的人口类别纳入政治参与。[2]按照这个标准来衡量，2002 年以前，莫拉莱斯还算不上一个典型的民粹主义者。因为在"争取社会主义运动"创建初期，玻利维亚反对现状、要求变革的政治运动主要是自下而上而非自上而下地动员起来的。此外，莫拉莱斯主要还是通过社会运动组织寻求民众的支持，而非那种依靠领袖的个人魅力与普通民众直接交流的典型的民粹主义方式。但是，在 2002 年的大选中，莫拉莱斯的确采用了反建制的话语，指责本国腐败的精英集团以及外国利益集团，特别是美国和国际货币基金组织。他许诺改变新自由主义模式，结束根除古柯的政策，修改宪法。显然，这符合民粹主义的政治策略和风格。

2002 年以前，莫拉莱斯的群众基础主要还是来自科恰班巴地区的古柯农以及高地地区的原住民，在大城市的支持率很低。"争取社会主义运动"的候选人是原住民。这些候选人包括莫拉莱斯，他经常穿传统的原住民服装，说艾玛拉或克丘亚语，参加原住民的仪式。虽然他经常谈论全国性的议题，但还是以原住民的关切为重点。2002 年后，莫拉莱斯的策略发生了转变。他在种族问题上的立

---

1　Raúl L. Madrid, "Bolivia: Origins and Policies of the Movimiento al Socialismo," Steven Levitsky and Kenneth M. Roberts, eds., *The Resurgence of the Latin American Left*, Johns Hopkins University Press, Baltimore, 2012, p.241.

2　John Crabtree, "From the MNR to the MAS: Populism, Parties, the State, and Social Movements in Bolivia since 1952," Carlos de la Torre and Cynthia J. Arnson, eds., *Latin American Populism in the Twenty-First Century*, The Johns Hopkins University Press, Baltimore, 2013, p.282.

场淡化了，并在城市地区建立选民基础。"争取社会主义运动"的群众基础主要在农村。莫拉莱斯明白，要在全国性的选举中获胜，必须赢得城市选民特别是拉巴斯和埃尔阿托等大城市选民的支持。然而，城市里的原住民主要是艾玛拉人，拉巴斯居民中还有很大一部分中产阶级。而"争取社会主义运动"原来的群众基础古柯种植农主要是贫困的克丘亚人。因此，城市居民最初对"争取社会主义运动"是抱有抵制态度的。面对这种局面，"争取社会主义运动"采纳了一种包容性的策略。与其他的原住民政党不同，"争取社会主义运动"的领导人回避那些排他性的语言，反复强调他们的党对所有种族、所有阶层的玻利维亚人敞开大门。最初，在竞选中，"争取社会主义运动"的候选人绝大多数来自原住民。慢慢地，越来越多的白人和梅斯蒂索人进入了党的候选人名单。实际上，在 2002 年和 2005 年的大选中，副总统和大多数参议员候选人是白人和梅斯蒂索人。"争取社会主义运动"还与城市里的若干梅斯蒂索人控制的政党建立了密切的联系。例如，2005 年大选中，它与梅斯蒂索人控制的政党——以拉巴斯市市长为首的"无所畏惧运动"（Movimiento Sin Miedo）结成了同盟。此外，"争取社会主义运动"还搭建了一个基础广泛的平台，宣传其政策主张，争取所有种族背景的选民而不仅仅是农村原住民选民的支持。[1] 多阶级的构成是拉美民粹主义政党区别于其他类型政党的显著特征。"民粹主义者广泛的诉求给他们的政党带来了形形色色的追随者，这是一种笨手笨脚但在争取选票时非常有效的策略，一种像是不放过每一个人的策略。"[2] 显然，"争取社会主义运动"的包容性策略是一种民粹主义的风格。

克里斯马式的领导人、高度集中的权力、自上而下的政治动

---

1　Raúl L. Madrid, "Bolivia: Origins and Policies of the Movimiento al Socialismo," Steven Levitsky and Kenneth M. Roberts, eds., *The Resurgence of the Latin American Left*, Johns Hopkins University Press, Baltimore, 2012, p.244.

2　Michael L. Conniff, "Introduction," Michael L. Conniff, ed., *Populism in Latin American*, University of Alabama Press, Tuscaloosa and London, 1999, p. 14.

员、领导人与民众之间直接的联系也是拉美民粹主义的普遍特征，莫拉莱斯也不例外。从一开始，"争取社会主义运动"就被控制在莫拉莱斯个人手中。为了使自己的权力不受限制，或者防止出现对他的权威构成挑战的其他领导人，莫拉莱斯一直拒绝建立一个制度化的结构，宁愿将权力集中在自己手里。党的成员与莫拉莱斯之间是一种直接的、个人化的联系。"埃沃极像一名考迪罗，非常个人化。他不允许任何不同意见。他对任何与他竞争的议员不予理睬，或者予以排斥。"[1] 莫拉莱斯的个人魅力也是无可争议的。2002 年第一次竞选总统时，他已经有了很高的知名度。副总统候选人安东尼奥·佩雷多（Antonio Peredo）回忆说："我们到了任何地方，人们都要见我们，要求我们去他们的社区。他们对我们的计划不感兴趣，他们只想见到埃沃·莫拉莱斯。"在选举中，"争取社会主义运动"也越来越依赖于莫拉莱斯的个人魅力，把他描绘为"奋斗、诚实、透明、尊严的典范。他是清廉的代表，是不屈服的、寻求变革的人"。[2]有人将莫拉莱斯与阿根廷的庇隆、巴西的瓦加斯、厄瓜多尔的贝拉斯科等历史上著名的民粹主义领袖相提并论。

在竞选中，莫拉莱斯采取了一种"我们"/"他者"、人民/寡头的二元对立的话语，站在一种反建制的立场上。与其他典型的民粹主义者一样，莫拉莱斯把政治看作美好与邪恶、"纯朴的人民"与"腐化的精英"之间摩尼教式的势不两立的斗争。这种斗争的根源在于自私自利的政治和经济精英将国家的自然资源出卖给外国利益集团。新自由主义是历史上殖民主义的现代版本，这是玻利维亚人陷于贫困的根源所在。在"我们"与"他者"的对立中，"我们"指的是任何对把持政权的精英不满的人民，既包括原住民，也包括其

---

1　Raúl L. Madrid, *The Rise of Ethnic Politics in Latin America*, Cambridge University Press, New York，2012, p.63.

2　Raúl L. Madrid, *The Rise of Ethnic Politics in Latin America*, Cambridge University Press, New York，2012, p.64.

他的种族和阶级群体。"他者"指的是国家的政治和经济精英，莫拉莱斯称之为"新自由主义党""政治黑手党""寡头""不劳而获者"。他说："我们都知道存在两个玻利维亚。一个是'江湖骗子'的玻利维亚，这些人总是做出许诺，签署协议，但从不兑现。另一个是总被欺骗、屈服、羞辱和剥削的玻利维亚。"他进一步把当前政府自私自利的行为与历史上几个世纪的殖民压迫联系起来。玻利维亚持续的贫困源于国内和国际利益集团合谋，将自身利益置于玻利维亚人民的利益之上，所有的玻利维亚人面对着一个共同敌人。他说：

> 经过被征服、沦为奴隶和奴仆，经过种族灭绝政策的五百年，我们决定起来抵抗，控制我们的领土。领土意味着大地母亲赋予的所有自然资源。我们选择使用她自己的工具进行战斗，我们正在体制内这样做。我们的希望是以我们重新夺取政权以达到某种经济平衡为基础的。[1]

莫拉莱斯认为，为了改变腐化的、剥削性的制度，必须进行重大的、根本性的变革，他称其为"第二次独立"和"国家的再建"。他提出"埋葬新自由主义"，促进合法的古柯生产，油气资源实行国有化，重新制定宪法。"我们要……改变新自由主义模式，结束殖民主义国家""这不仅仅是政权的改变，这是为玻利维亚人民开启一段新的历史，一段摆脱了腐败和歧视的历史"。[2]

2005年大选中，莫拉莱斯的民粹主义策略大获成功。他获得了53.7%的选票，成为多年来第一位在首轮选举中获得多数选票而不必进入议会第二轮投票的总统候选人。支持他的选民既有原住民，

1 Robert R. Barr, *The Resurgence of Populism in Latin America*, Lynne Rienner Publishers, Boulder, London, 2017, p.105.

2 Robert R. Barr, *The Resurgence of Populism in Latin America*, Lynne Rienner Publishers, Boulder, London, 2017, p.106.

也有梅斯蒂索人和白人；既有来自农村的，也有来自城市的；既有底层贫困人口，也有中产阶级。

## 四　莫拉莱斯政府的执政实践

莫拉莱斯在 2005 年的大选中以高票当选总统，2006 年 1 月 22 日就职，成为该国历史上第一位印第安人总统。

2006—2009 年，是莫拉莱斯政权巩固时期。在此期间，莫拉莱斯政府在政治、经济和社会领域进行了一系列激进的改革。但由于反对派的压力，政府在改革措施的很多方面也做出了很大的妥协。

在政治方面，最为重要的改革是新宪法的通过。召开立宪大会，制定新宪法，一直是玻利维亚原住民和人民组织的核心要求。1999—2000 年的水战争和 2003 年的气战争后，召开立宪大会的要求再次被提了出来，最主要的推动者是成立于 2004 年的团结协议联盟（Pacto de Unidad），这是一个由原住民、农民和工人组织的联盟，这个联盟将全国要求召开立宪大会的社会组织聚集在一起。其提出的建立多民族国家的建议为新宪法提供了基本的构想。2006 年 9 月，立宪大会在苏克雷召开，由民主选举产生的代表聚集在一起重新起草宪法。

立宪大会的组成比较复杂。莫拉莱斯的"争取社会主义运动"占代表的多数，很多拥有原住民和农民背景，其中一些曾参加团结协议联盟，但其他的则没有。大约 40% 的代表来自反对党，他们激烈地反对莫拉莱斯。反对派主要来自东部低地地区（即所谓"半月区"，Media Luna）的资产阶级。这个阶层控制了绝大多数石油和天然气资源，以及出口农业与养牛业，成为玻利维亚经济的主宰，并与巴西和阿根廷资本有着密切的联系。在莫拉莱斯上台前，这个阶层也控制了玻利维亚的政权。这个地区的资产阶级大多数为白人，持有种族主义观念。为了反对和破坏立宪大会，他们甚至召集年轻人组建了突击队，攻击"争取社会主义运动"的支持者。与此同时，低地地区的原住民社群也建立了自己的组织——玻利维亚东部地区印第安人联盟（Central Indígenas del Oriente de Bolivia，CIDOB），根据宪法，自行占据未被利用的土地，与大地主经常发生暴力性的对抗。[1]

立宪大会开幕后，反对派在全国举行抗议，拒绝参与大会投票。反对派指责莫拉莱斯和"争取社会主义运动"实行威权统治、反民主、侵犯人权。东部低地的圣克鲁斯、塔里哈、潘多和贝尼各省发动了一场分离或自治运动，得到美国驻玻利维亚大使菲利普·古德伯格（Philip Goldberg）的公开支持。2008 年 5 月，半月地区的省长们就自治条例组织了一场公民投票，但被立宪大会宣布为非法。8 月 10 日，莫拉莱斯举行了一场关于自己总统地位的公民投票，结果 67% 以上的投票支持莫拉莱斯继续担任总统。9 天后，东部六省举行了"公民罢工"，支持自己的自治条例，抗议政府将东部地区的石油收入转移到中央政府，冲突不断升级。被称为圣克鲁斯青年联盟（UJC）的准军事组织开始袭击政府支持者。东部六省省长威胁切断石油输送，在塔里哈发生了石油设施爆炸事件。9 月初，一些石油和天然气设施被反对派占据。9 月 11 日，在潘多省的波韦尼尔（Porvenir），主要由印第安人组成的政府支持者举行的抗议活动被地方警察和准军事组织袭击，造成至少 30 名印第安人抗议者丧生，数百人"失踪"。莫拉莱斯随即宣布该省实行紧急状态，逮捕临时省长，派军队保卫该省的机场和政府建筑物。此后，莫拉莱斯政府与反对党谈判，做出了很大的让步。[2] 尤其是在印第安人权益方面，政府的让步很大：对大庄园的征税失去了追溯效力；印第安人的自治权及司法体制受到了限制；这一群体在议会的直接代表人数

---

1　Mike Gonzalez，*The Ebb of the Pink Tide*：*The Decline of the Left in Latin America*，Pluto Press，London，2019，pp. 80–81.

2　Mike Gonzalez，*The Ebb of the Pink Tide*：*The Decline of the Left in Latin America*，Pluto Press，London，2019，pp. 81–82.

减少。[1]苏克雷的街头暴力迫使政府把立宪大会代表撤到奥鲁罗，在那里通过了最后的草案，然后提交议会，由参众议员组成的多党委员会对条款进行修改。2009 年 1 月，就最后文本举行了全民公决，以 61% 的支持率获得通过。[2]4 月 14 日，玻利维亚议会正式通过新宪法。

尽管迫于反对派的压力，新宪法草案进行了修改，最后的文本与团结协议联盟最初的设想有很大的差距，但其仍然不失为一部进步的宪法。新宪法强调玻利维亚的多民族国家特性。宪法第一条规定："多民族社群、自由、独立、主权、民主、跨文化、分权和自治是法治的玻利维亚共和国的基本原则。共和国建立在多元文化的基础之上，并将政治、经济、法律、文化和语言的多样性纳入国家一体化的进程。"根据宪法，2009 年 3 月，玻利维亚议会将国名由"玻利维亚共和国"改为"多民族玻利维亚国"。[3]此外，新宪法在印第安人的政治、司法、经济、文化权利等多方面做出了规定。

在经济方面，莫拉莱斯政府采取的最重要的措施是在石油天然气政策方面。根据新宪法，本国一切资源属于人民，由国家代表集体利益进行管理。2006 年 5 月 1 日，莫拉莱斯政府颁布了石油和天然气国有化法，随后又将国有化的领域推广到矿产、森林、通信、铁路、水、电力等关系国计民生的行业。[4]但是，实际情况比较复杂。2006 年国有化实际上是将 20 世纪 90 年代私有化的一些公司重新收归国有。根据新的天然气法，玻利维亚政府迫使 20 世纪 90 年代私有化的公司将足够的股份卖给玻利维亚政府，从而使玻利维亚国有天然气公司拥有多数控股权。2008 年 5 月，几家未能满足玻利维亚

---

1　杨志敏主编《回望拉丁美洲左翼思潮的理论与实践》，第 203 页。

2　Nancy Postero，"El Pueblo Boliviano，De Composición Plural：A Look at Plurinationalism in Bolivia，"Carlos de la Torre，ed.，*The Promise and Perils of Populism*：*Global Perspectives*，University Press of Kentucky，Lexington,Kentucky，2015，p. 403.

3　杨志敏主编《回望拉丁美洲左翼思潮的理论与实践》，第 9 页。

4　杨志敏主编《回望拉丁美洲左翼思潮的理论与实践》，第 206 页。

政府 51% 以上控股权的公司被收归国有。玻利维亚政府还强迫所有外国天然气公司签订新的合同，大大提高这些公司上缴玻利维亚政府的天然气的价格、矿区使用费、税收等。[1] 因此，天然气国有化实际上是部分国有化，玻利维亚政府并没有将全部石油和天然气资源收归国家所有，只是与外国公司进行谈判，与对方建立了新的关系。

　　天然气部分国有化给玻利维亚政府带来了大量的财政收入。与此同时，2006—2014 年，部分得益于中国的大量进口，国际市场上大宗商品价格上涨，莫拉莱斯政府的财政收入迅速增加。政府利用这些资金，在基础设施、福利、扶贫等领域增加了投资，并取得了积极的效果。贫困人口在总人口中的占比从 2002 年的 64% 下降到 2011 年的 36.3%，同期极端贫困人口在总人口中的占比从 37.1% 下降到 18.7%。[2]

　　2006 年开始，莫拉莱斯政府还进行了土地改革。2006 年，莫拉莱斯政府宣布：禁止庄园制存在；国家有权收回全国庄园主拥有的约 100 万公顷的闲置土地，并按照一定比例分配给原住民和农民，向原住民、农民和小农生产者出让土地产权，为所有耕作者提供司法保障；限制个人拥有土地面积的上限，规定家庭占有土地量不能超过 5000 公顷。[3] 但是应该看到，莫拉莱斯政府的土地改革并不激进，基本上还是按照桑切斯·德·洛萨达政府在 1996 年实行的土地改革所确立的原则进行的。只有非生产性的大地产才在征收之列，而达到成为生产性地产标准的要求很低。而且，地产被征收的土地所有者可以从政府那里得到补偿。在宣布土地改革的时候，莫拉莱斯许诺将在 5 年内分配 2000 万公顷土地，占全国土地总量的 13%。但是，

1　Raúl L. Madrid, "Bolivia: Origins and Policies of the Movimiento al Socialismo," Steven Levitsky and Kenneth M. Roberts, eds., *The Resurgence of the Latin American Left*, Johns Hopkins University Press, Baltimore, 2012, p.248.

2　Mike Gonzalez, *The Ebb of the Pink Tide: the Decline of the Left in Latin America*, Pluto Press, London, 2019, p. 83.

3　杨志敏主编《回望拉丁美洲左翼思潮的理论与实践》，第 208 页。

实际上土地改革的进程非常缓慢，而且绝大多数被分配的土地属于国有，而非私人庄园主。[1]

　　综上，莫拉莱斯政府上台后，在政治、经济和社会领域实行了一系列的改革，提高了以原住民为主的社会底层的政治参与度、生活水平和社会地位，但是，这些改革比较温和，并不激进，在反对派的压力下，政府在很多方面做出了让步和妥协。2009 年 12 月 6 日，莫拉莱斯再次竞选总统，并以 64.2% 的得票率当选。2014 年 10 月 12 日，他第三次竞选总统，又以 61.04% 的高得票率当选。2015 年 9 月，由农民和原住民组成的玻利维亚全国改革协调委员会要求修改宪法，允许莫拉莱斯无限期连选连任，但这项宪法修正案在 2016 年 2 月 21 日举行的公民投票中被否决。玻利维亚执政党向宪法法院提起上诉，认为宪法限制了莫拉莱斯的政治权利。12 月，"争取社会主义运动"召开"九大"，莫拉莱斯再次当选为党的领导人，大会支持莫拉莱斯第四次竞选总统。2017 年 11 月 28 日，宪法法院裁决，莫拉莱斯有资格再度竞选连任。[2] 2019 年 10 月，莫拉莱斯再次赢得大选，但被质疑选举舞弊，遭国内外右翼力量围攻，莫拉莱斯在失去军警支持后被迫辞职并流亡国外。究竟是什么原因致使莫拉莱斯这个深受民众拥护的领导人逐渐丧失支持而被迫下台呢？

　　本·M. 麦克凯伊和贡萨洛·考尔克认为，原因在于，从第二任期开始，莫拉莱斯的民粹主义向威权主义转变，并列举了七个方面的表现。第一，随着莫拉莱斯试图将控制权扩大到东部低地地区，他与控制东部低地地区的圣克鲁斯精英集团达成了一种国家－资本联盟。第二，国际市场上大宗商品价格下跌，限制了政府的收入，只能进一步以榨取性的方式开发更多的边疆地区，增加生产和出口量。

---

1　Raúl L. Madrid, "Bolivia: Origins and Policies of the Movimiento al Socialismo," Steven Levitsky and Kenneth M. Roberts, eds., *The Resurgence of the Latin American Left*, Johns Hopkins University Press, Baltimore, 2012, p.250.

2　杨志敏主编《回望拉丁美洲左翼思潮的理论与实践》，第 9 页。

第三，围绕穿越伊斯博罗 – 塞库莱原住民区域国家公园（Territorio Indígena Parque Nacional Isiboro-Sécure，TIPNIS）高速公路修建问题，政府与当地原住民发生冲突。特别是政府使用暴力对付捍卫自己土地的原住民的游行，从而严重恶化了"争取社会主义运动"与团结协议联盟之间发展形成的强有力的国家 – 社会关系。第四，来自非政府组织、媒体、学界对于新榨取主义模式的批评，受到国家的压制，导致原来支持"争取社会主义运动"政治方案的主要知识分子，如亚历杭德罗·阿尔马拉斯（Alejandro Almaraz）、劳尔·"查托"·普拉达（Raúl "Chato" Prado）、巴勃罗·萨隆（Pablo Solón）、里贝卡·戴尔加多（Rebeca Delgado）等自由思想家（librepensantes）被逐出"争取社会主义运动"。第五，政府拒绝接受 2016 年 2 月 21 日举行的公民投票结果，表明政府试图绕开民主机构，集中权力。第六，任命"争取社会主义运动"成员为最高法院的法官。第七，涉及莫拉莱斯和副总统阿尔瓦罗·加西亚·里奈拉（Álvaro García Linera）的多起个人丑闻曝光后，政府应对媒体的方式引起争议。[1] 上述分析非常全面，概括起来说，核心在于莫拉莱斯政府推行的经济发展模式，依然是依赖资源出口的榨取性经济，这种发展模式势必导致政府与资本的结盟，导致对环境的破坏，而与政府宣传的"美好生活"理念以及原住民的历史文化传统背道而驰，由此导致莫拉莱斯逐渐丧失群众基础，为了维持政权，只能在政治上转向威权主义。在穿越 TIPNIS 的高速公路修建问题上政府与原住民的冲突中，莫拉莱斯政府的发展模式以及由此导致的政治后果表现得尤其明显。

2011 年 8 月，低地地区的原住民组织玻利维亚印第安人联盟以及一些高地地区的原住民组织联合起来，从低地地区的贝尼省首

---

1　Ben M. McKay and Gonzalo Colque, "Populism and Its Authoritarian Tendencies: The Politics of Division in Bolivia," *Latin American Perspective*, Vol. 10, No. 15, 2021, pp.7–8.

府特立尼达出发，向首都拉巴斯行进，举行游行示威，抗议政府决定修建一条连接科恰班巴的比利亚图纳里（Villa Tunari）与贝尼的圣伊格纳西奥德莫霍斯（San Ignacio de Mojos）的高速公路。这条公路将穿过 TIPNIS。那里是玻利维亚最大的、最多样化的热带保护区之一，也是 63 个莫克西艾诺人（Moxeño）、尤拉卡莱人（Yuracaré）、奇马奈人（Chimane）社群的家园。早在 1965 年，巴林托斯总统就宣布 TIPNIS 为国家公园。1990 年，印第安人发起抗议后，帕斯·萨莫拉总统签署总统令，宣布该地区为由居住在那里的三个印第安人社群共管的原住民特区。但是不久，科恰班巴的查帕雷地区很多来自高地地区的移民试图将古柯种植扩大到 TIPNIS。1992 年，TIPNIS 地区的原住民领袖马尔西奥·法布里加诺（Marcial Fabricano）和当时查帕雷地区古柯种植农的领导人莫雷洛斯就 TIPNIS 的边界线达成协议，划出红线，保证该地区不被外部移民开发。目前，TIPNIS 是一块占地 3869 平方千米的保护区，最南部的区域被古柯种植农占据，森林资源被严重破坏。[1]

计划穿越 TIPNIS 修建的高速公路是连接玻利维亚的高地地区与亚马孙内地的 190 英里（约 306 千米）的路线，该公路的两端已在修建中，只是中间一段，也就是穿越 TIPNIS 的一段没有经过环境评估和根据宪法与当地居民进行协商。[2]莫拉莱斯指出，协商不是必需的，不管原住民组织是否同意，这条公路都要修建。他还指责反对修建该公路的原住民组织是被国际上的环境主义非政府组织和美国政府操纵了，他指出任何反对修建公路者都是"玻利维亚的敌

1　Nancy Postero, "El Pueblo Boliviano, De Composición Plural: A Look at Plurinationalism in Bolivia," Carlos de la Torre, ed., *The Promise and Perils of Populism: Global Perspectives*, University Press of Kentucky, Lexington, Kentucky, 2015, p. 414.
2　根据宪法第 30 条，在原住民区域开发不可再生资源前，必须事先与当地居民协商。Anna F. Laing, "Resource Sovereignties in Bolivia: Re-Conceptualizing the Relationship between Indigenous Identities and the Environment during the TIPNIS Conflict," *Bulletin of Latin American Research*, Vol.34, No.2, 2014, p.151.

人"。[1] 原住民组织则认为，政府的立场是最恶劣的殖民主义的重现。他们指出，当地的绝大多数原住民不需要这条路，并担心修建该公路将带来严重的环境破坏。在自己的要求得不到理睬的情况下，原住民组织发动了有上千人（包括妇女和儿童）参加的大规模游行示威。示威得到了来自学生、环保主义者、城市工人的支持。同时，反对派，主要是低地地区的精英也利用这一机会批评莫拉莱斯政府的威权风格。全国都从电视上关注事件的进展，但莫拉莱斯拒绝与抗议者谈判。2011 年 9 月 25 日，警察截击了示威者，并对他们进行暴力袭击，导致多人受伤。警察还用种族主义的语言对示威者进行侮辱。

政府的行为引起了民众的愤怒。莫拉莱斯关于原住民价值的美好言辞和政府的所作所为形成了鲜明的对照，特别是警察的行为使得公共舆论完全转向批评政府一边。当示威者抵达拉巴斯时，他们受到了民众的热烈欢迎，人群中打出了口号："我们都是 TIPNIS。"（Todos somos TIPNIS.）最终，政府被迫做出让步，宣布高速公路暂停修建。但是，2017 年，政府又宣布重新启动该公路建设。

TIPNIS 事件之所以引起广泛的关注，是因为这一事件充分暴露了莫拉莱斯政府的发展模式所面对的困境。根据政府的说法，修建这条高速公路将为当地居民带来机会和好处，提高当地居民的教育、健康水平，扩大他们的产品销路，还有助于发展可持续的林业和生态旅游。公路修建有助于将玻利维亚各地区连接起来，促进国家的统一。此外，政府认为，修建该高速公路还有助于改变玻利维亚各地区发展不平衡的现状，促进落后地区的开发和经济发展，削

---

1 Nancy Postero, "El Pueblo Boliviano, De Composición Plural: A Look at Plurinationalism in Bolivia," Carlos de la Torre, ed., *The Promise and Perils of Populism: Global Perspectives*, University Press of Kentucky, Lexington,Kentucky, 2015, p. 415.

弱依靠木材、肉类、农业生产的低地寡头的影响。[1] 但是，实际情况要复杂得多。玻利维亚将 "Suma Qumaña" 或称 "生活得美好"（Vivir Bien）作为宪法的基础。根据宪法，玻利维亚的经济发展模式是多元的，其发展目标是提升生活质量，改善印第安人生活。[2]"美好生活"（buen vivir）不仅是一种文化和历史实践，也是一种经济实践，是一种对资本主义发展模式的替代。这种模式关注环境，倡导和谐发展，保护资源，可持续地利用能源，构建一个不受市场主导，而是满足全社会有机需求的社会。[3] 但是，莫拉莱斯上台后实行的经济发展模式与这种 "美好生活" 理念格格不入。实际上，莫拉莱斯政府采取的推动初级产品生产和出口的模式，不仅强化了玻利维亚与国际资本主义市场的联系，而且在国内催生了一个原住民企业家阶层。这个新生的阶层以低工资雇用贫困的无产者，生产面向出口的初级产品。莫拉莱斯政府期间，小规模的农业生产逐步萎缩，出口农业部门则在国家的支持下不断发展。从这个大的背景下来理解，TIPNIS 的高速公路建成之后，受益者将是农业出口部门的企业家，而非当地从事小规模农业和以森林资源为生的原住民。换句话说，透过 TIPNIS 事件，我们看到，经济发展模式与原住民 "美好生活" 理念的分离，是莫拉莱斯政府面对的根本性困境。

莫拉莱斯领导的 "争取社会主义运动" 在玻利维亚连续执政 15 年，以 "社群社会主义" 为指导思想，在玻利维亚的政治、经济、社会领域进行了深刻的改革，但是，在执政期间，莫拉莱斯和执政党也面临不少困境和挑战。尽管莫拉莱斯政府的经济发展模式与以

---

1　Nancy Postero, "El Pueblo Boliviano, De Composición Plural: A Look at Plurinationalism in Bolivia," Carlos de la Torre, ed., *The Promise and Perils of Populism: Global Perspectives*, University Press of Kentucky, Lexington, Kentucky, 2015, p. 417.

2　杨志敏主编《回望拉丁美洲左翼思潮的理论与实践》，第 259 页。

3　Mike Gonzalez, *The Ebb of the Pink Tide: The Decline of the Left in Latin America*, Pluto Press, London, 2019, p. 85.

往存在根本上的连续性，但毕竟在捍卫国家主权、改善民生、扩大原住民权利等方面取得了明显的成效。2006—2014 年，玻利维亚经济年均增长 5.1%，此后增长率虽有所放缓，但仍居南美国家前列，通胀率一直在可控范围内，失业率处于历史低位；在社会发展方面取得明显进步，2005—2014 年玻利维亚的赤贫率由 38.2% 降至17.8%，最低工资增长近 4 倍，人民生活水平明显提高。此外，国家总体实力增强。2005—2014 年，玻利维亚人均 GDP 增长近 2 倍，由 1034 美元增至 3067 美元，国际储备增加近 9 倍。[1]莫拉莱斯下台后，仅仅过了一年，2020 年 10 月，"争取社会主义运动"通过大选再次执掌政权，该党候选人阿尔塞以 55.1% 的得票率当选总统，这与莫拉莱斯政府取得的成绩有着直接的关系。

---

1　袁东振：《玻利维亚"争取社会主义运动"重新执政：挑战与前景》，《当代世界》2021年第
　　2期。

# 后 记

　　中国的拉美史研究兴起于 20 世纪 60 年代。老一辈学者在极其艰苦的条件下，进行了开拓性的研究，并取得了许多高水平的研究成果。北京大学历史学系的罗荣渠教授是中国拉美史研究的奠基者之一，他在关于中国人"发现"美洲、从马尼拉大帆船贸易到拉美的契约华工、门罗主义、玻利瓦尔的评价等诸多问题上，进行了深入的研究，达到了难以超越的学术高度。80 年代以来，罗荣渠教授率先倡导并开展现代化理论与世界现代化进程的研究，对中国的世界近现代史、中国近现代史学科，乃至历史学以外的学科都产生了重要的影响。将现代化理论引入历史研究领域，增强了历史学的现实关怀，开阔了历史研究的视野，促进了历史学与其他相关学科的交叉融汇。仅就拉美史而言，现代化研究对学科的改造和推进可谓功不可没。

我从 20 世纪 90 年代开始学习和研究拉美史,在林被甸教授的指导下,一直以拉丁美洲的现代化进程作为研究重点,先后在拉美现代化进程中的军政关系、三农问题等领域进行过一些探索。民粹主义也是拉美现代化研究中绕不开的问题。在本书中,我力图遵循罗荣渠教授开创的现代化研究的风格,将历史和现实、理论与实证密切结合起来,并在分析和论证中,尽可能借鉴政治学、社会学、经济学等学科的理论方法,试图写出与以往传统路数有所不同的历史著作。但是,鉴于民粹主义问题的研究难度和本人的学术能力,要达到上述目标,谈何容易?说实话,对目前呈现给读者的这部书,我并不是十分满意。但不管怎样,只要本书能够提出某些问题,对学界对于这一领域的兴趣和研究起到一点推动作用,也就够了。至于书中一定存在的不当甚至错误之处,恳请读者指正。

在本书研究和写作过程中,林被甸教授多次就相关问题与我讨论,给予指导,与我分享文献资料。本书的完成,离不开林老师付出的心血。2018 年,为了支持我的研究工作,钱乘旦教授专门组织召开了"拉美民粹主义:实质与特征"学术讨论会,邀请相关的专家展开讨论。徐世澄、张森根、张宝宇、张家唐、韩琦、夏立安、王萍、董国辉、周志伟、谭道明等前辈和师友的精彩发言,让我受益匪浅。在此一并表示衷心的感谢!

最后不能不说的是,2019 年,北京大学"海上丝绸之路及其沿线国家和地区历史文化研究"课题组成立,在荣新江教授、徐健教授的带领下,不同学科的学者集中到一起,通过各种灵活的形式,互相学习交流,使我获得了许多自己研究领域之外的知识,受到很大启发。昝涛教授、秦晓蒙老师为包括本书在内的丛书出版付出了很多劳动。在此一并表示感谢!

董经胜

2023 年 2 月 17 日

**图书在版编目（CIP）数据**

拉丁美洲的民粹主义：理论与实证的探讨 / 董经胜
著. -- 北京：社会科学文献出版社，2023.11
（北京大学海上丝路与区域历史研究丛书）
ISBN 978-7-5228-2583-0

Ⅰ.①拉… Ⅱ.①董… Ⅲ.①民粹派－研究－拉丁美
洲 Ⅳ.①D097.3

中国国家版本馆CIP数据核字（2023）第187985号

·北京大学海上丝路与区域历史研究丛书·

拉丁美洲的民粹主义：理论与实证的探讨

著　者／董经胜

出　版　人／冀祥德
责任编辑／邵璐璐
文稿编辑／郭锡超
责任印制／王京美

出　　　版／社会科学文献出版社·历史学分社（010）59367256
　　　　　　地址：北京市北三环中路甲29号院华龙大厦　邮编：100029
　　　　　　网址：www.ssap.com.cn
发　　　行／社会科学文献出版社（010）59367028
印　　　装／北京联兴盛业印刷股份有限公司

规　　　格／开　本：787mm×1092mm 1/16
　　　　　　印　张：15.75　字　数：211千字
版　　　次／2023年11月第1版　2023年11月第1次印刷
书　　　号／ISBN 978-7-5228-2583-0
定　　　价／89.00元

读者服务电话：4008918866